最新
TEEMA
報告出爐

U0077178

2007年中國大陸地區投資環境與風險調查

自創品牌

贏商機

台灣區電機電子工業同業公會　著

台灣區電機電子工業同業公會
2007年大陸投資環境與風險調查
編審成員名單

榮譽理事長：許勝雄

理　事　長：焦佑鈞

大陸經貿委員會主任委員：沈尚弘

計畫主持人：呂鴻德

協同主持人：黃銘章

研　究　顧　問：高孔廉

執　行　委　員：王敏烈、王鉑波、史芳銘、朱雲鵬、呂榮海、
　　　　　　　　李永然、杜啟堯、邱柏青、洪明洲、陳文義、
　　　　　　　　陳昭義、陳德昇、陳信宏、高　長、袁明仁、
　　　　　　　　郭台強、張五岳、張寶誠、游盈隆、黃志鵬、
　　　　　　　　黃慶堂、彭君平、傅棟成、曾文雄、詹文男、
　　　　　　　　葉國一、鄭富雄、趙永全、賴文平、蔡練生、
　　　　　　　　羅懷家

研　究　人　員：余嵐茵、林佳蔚、徐立斐、張育仁、陳志揚、
　　　　　　　　陳劭寰、陳盈秀、盧亭均、戴慧紋、謝函君

研　究　助　理：林妤濃

立足台灣　分工兩岸　佈局全球

　　台灣電機電子產業，持續「立足台灣、分工兩岸、佈局全球」的發展策略，取得豐碩成果。2006年台灣資訊硬體產值885.95億美元，為全球最大供應者；主要產品中：主機板（世界占有率99.0%，以下同）、數據機（93.0%）、伺服器（87.5%）、筆記型電腦（87.5%）、VoIP路由器（84.0%）、寬頻網路接取頭（81.0%）及LCD及CRT顯示器等15項產品，均在世界排名第一。產品以歐、美、日為主要市場（銷售額的70%），以中國大陸為主要生產地（銷售額的86%）。未來台灣產業發展策略，將持續加強技術與產品的研發，參與新標準的制定，且致力於全球品牌與通路的建立。此舉對於企業提高附加價值與升級轉型有利，更使得兩岸經貿互利互補，對兩岸關係的穩定發展，提供直接助益。

　　2006年中國大陸經貿成果豐碩，生產總值持續高速成長，國內生產毛額達210,871億元人民幣，較上年增長11.5%，外貿總額達17,607億美元，較上年增長23.8%。如何提高產品品質及附加價值、協調地區和諧發展、達成進入WTO後的開放承諾、促成產業升級轉型等，已經成為中國大陸經濟持續發展的課題。同時，新的土地政策、租稅政策，均對台外商經營產生重大影響。

　　台灣區電機電子工業同業公會的「中國大陸地區投資環境與風險調查報告」，利用問卷調查的方式，將大陸各台商聚集較多的城市或地區之投資環境及投資風險，做翔實的統計分析。希望藉此報告，讓後續計劃前往大陸投資或擴充的會員廠商，能由前人的經驗，選出最適合的地點。今年本報告增以專章報導大陸台商推動自創品牌之成功模式與經驗，內容更加豐富也更具可讀性。

　　8年來，「兩力兩度」之TEEMA模式架構已經成為我們的特色。不僅使會員廠商得以掌握大陸投資環境，也為許多非電機電子業之台商甚或國際投資者取為參考。大陸主管部門及各地政府更據以改善投資環境以增招商績效。大家的肯定，一方面代表研究團隊的成就，另一方面則督促研究團隊兢兢業業，維護本報告的客觀與正確性，在此感謝眾多熟悉大陸投資環境之學者專家的共同參與並提供寶貴的建議。

　　　　　　　台灣區電機電子工業同業公會　理事長　焦佑鈞

兩力兩度新造商機

　　台灣區電機電子工業同業公會為服務全體會員，並為「立足台灣，佈局全球」的台灣產業先進，提供最新穎、最完整的投資資訊；自2000年起，即針對大陸地區的投資環境與投資風險，進行有系統的專案調查。除邀請專業學者組成研究團隊，精心規劃以「兩力兩度」（「競爭力」、「環境力」及「推薦度」、「風險度」）為分析主軸的各項作業過程，逐一推行外，並延聘30餘位產、官、學界之知名專家學者擔任評審工作。經由共同的努力，以及眾多已赴大陸各地投資的台商先進熱忱支持，本調查報告確已獲得海內外及兩岸間，有關機構及廠商的重視與肯定，對參與本研究之所有人員，在此特別要表達感謝之意。

　　今年，我們再度邀請中原大學企管研究所呂鴻德教授擔任計畫主持人，並請具有國際企業管理專長的靜宜大學企管系黃銘章教授協同主持，同時敦聘前蒙藏委員會主任委員高孔廉教授擔任研究顧問。延續前7年的研究成果，我們除了將8年來的統計資料作一完整的分析比較，讓讀者對大陸各地區與各城市間的發展趨勢有一個更明確的認識外，有關大陸當前推動的「自創品牌」政策以及台商成功案例，也都有深入的專章研析。期盼這本報告，能帶給所有投資者及相關機構一項最具參考價值的投資資訊！

台灣區電機電子工業同業公會
大陸經貿委員會主任委員　沈尚弘

深耕台灣，佈局全球

　　欣逢台灣區電機電子工業同業公會成立一甲子之喜，同時，為各界每年所重視之「2007年中國大陸地區投資環境與風險調查」付梓，本人謹對台灣區電機電子工業同業公會許前理事長及焦理事長之領導，以及會員企業與專家學者多年來的貢獻，表達敬佩。

　　今年調查報告觀察到中國投資環境已有所改變，包括：為抑制經濟過熱發布「企業所得稅法」、調降出口退稅、取消進口設備免稅等，再加上土地價格提高、工資成本上升、環保意識興起，已使台商在中國大陸之經營日益不易。尤其是中國本土企業崛起，常運用不公平手段競爭，更加速台商必須採取因應作為，謹慎企業的經營。

　　台灣是台商立足之地，是台商的母親、台商的娘家，台商更是國家寶貴的資產。俊雄先前擔任海基會董事長，長期以來一直替台商朋友服務，也瞭解台商朋友之期待。今年5月，再度接任行政院長後，即特別指示相關部會積極協助台商在全球之佈局，並強化台灣關鍵資源與技術，配合未來重點產業發展趨勢，導引台商回台投資，希望利用台商海外資金與經營技術，提升產業附加價值、深化關鍵技術能力，提升台灣產業之國際競爭力。

　　目前，經濟部已成立「台商回台投資服務窗口」，由專人協助尋找土地廠房、融資轉介、協助申請各項投資優惠與補助，另設有專家團隊對回台投資租稅規劃、法律諮詢、投資項目、營運模式等，視個別需要予以輔導，希望透過便捷、主動的服務，加速台商回台投資。

　　在投資優惠方面，政府更已提出土地優惠與強化資金協助2大面向：土地優惠包括延長並擴大006688措施第2期及釋出台糖土地等措施；強化資金協助包括租稅優惠、研發補助、政策性優惠融資貸款及信用保證，並由行政院國家發展基金匡列新台幣200億元投資中小企業與傳統產業。希望藉由統合政府相關單位資源，積極協助海外台商回台投資，深耕故鄉，加碼台灣，壯大台商，也壯大台灣。

　　電電公會出版之調查報告已連續進行8年，8年來，以嚴謹態度，運用系統化、科學化調查方法，真實反映中國大陸投資環境之變動與風險，不僅成為台商投資中國大陸之指南，也成為各國際機構、全球跨國企業瞭解中國大陸投資環境之重要資訊，在此，樂意推薦予關心兩岸經貿發展之各界賢達。

行政院院長　張俊雄

以自有品牌　再創經濟高峰

　　中國大陸是全世界經濟成長最快速的區域之一，2006年中國大陸的GDP是21兆871億元人民幣，目前是全世界第4大經濟體。一般估計，以目前的經濟成長率來看，到了2008年，中國大陸將超越德國，成為僅次於美國、日本的全球第3大經濟體。因此，全世界500大的企業幾乎都前進大陸投資或建立據點，希望能在這個全世界人口最多的國家搶得商機。

　　台灣與中國大陸僅有台灣海峽一水之隔，加上語言和文化的因素，許多台商早就前往大陸投資，多年下來，大陸已成為台灣最重要的出口市場，也是台灣貿易順差的主要來源。據統計，台灣2006年的貿易順差是213億美元，而光是對中國大陸就有362億美元的順差，換言之，如果沒有對中國大陸的順差，台灣就會出現貿易逆差149億美元！

　　台灣財經專業報紙「工商時報」出版的2006年度大陸台商1000大企業調查顯示，1000大台商在大陸的營收總額已達1兆3168.25億元人民幣，折合新台幣約為5兆3725.14億元，比起2005年度調查的9981.38億元人民幣，成長了31.93%之多。

　　如果把2006年1000大台商在大陸的營收總額，與台灣同年GDP 11兆5709.39億元相比，1000大台商大陸的營收總額約占台灣GDP的46.43%，而2005年1000大台商營收總額占台灣同年GDP的比率則只有35%，因此大陸已經成為影響台灣經濟成長的重要因素之一。

　　中國大陸的經濟成長雖受到世人矚目，而且台灣對於中國的經貿依存度越來越高，但大陸仍是高風險的投資區域，台商失敗的例子時而有聞，因此如何趨吉避凶，成為台商前往大陸投資的首要考量。台商如何配合大陸當局的開發計畫與經濟發展，並且利用大陸廣大的內銷市場深耕品牌，則是台商壯大的重要關鍵因素。

　　台灣區電機電子工業同業公會委託前陸委會副主委高孔廉先生主持「2007年中國大陸地區投資環境與風險調查」，該調查詳述中國大陸的經濟發展計畫與趨勢，以及各區域的發展重點，讓有意前往大陸投資的台商，能對大陸投資環境有清楚的了解。

　　另外，本次調查用心良苦，以自創品牌台商為其主要重點，對於在大陸自創品牌成功的台商進行SWOT分析，比較在大陸自創品牌成功台商的優劣勢、機會和威脅，提供有意赴大陸投資者參考，只要台商可以找出的優點和發展機會，克服弱點和威脅，一定可以有所發揮，利用大陸經濟成長的機會，事業有成。

　　雖然本書是以調查中國大陸的投資環境與風險為重點，但是希望各位也不要忘記，台灣是我們的家，只有台灣好，台商才能無後顧之憂的在世界各國奔走打拚！所以，讓我們多愛台灣一點，在台灣多投資一點，讓台灣更好，台商才會好上加好！讓我們大家共勉之。

立法院院長　王金平

台商投資葵花寶典

　　「二○○七年中國大陸地區投資環境與風險調查」報告即將付梓，這是孔廉及呂鴻德教授、黃銘章教授的研究團隊5度接受電電公會委託所完成的報告。首先，我們非常感謝電電公會熱心的投入，同時也要感謝大陸各地台商及台商協會熱心的填答問卷，才使我們有資料進行分析。同時本年的專題是「自創品牌」，許多台商也熱心的提供資料，並參與電電公會主辦的研討會，現身說法，提供寶貴的經驗。

　　本報告調查使用科學、客觀、中性、嚴謹的研究方法，根據競爭力表現、投資環境、投資風險、台商推薦意願等綜合性指標加權平均後，對大陸各地進行排名。基本上，我們是選擇城市為分析單位，但我們的研究與其他類似的調查，例如世界銀行、Forbes雜誌及中國社科院的調查不同，我們的分析更細到「地級市」以下的區或市或縣。原因是大陸行政體制採大行政區制，地級市範圍很大，底下各行政單位的執法方式及行政效率不盡相同，所以我們對於台商聚集較多，能取得足夠樣本數的縣、市、區亦進行研究。這是本報告的重要特色。

　　調查目的一方面是提供資訊給投資人參考，另一方面則有促使大陸各城市注意改善投資環境的作用，極受大陸當地政府重視。調查結果的排名，理論上應該是排名在前者，吸收投資較多，但是也有部分城市排序較差，但台商投資卻不少，因為各行業及個別企業考慮投資的因素未必相同，而且企業投資還會因對「風險規避偏好」不同而異，這是要特別說明的。

　　本調查除使用客觀的統計數字外，廠商意見的調查佔了相當大的比重，本年樣本回卷數是歷年最高的，達到2,668份，為了分析正確，我們剔除填答不完整，及填答違反邏輯或操弄答卷者外，可用問卷亦高達2,565份，其中延續去年之固定樣本數高達903份，這樣的樣本數是類似調查中最多的，其參考價值也最高。本年入榜前10名的城市，仍以長三角為主，2個例外是華北的天津濱海新區及西南的成都，如再擴及前21個A級的都市，非長三角者有環渤海的青島、大連、威海等，足見環渤海將繼珠三角、長三角之後成為投資熱點，至於華南各地都不在前面A級的排名，值得當地政府重視應該大力整頓，改善投資環境。

　　今年5月底6月初，孔廉率團赴大陸上海、太倉、昆山、蘇州、鎮江、南京等地訪問，沿途與當地台商及台辦座談，仍然發現部分地方政府及官員對於中央法規的解讀與執行態度不盡相同，造成台商經營困擾，尤其是土地使用權證之取得、土地之徵收補償及土地使用稅等，例如原規定收取「土地使用費」每平米0.4元，但今年中央政府改為「土地使用稅」，地方政府趁機大幅調高10倍以上，此種不確定性，造成無法預期的成本上漲。又如對於外銷企業，規定不能委外加工，也違反了企業分工專業的經營趨勢。再如勞資爭議，勞方動輒自力救濟、佔廠圍廠，而部分地方政府竟視而不見，認為是勞資糾紛，而不以治安問題處理。此外，由於大陸各地經濟發展策略已到調整階段，許多地方要求產業升級的投資，因而發生驅趕原有廠商，甚至要求每畝土地相應的「投資強度」。凡此均值得台商注意。

　　總之，企業經營必須眼觀四方、耳聽八方，投資環境評估報告是重要的參考資料，應再輔以動態資料的蒐集，隨時注意可能的政策變動，及早擬定因應策略，也就是在追求利潤的同時，也要注意可能的風險，如此才能在瞬息萬變的環境中，趨利避害，為企業創造最大的利潤。祝所有台商事業成功順利、心想事成。

本計畫研究顧問　高孔廉

以TEEMA兩力兩度尋覓桃花源

　　企業經營的核心在於永續經營與基業長青，產業成長的關鍵則繫於產業內技術創新與產業間疆界融合，而經濟騰飛則端賴政府睿智的政策引領與企業家的投資信心。由於昔日台灣政府的遠見卓識，創造了台灣的經濟奇蹟，由於老一代企業家的創業家精神與社會責任感，建構了台灣企業的核心價值觀與核心競爭力。隨著全球經濟板塊的推移，從「西潮」到「東望」；從「亞洲四小龍」到「金磚四國」；台商企業的國際化思維亦由「固守台灣」到「經略中國」、「佈局全球」，似乎全球經濟與企業經營的重心，隨著區域板塊的消長而有所變遷與位移。

　　台灣往昔經濟成長的奇蹟給中國大陸帶來一股學習趕超與積極開放的動力；台商企業家的全球視野與西進雄略，亦激發了內地民營企業家的創業意志與策略企圖；而台商工廠的製造效率與品質堅持，更是中國大陸企業吸收移植與轉化創新的標竿重心。此外，中國大陸廣大市場的腹地效應，為台商佈局全球提供了絕佳的施展舞台，且內地企業家自主創新與自創品牌的雄心壯志，亦督促了台商企業積極朝微笑曲線兩端跨越。因此，台灣的發展經驗加上中國大陸的崛起，似乎代表著兩岸競爭優勢的完美整合與綜效發揮，如何掌握中國大陸崛起的契機，延伸台灣企業的核心競爭優勢，再創台灣經濟騰飛的榮景，已成為再造台灣經濟成長第二曲線的重要課題。

　　值此TEEMA甲子之喜，《TEEMA調查報告》8載之慶，忝為計畫主持人，深感此一重責大任對台商企業可持續發展的影響，畢竟，《中國大陸地區投資環境與風險調查》已成為台商選擇投資地點的重要參考資訊；亦已成為中國大陸地方政府改善投資環境的主要決策依據，雖已5度受託，理應駕輕就熟，然而思及報告的影響力、調查的公信力以及排名的說服力，內心則惶恐至極，深怕有違使命，損及TEEMA之令名美譽；深怕分析偏頗，誤導台商大陸投資決策。因此，研究團隊時刻秉持「唯有理性邏輯思維，方能降低投資風險；唯有精細剖析資訊，才能提升投資效益」之理念，執行此一《TEEMA調查報告》。

　　古有陶淵明之《桃花源記》，記載「忽逢桃花林，夾岸數百步，中無雜樹，芳草鮮美，落英繽紛」，今有《TEEMA調查報告》，以兩力兩度模式為台商尋找中國大陸的城市桃花源，希冀台商能夠從調查報告中尋覓「城市競爭力卓越」、「投資環境力優越」、「投資風險度跨越」的現代桃花源，藉以延伸台商拚搏的意志，帶動中國大陸的企業變革，創造兩岸的佈局綜效，為邁向世界級跨國企業之林練好基本內功，值此2007《TEEMA調查報告》付梓之際，濡筆為序，抒發內心寄語，深信台灣發展經驗與台商贏的意志，加上中國大陸躍升趨勢與磁吸效應，再加上中華文化以德服人與近悅遠來，必然等於兩岸共創挑戰漢唐盛世的輝煌。

計畫主持人　呂鴻德

CONTENTS

第一篇

兩力兩度——
探索中國大陸城市桃花源

第1章 TEEMA 調查報告的時代使命

　　台灣區電機電子工業同業公會（以下簡稱電電公會）（Taiwan Electrical and Electronic Manufactures' Association；以下簡稱TEEMA）從2000年開始以「市場競爭力」、「投資環境力」、「投資風險度」、「台商推薦度」的「兩力兩度」TEEMA評估模式，掃描中國大陸經濟區域及台商密集投資城市之投資機會與風險，冀以節省台商投資中國大陸之「嘗試錯誤成本」；TEEMA「兩力兩度」模式經過2000-2007年這8年來的系統性、一致性分析與調查，讓《TEEMA調查報告》之信度與效度得到肯定與認同，除獲致中國大陸台商經營者的好評外，亦得到中國大陸政府及地方官員的重視，更是許多國際研究機構探索中國大陸市場重要參考資訊，因此《TEEMA調查報告》漸漸和全球競爭力評估報告最權威的機構（如：IMD、WEF等）齊名；然而《TEEMA調查報告》的終極願景，乃是希望藉由反映台商在中國大陸的投資經驗與對當地城市的投資環境所進行的評價結果，提供中國大陸地方政府改善投資環境，更重要的是策勵台灣政府重視中國大陸市場的崛起，傾聽台商在中國大陸佈局的心聲，積極改善台灣投資環境，引導台商在全球佈局之路有明晰的策略方向，讓台商真正做到「立足台灣，分工兩岸，佈局全球」的經營大策略，最終的目標是藉由兩岸和平發展，整合台商國際競爭優勢與中國大陸內地廣大市場的前景，共創兩岸經濟繁榮、人民生活富裕安康。

一、TEEMA「甲子之慶」與「時代責任」

　　電電公會於1948年成立至今，屆滿60年。電電公會秉持「遠景領航，使命相隨」的服務理念，為台灣資訊電子業發展提供策略的方向；換言之，在電電公會的主導下，2006年台灣電機電子業上中下游的產值，已達1,952.8億美元，創歷

史新高，也占台灣整體工業產品產值的50.92%；出口金額為1,145.2億美元，占出口整體金額的51.1%。台灣資訊電子業於全球的地位舉足輕重，2005年5月16日出刊的美國《商業週刊》封面的標題，即指出「全球經濟運作，不能沒有台灣」，顯示資訊電子業對台灣經濟發展居功至偉。

值此電電公會一甲子之慶，《TEEMA調查報告》總結過去的成果，整合學者、專家、台商之智慧與經驗，為台商企業佈局中國大陸提供明確的指引和方向。這8年來，TEEMA調查研究小組在親訪台商協會會長及重要台商企業之際，多次聆聽到台商所感悟的心聲，那就是：「心有多大，舞臺就有多大」；「世界有多大，兩岸機會就有多大」；「台商的腳，立足在寶島的故鄉，但台商的視野，放眼在全球的格局」，「中國大陸是台商征戰寰宇的戰略要塞」，「中國大陸是台商創造自有品牌，打造國際名牌的必由之路」。台商企業基於追求比較利益，和全球佈局之考量，前進中國大陸，然而一個從「計劃經濟」過渡到「市場經濟」的經濟體，其法制尚未健全、人治色彩濃烈，社會、法治、經營等風險依舊存在，如何為台商企業提供充分的中國大陸投資資訊，讓投資中國大陸的台商企業能夠減少投資不確定性與風險，如何為台商企業提供中國大陸重要城市之投資環境評估，以作為投資地點的選擇和設廠的依據，《TEEMA調查報告》以最快速、最透明、最權威的訊息，讓台商企業能夠達成明智的投資區位選擇，創造中國大陸的經營佈局，開展企業全球擴張的發展藍圖。

二、中國大陸「新絲綢之路」榮景隱現

自1979年中國大陸改革開放以來，每一次的經濟政策改革都引發了一波台商與全球跨國企業投資中國大陸的熱潮，誠如Engardio(2007)在其所著的《中國與印度顛覆全球經濟的關鍵》(Chindia：How China and India are Revolutionizing Global Business)一書中所言：「全球跨國企業正興起了一股中國熱(China fever)，國際媒體大聲宣告中國資本主義的展現、私有企業的蓬勃、消費者富裕的需求、出口工廠日夜加班的熱景、股市熱絡的井噴、跨國CEO絡繹不絕的重走漢唐時代的『新絲綢之路』(new silk road)。」這顯示中國大陸的崛起已成為全球企業關注的市場。所謂企業不應只在乎目前的「市場占有率」（market share），而應重視未來的「機會占有率」（opportunity share），因此台商佈局

中國大陸，掌握中國大陸崛起的先佔優勢（preemptive advantage），已是決定企業21世紀發展的重要關鍵因素與策略思維。

2007年6月6至8日為期3天的「八大工業國高峰會議」(G8) 於德國海利根達姆鎮（Heiligendamm）舉行，在這次會議中所提出的「海利根達姆進程」（Heiligendamm Process），納入了全球五大新興經濟體與原先的八大工業國對話，形成了「G8+5」的格局，換言之，中國大陸、巴西、印度、墨西哥、南非已經被邀請參加「八大工業國高峰會議」，顯示其在國際經濟舞台的重要地位。此外，「東南亞國協」(ASEAN)或稱「東協」，已經成為亞洲經濟區域整合的重要機制，2003年10月，中國大陸在印尼峇里島舉行的第7次東南亞國協與中國大陸領導人會議上正式形成「10+1」的對話機制，換言之「+1」指的是中國大陸，也顯示中國大陸對於促進區域間經濟、社會及文化的合作與發展有其重要的影響力。

三、中國大陸乃是全球企業「非贏不可的市場」

依據世界銀行(1997)所公佈的《中國2020：新世紀的開發與挑戰》(China 2020：Development and Challenges in the New Century) 專題報告指出：「中國大陸將其他國家歷時數個世紀才能達成的經濟成果，將濃縮在一個世代完成，從未有任何國家能夠在如此短暫的時間裏面達成如此驚人的經濟發展成果，中國大陸一次完成了兩大轉變的獨特創舉，那就是從『計劃經濟』轉變成『市場經濟』；從『農村社會』轉變成『都市社會』，換言之，此兩次的變革可說是開創了歷史的先河」。從世界銀行的報告顯示，中國大陸已經成為全球各主要國家以及重要跨國企業「非贏不可的重要市場」，台商當然亦不例外，逐鹿中原、佈局神州，已成為台商發展的重要里程碑。

而在Fernandez & Uuderwood (2006)之專書《中國CEO：20位外商執行長談中國市場》(Voices of Experience from 20 International Business Leaders)指出：「從阿爾卡特(Alcatel)、新力(Sony)、拜耳(Bayer)、聯合利華(Unilever)到杜邦(DuPont)、可口可樂(Coca-Cola)、西門子(Siemens)等全球跨國企業，都紛紛把未來企業的發展，積極鎖定中國大陸，當你問到這些跨國公司的CEO未來要往哪個區域發展時，這些CEO的堅定答案就是：『鎖定中國大陸，除了中國大陸還是

中國大陸』」。從這樣的論點可窺見，過去所謂的「西潮」（west wave）已經轉變成為全球跨國企業CEO口中所言的「東望」（Look East），因此在全球一片中國大陸投資熱之際，台灣以其昔日亞洲經濟發展奇蹟的美譽，加之地理區位的優勢，以及台商企業投資中國大陸的先佔優勢（first-mover advantage），尤其是資訊電子業與全球各大跨國企業的網絡互動關係已經極為綿密，如何藉由《TEEMA調查報告》整合台商與跨國企業之間的策略平台，產生經營綜效。此研究報告已經成為平台互動最佳的觸媒；換言之，成為全球跨國企業投資中國大陸重要的參考依據。

四、TEEMA調查報告建構「兩岸和平發展平台」

電電公會榮譽理事長許勝雄(2007)就指出：「台灣企業發展模式不能偏執，從ODM、EMS(透過國際佈局來提供最好的生產供貨體系)，到自有品牌與自主創新都要有，產業發展才能多元、永續」，趨勢科技、宏碁、華碩及明基等，都已經體認到自創品牌的重要性，在台灣政府的積極推動下，希望到2010年達成2個台灣品牌躋身全球100大，5個品牌價值跨過10億美元的門檻。而此宏遠的目標，則必須藉助中國大陸廣大的市場潛力。換言之，「中國大陸是台商創造全球自有品牌最佳的練兵場」。因此，《TEEMA調查報告》隨時緊扣中國大陸經濟發展的脈搏，掌握中國大陸政策走向，提出年度研究專題，2007年TEEMA專題報告即是以「自創品牌」為年度的研究主題。因此兩岸經貿的和平發展，《TEEMA調查報告》必將扮演重要促進者的角色。

五、籲請台商重視政策法規變動

台商在2007年至2008年將面對中國大陸以下10項政策及法律法規變動的影響，應及早做好因應的措施。

1. 加強對加工貿易企業的監管及核查。包括進一步完善加工貿易管理，鼓勵加工貿易企業履行社會責任，限制和減少加工貿易、企業從事能源消耗高、環境污染重、附加值低的生產加工，並有效推進加工貿易轉型升級。

2. 2007年增加加工貿易禁止類目錄，本次公佈的限制類商品共2,247個，佔全部海關商品編碼的15％。

3. 2007年增加加工貿易限制類目錄的限制，過去公布的限制類商品主要是按限制進口的方式管理，而新辦法增加按限制出口管理。同時，海關分類為A、B類的東部地區（包括北京、上海、天津、遼寧、河北、山東、江蘇、浙江、福建和廣東省）企業，須按應徵收進口關稅和進口環節增值稅總額的50%繳納台帳保證金，將嚴重增加台商經營成本。中西部地區的A、B類企業實行台帳保證金「空轉」。

4. 自2007年7月1日起，取消553項商品的出口退稅及調降2,268項商品的出口退稅率，這些商品約占海關稅則中全部商品總數的37%。

5. 從2007年1月1日起實施《全國工業用地出讓最低價標準》規定，工業用地必須採用招標拍賣掛牌方式出讓，其出讓底價和成交價格均不得低於所在地土地等別相對應的最低價標準。

6. 決定從2007年1月1日起，新批准新增建設用地的土地有償使用費徵收標準在原有基礎上提高1倍。新增建設用地土地有償使用之使用費，按照國土資源部或省國土資源部門核定的當地實際新增建設用地面積、相應等別和徵收標準繳納。

7. 從2007年1月1日起，大陸開始對外商投資企業徵收土地使用稅，此一徵收標準依據台商工廠（公司）所處城市、地點及等級的不同收費。

8. 2007年大陸已修改《耕地佔用稅暫行條例》，新的條例大幅度的提高耕地佔用稅的稅率，單位面積的稅額由每平方米1元～10元提高到了每平方米5元～50元，稅額提高了4倍。

9. 2008年1月1日起實施新的《企業所得稅法》，新稅法應注意：過渡期的限制、免稅期及優惠稅收待遇取消、預提稅款、反避稅條款及對「居民企業」與『非居民企業』的認定等規定。

10. 2008年1月1日起實施的《勞動合同法》本法攸關勞動者和用人單位切身利益，將造成企業成本大幅增加，勞資爭議案例層出不窮。台商企業負責人及人力資源主管，必須特別的重視，將關係到台商的競爭力及台商在大陸能否永續經營。

第2章 TEEMA「兩力兩度」評估模式建構

茲將TEEMA「兩力兩度」評估模式構面與衡量指標圖示如圖2-1所示。

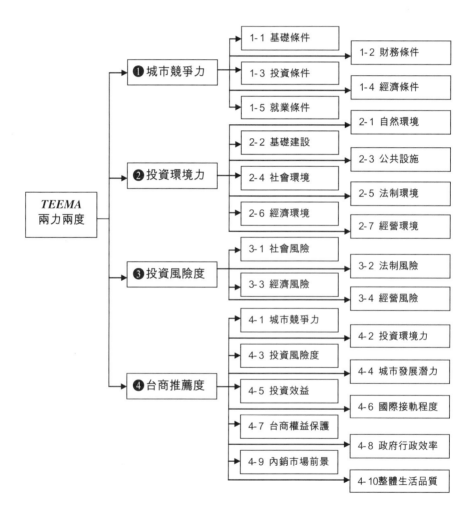

圖2-1　TEEMA「兩力兩度」評估模式構面與衡量指標

第**3**章 TEEMA 2007調查樣本結構分析

本研究針對登錄在台灣區電機電子工業同業公會會員，中國大陸台商名錄中的台商，以隨機取樣的方式，寄發研究問卷，但有些問卷填答不完整，本研究再以電話和填答人聯繫，將問卷填答完整。

TEEMA 2007年共計收到2,668份問卷，其中有效問卷為2,565份，無效問卷是103份。在有效問卷中，2007年以超過15份的城市，方列入統計分析，2007年TEEMA調查可資使用進入15份以上城市數的回卷數總共有2,565份，其中經由固定樣本(panel)系統回收的有903份，而經由問卷郵寄、傳真、人員親訪、中國大陸台商協會協助發放填答之問卷回收數共計1,662份，有關2007列入調查評比的城市數總共有88個城市，比2006年的80個城市，成長10%。

一、TEEMA 2007樣本回卷台商兩岸三地產銷分工模式分析

由表3-1顯示，就兩岸三地產銷分工模式而言：台商充分利用兩岸三地的經營優勢，進行最適的分工專業化。兩岸三地的產銷分工為：1.台灣地區以行銷(53.30%)、接單(51.40%)和研發(49.20%)為主；2.大陸地區則以生產(68.70%)和出口(51.50%)為重；3.香港或第三地則以接單(22.40%)及財務調度(19.50%)為產銷價值鏈的重心。

表3-1　TEEMA 2007報告調查受訪廠商經營現況：產銷模式

N=2565

❶ 台灣地區			❷ 大陸地區			❸ 香港與第三地		
產銷模式	樣本	百分比	產銷模式	樣本	百分比	產銷模式	樣本	百分比
❶行　　銷	1366	53.30%	❶生　　產	1761	68.70%	❶接　　單	574	22.40%
❷接　　單	1319	51.40%	❷出　　口	1321	51.50%	❷財務調度	501	19.50%
❸研　　發	1262	49.20%	❸接　　單	1055	41.40%	❸押　　匯	415	16.20%
❹財務調度	920	35.90%	❹行　　銷	931	36.30%	❹出　　口	267	10.40%
❺生　　產	795	31.00%	❺研　　發	615	24.00%	❺行　　銷	163	6.40%
❻押　　匯	676	26.40%	❻財務調度	501	19.50%	❻生　　產	98	3.80%
❼出　　口	641	25.00%	❼押　　匯	312	12.20%	❼研　　發	68	2.70%

二、TEEMA 2007台商在中國大陸發生經貿糾紛分析

　　《TEEMA調查報告》2007年針對回收的2,565有效問卷中進行台商經貿糾紛案例剖析，根據表3-2所顯示，共有經貿糾紛案例3,316個。所謂3,316是指在2,565份台商問卷中其所勾選的經貿糾紛案例類型，因為本次調查問卷設計的總共有12項糾紛案例類型，此問項採取複選題，因此有可能填答回卷者在這12項糾紛案例類型全部發生，也有可能這12項都沒有發生過，因此2007年《TEEMA調查報告》就根據3,316個案例作為統計的基礎。

　　從地區別來看，表3-2中可以發現發生經貿糾紛比率在不同的地區是有明顯的差異。從表中得知，糾紛次數佔樣本次數比率的經濟區域依次為：(1)華中地區(230.89%)；(2)西北地區(226.32%)；(3)西南地區(184.82%)；(4)東北地區(155.79%)；(5)華北地區(143.10%)；(6)華南地區(136.93%)；(7)華東地區(99.31%)。若就區域經貿糾紛次數佔全部3,316個經貿糾紛案例中的比率以華東最高有1,150件，佔34.68%，其次是華南地區的1,016件，佔30.64%，這兩個區域造成經貿糾紛數最多的原因乃是因為這兩個地區是台商群聚最多的地區。

表3-2　TEEMA 2007調查區域別經貿糾紛發生分布

地區	樣本次數	糾紛次數	發生糾紛比率	佔糾紛比率	解決途徑					滿意度之比率
					司法途徑	當地政府	仲裁途徑	台商協會	私人管道	
❶華東	1158	1150	99.31%	34.68%	166	213	112	124	80	35.94%
❷華南	742	1016	136.93%	30.64%	89	179	74	110	92	31.98%
❸華北	297	425	143.10%	12.82%	32	83	33	31	26	29.95%
❹華中	123	284	230.89%	8.56%	14	65	15	29	14	37.31%
❺西南	112	207	184.82%	6.24%	22	41	17	19	10	41.49%
❻東北	95	148	155.79%	4.46%	11	27	14	10	9	32.81%
❼西北	38	86	226.32%	2.59%	2	12	11	6	0	23.53%
總和	2565	3316	129.28%	100.00%	336	620	276	329	231	34.11%

　　就表3-3統計顯示，在12項台商曾經發生經貿糾紛的類型中，以勞動糾紛所佔的糾紛比率最高，達到594案，佔17.91%，其次為土地廠房糾紛，達489案，佔14.75%，而居第3的是買賣糾紛，達435案，佔13.12%。綜合而言，2007《TEEMA調查報告》所分析的台商經貿糾紛類型以勞動糾紛、土地廠房糾紛、買賣糾紛、關務糾紛、合同糾紛為前5大經貿糾紛類型，若比起2006年《TEEMA調查報告》所分析的經貿糾紛類型，有幾項值得特別關切的：

　　1. 2006年《TEEMA調查報告》所調查的台商在中國大陸面對的經貿糾紛總數為1,142，而2007年高達3,316案，經貿糾紛案例成長了190.37%，這是一個極為驚人的數字，表示隨著中國大陸經濟快速的成長，以及投資風險的不斷增加，台商所面對的經貿糾紛問題將不斷的增加，這是值得台商在中國大陸投資過程必須特別謹慎應對。

　　2. 從2006年到2007年，台商在中國大陸投資所面對的經貿糾紛類型中，成長比率最快的前5大糾紛類型分別為：(1)買賣糾紛(690.91%)；(2)貿易糾紛(423.81%)；(3)醫療保健糾紛(330.00%)；(4)關務糾紛(251.33%)；(5)商標糾紛(296.88%)。此成長趨勢值得在中國大陸投資的台商特別注意，以免發生上述諸類的經貿糾紛。

　　3. 2006年《TEEMA調查報告》所調查的台商在中國大陸面對的經貿糾紛

的類型居前5大的為：(1)勞動糾紛；(2)合同糾紛；(3)土地廠房糾紛；(4)知識產權糾紛；(5)債務糾紛與稅務糾紛。而2007年的調查排名前5大的糾紛類型分別為：(1)勞動糾紛；(2)土地廠房糾紛；(3)買賣糾紛；(4)關務糾紛；(5)合同糾紛。顯示土地廠房糾紛的問題已經是台商2007年面對的重要經貿糾紛課題，若就土地廠房糾紛發生的次數，2006年是136件，而到了2007年則高達489件，成長了259.56%。

表3-3　TEEMA 2006-2007台商在中國大陸投資經貿糾紛成長比例分析

糾紛類型	2006	2007	成長百分比	成長排名
❶ 勞動糾紛	316	594	87.97%	11
❷ 土地廠房	136	489	259.56%	06
❸ 買賣糾紛	55	435	690.91%	01
❹ 關務糾紛	113	397	251.33%	07
❺ 合同糾紛	180	361	100.56%	10
❻ 債務糾務	78	331	324.36%	04
❼ 稅務糾紛	78	221	183.33%	08
❽ 商標糾紛	32	127	296.88%	05
❾ 貿易糾紛	21	110	423.81%	02
❿ 知識產權	89	108	21.35%	12
⓫ 合資合營	34	94	176.47%	09
⓬ 醫療保健	10	43	330.00%	03
糾紛總數	1142	3316	190.37%	

　　《TEEMA調查報告》為了解台商企業在中國大陸面對經貿糾紛問題解決的途徑及其滿意度，特別對經貿糾紛解決途徑與經貿糾紛解決滿意度進行次數分配，其統計結果如表3-4所示。依據統計資料顯示，在解決經貿糾紛途徑中，「非常滿意」的比率依次為：(1)私人管道(38.06%)；(2)台商協會(34.93%)；(3)仲裁途徑(14.58%)；(4)司法途徑(11.07%)；(5)當地政府(6.79%)。而就台商在中國大陸遇到經貿糾紛問題其所採取的解決經貿糾紛途徑，所採用的比率依次為：

(1)當地政府(33.46%)；(2)私人管道(18.24%)；(3)台商協會(17.17%)；(4)司法途徑(15.97%)；(5)仲裁途徑(15.15%)。可見台商在中國大陸遇到經貿糾紛問題真正透過台商協會加以協助處理的比率並不是最高，畢竟透過當地政府的法制管道才是比較正確有保障的。

表3-4　TEEMA 2007台商經貿糾紛滿意度與解決途徑次數分配表

糾紛解決途徑	尚未解決	非常不滿意	不滿意	滿意	非常滿意	總和
❶ 司法途徑	38	24	52	111	28	253
	15.02%	9.49%	20.55%	43.87%	11.07%	15.97%
❷ 當地政府	9	44	236	205	36	530
	1.70%	8.30%	44.53%	38.68%	6.79%	33.46%
❸ 仲　　裁	9	21	97	78	35	240
	3.75%	8.75%	40.42%	32.50%	14.58%	15.15%
❹ 台商協會	10	11	37	119	95	272
	3.68%	4.04%	13.60%	43.75%	34.93%	17.17%
❺ 私人管道	9	17	68	85	110	289
	3.11%	5.88%	23.53%	29.41%	38.06%	18.24%
總　　和	75	117	490	598	304	1584
	4.73%	7.39%	30.93%	37.75%	19.19%	100.00%

三、台商未來佈局中國大陸城市分析

2007《TEEMA調查報告》為了解台商在中國大陸未來佈局的策略，包括未來企業轉型、擴張、成長最想到哪一個城市去投資，從2007年調查問卷回收結構分析的2,565份問卷中，由於該題是一個開放式的問項，因此有些填答者並未完全填答，且本開放式問項，總共預留兩個城市欄位供填答者填答，因此本次的計算方式，是以填答的城市作為計算的基礎，而不是以回卷的問卷數，在2007《TEEMA調查報告》中，有在此項調查問題中列入前15名佈局城市的總填答城市數共計1,493個城市數，因此根據回卷者的填答城市數統計，上海為企業未來

佈局中國大陸或其他地區最想投資的城市，其百分比為19.96%，而2到10名分別為：昆山(14.94%)、蘇州(13.26%)、北京(7.50%)、成都(6.43%)、廈門(5.83%)、天津(5.09%)、青島(4.76%)、寧波(4.62)、杭州(3.75%)。有關台商未來佈局中國大陸的城市詳如表3-5所示。

表3-5　TEEMA 2007報告調查受訪廠商經營現況：未來佈局城市

排名	2006 (N=895)			2007 (N=1493)		
	佈局城市	次數	百分比	佈局城市	次數	百分比
❶	上　海	266	29.72%	上　海	298	19.96 %
❷	昆　山	126	14.08%	昆　山	223	14.94 %
❸	蘇　州	104	11.62%	蘇　州	198	13.26 %
❹	寧　波	81	9.05%	北　京	112	7.50 %
❺	北　京	78	8.72%	成　都	96	6.43 %
❻	青　島	54	6.03%	廈　門	87	5.83 %
❼	深　圳	51	5.70%	天　津	76	5.09 %
❽	天　津	47	5.25%	青　島	71	4.76 %
❾	杭　州	46	5.14%	寧　波	69	4.62 %
❿	廈　門	42	4.69%	杭　州	56	3.75 %

四、台商佈局中國大陸城市依產業別分析

《TEEMA調查報告》針對目前在中國大陸投資的台商未來的佈局主要城市依產業類型進行投資城市分析，TEEMA 2007研究報告將台商投資中國大陸的產業分為3類型：1.高科技產業；2.傳統產業；3.服務產業。依據表3-6統計結果顯示：

1. **就高科技產業而言**：蘇州、昆山、上海位居前3名，這呼應全球研究機構所言，蘇、錫、常、鎮、寧已經成為全球的「電子巢」，Fortune Top 500的高科技企業幾乎都在長三角落戶，基於產業供應鏈、產業群聚的理論思維，企業未來佈局一定選擇具有產業完整價值鏈的經濟區域去進行投資佈局，因此可知高科技

產業仍是以長三角為首選的地方。列入未來佈局的前10大城市，似乎可以發現有5個城市都是座落在長三角，分別是：蘇州、昆山、上海、寧波、無錫。

2. **就傳統產業而言**：昆山、蘇州、上海位居前3名，這可能與該地區的配套環境完善有關，加上長三角的法治觀念較強，因此基於製造生產的效率，出口海關的規範，當地政府的行政透明度，因此台商企業可能從傳統製造的角度而言，仍是會比較傾向於以長三角做為深耕之地。值得注意的是排名第4的天津，已經成為台商企業未來佈局傳統產業的重鎮，有11.24%的回卷者未來考慮赴天津投資，這與十一五規劃中所提出的「天津濱海開發區」的新特區概念有極為重要的相關聯。

3. **就服務產業而言**：上海、青島、北京位居台商企業未來佈局服務業首選的3個城市，畢竟上海與北京是超過千萬人的直轄市，其內需市場極為廣闊，加之當地的人均GDP極高，具有高潛在消費力，位居第2的青島及第4的大連、第5的成都、第6的杭州、第9的昆明都是屬於旅遊城市和商業城市，因此商業氣息較濃，對台商佈局服務業較有吸引力。

表3-6　TEEMA 2007報告調查受訪廠商經營現況：產業別佈局城市

❶ 高科技產業(N=477)				❷ 傳統產業(N=516)				❸ 服務產業(N=445)			
排名	城市	樣本	百分比	排名	城市	樣本	百分比	排名	城市	樣本	百分比
❶	蘇州	108	22.64%	❶	昆山	156	30.23%	❶	上海	162	36.40%
❷	昆山	65	13.63%	❷	蘇州	78	15.12%	❷	青島	64	14.38%
❸	上海	62	13.00%	❸	上海	74	14.34%	❸	北京	53	11.91%
❹	寧波	54	11.32%	❹	天津	58	11.24%	❹	大連	35	7.87%
❺	廈門	51	10.69%	❺	深圳	31	6.01%	❺	成都	30	6.74%
❻	成都	36	7.55%	❻	成都	30	5.81%	❻	杭州	26	5.84%
❼	北京	31	6.50%	❼	北京	28	5.43%	❼	廣州	22	4.94%
❽	廣州	27	5.66%	❽	廈門	26	5.04%	❽	南京	21	4.72%
❾	中山	25	5.24%	❾	杭州	20	3.88%	❾	昆明	20	4.49%
❿	無錫	18	3.77%	❿	寧波	15	2.91%	❿	蘇州	12	2.70%

第4章 TEEMA 2007中國大陸 「城市競爭力」分析

　　2007《TEEMA調查報告》依回卷超過15份城市且是地級市、省會、副省級城市、直轄市者共計有57個城市數，2007《TEEMA調查報告》依據各城市的次級資料進行分析，並經過加權分數計算高低，取其百分位法，並將其分為A至E5個等級，如表4-1所示。

　　1. **A級城市之競爭力分析**：A級城市較去年而言變動不大，A級城市仍係以沿海、靠江及重要直轄市或大都會城市為主，這些城市所擁有的地理位置優勢，再加上建設的完備，配合地利，吸引外資進入而不斷發展進步，進而提升整體競爭力，使得優秀投資環境吸引持續投入投資，成為良好循環。

　　2. **B級城市之競爭力分析**：從B級城市中可發現多屬於中國大陸中部區之重要城鎮及內陸重要省會，顯示其地理環境及歷史發展仍有助於奠立現代化基礎，而B級城市中含有內陸都市，顯示中國大陸西進策略已有彰顯成效。

　　3. **C級城市之競爭力分析**：在C級城市中可發現多數以中國大陸東半部之沿岸省市城市為主，C級城市大多偏往內陸，其中，部分C級城市排名有明顯成長的有東莞、西安、珠海、中山各位居23、24、32、33名，雖仍不及A、B級城市，且在先天自然環境上有所限制，但在未來仍有相當的成長空間。

　　4. **D級城市之競爭力分析**：D級城市有許多歷史悠久的城市，且有一定的成長幅度，如泰州，其為蘇中入江達海5條航道的交匯處，鎮江也是個有著悠久歷史的古城，宜昌歷史悠久，而近年的經濟快速迅速成長，綜合實力日益增強，其目前工業已初步形成了以水電、載電體、化工、食品醫藥、新型建材等優勢產業為主導的產業格局。D級城市多屬各省市之次次級城市，且多集中於東北地區、華北地區、西南地區、華中地區等區域，而近年的成長顯示中國大陸政府不斷積極投資環境的優化，全方位對外開放格局已經逐漸形成，且對中國大陸推行之西

自創品牌贏商機—2007年中國大陸地區投資環境與風險調查

進效果略有所貢獻。

5.E級城市之競爭力分析：E級城市從去年的5個增長為7個城市，分別為漳州、桂林、廊坊、莆田、岳陽、北海、河源，其皆位處於大城市附近的副城市，相對資源的受限與交通地理位置的劣勢導致發展並不如前幾級的大城市。但其中，如莆田，近年來已成為外商和港澳台商投資的熱點，中國大陸政府現已批准設立外商投資企業1,456家，合同利用外資38.32億美元，實際到資23.2億美元，目前，人民生活水準亦日益提高。由此可知，政府的倡導與執行作為會影響與帶動經濟的興起。由分析資料結果發現這7個城市之經濟條件和就業條件都明顯較其他城市來得相對弱勢，但未來仍有發展之前景。

表4-1　TEEMA 2007中國大陸城市競爭力排名分析

城市	❶基礎條件20% 評分	排名	❷財政條件10% 評分	排名	❸投資條件20% 評分	排名	❹經濟條件30% 評分	排名	❺就業條件20% 評分	排名	城市競爭力 評分	排名	等級
上海市	88.83	03	100.00	01	98.80	01	97.75	01	94.60	02	95.77	01	A01
廣州	89.68	02	95.50	03	93.40	03	95.05	03	94.60	03	93.60	02	A02
北京市	92.83	01	98.20	02	94.03	02	90.13	04	95.80	01	93.39	03	A03
深圳	53.55	26	95.50	04	92.23	05	96.85	02	94.03	04	86.57	04	A04
天津市	82.53	06	92.80	05	84.50	07	87.90	05	84.47	05	85.95	05	A05
杭州	80.33	07	88.35	08	81.47	10	87.00	06	71.37	12	81.57	06	A06
南京	73.18	11	89.20	07	85.70	06	81.68	10	80.90	06	81.38	07	A07
武漢	87.48	04	81.20	11	77.93	13	74.50	14	72.57	09	78.07	08	B01
蘇州	49.53	28	74.95	15	92.83	04	83.90	08	73.17	08	75.77	09	B02
瀋陽	79.43	08	85.70	09	80.90	11	68.73	16	70.77	13	75.41	10	B03
大連	71.38	14	81.20	12	76.17	14	77.20	13	71.97	11	75.18	11	B04
青島	73.18	12	76.70	14	80.90	12	69.15	15	72.00	10	73.63	12	B05
寧波	59.80	22	84.80	10	81.50	09	77.65	12	64.83	19	73.00	13	B06
成都	82.55	05	74.10	16	68.40	17	58.88	21	69.03	14	69.07	14	B07
佛山	57.55	25	76.75	13	58.90	19	84.78	07	57.70	24	67.94	15	B08
無錫	43.28	35	68.70	18	82.70	08	83.43	09	54.13	25	67.92	16	B09
濟南	76.30	09	64.20	21	57.07	22	66.93	17	66.63	18	66.50	17	B10
重慶市	63.35	19	89.25	06	72.57	15	57.10	23	43.43	35	61.93	18	B11
長春	72.28	13	55.35	26	48.20	27	63.35	19	62.47	21	61.13	19	B12
廈門	46.38	31	65.15	20	52.33	25	66.45	18	73.77	07	60.95	20	B13
哈爾濱	69.58	17	71.40	17	45.77	32	50.85	27	67.23	17	58.91	21	C01
福州	58.45	23	50.85	28	66.03	18	53.95	26	58.90	22	57.95	22	C02
東莞	35.68	40	67.80	19	52.90	24	79.43	11	45.20	33	57.36	23	C03
西安	75.88	10	62.50	22	35.07	39	44.60	32	67.83	15	55.39	24	C04
煙台	58.45	24	41.95	34	70.17	16	55.75	24	43.40	37	55.32	25	C05
鄭州	68.25	18	62.45	23	48.17	28	44.60	31	58.30	23	54.57	26	C06
長沙	70.93	15	58.00	24	55.90	23	39.70	35	54.10	26	53.90	27	C07
昆明	69.63	16	56.20	25	32.10	44	42.38	34	63.63	20	51.40	28	C08

城　市	❶ 基礎條件20%		❷ 財政條件10%		❸ 投資條件20%		❹ 經濟條件30%		❺ 就業條件20%		城市競爭力		
	評分	排名	評分	排名	評分	排名	評分	排名	評分	排名	評分	排名	等級
常　州	39.68	37	54.40	27	49.93	26	62.93	20	45.77	32	51.39	29	C09
石家庄	60.65	20	48.20	29	46.40	31	49.53	28	43.43	36	49.77	30	C10
溫　州	50.88	27	43.70	32	47.00	29	49.05	29	49.37	29	48.53	31	C11
珠　海	27.63	46	46.35	30	32.70	42	55.75	25	67.23	16	46.87	32	C12
中　山	25.40	48	43.70	33	44.63	34	58.45	22	52.93	27	46.50	33	C13
紹　興	40.15	36	14.25	49	58.30	20	43.25	33	48.17	30	43.72	34	C14
南　昌	43.73	34	41.05	35	36.27	38	34.78	41	48.17	31	40.17	35	C15
嘉　興	30.75	43	17.80	47	57.67	21	36.55	39	42.23	38	38.88	36	D01
泉　州	38.80	38	21.40	45	42.83	35	36.13	40	44.60	34	38.22	37	D02
合　肥	47.25	30	45.50	31	40.47	36	26.30	47	37.47	40	37.48	38	D03
威　海	27.63	47	19.60	46	46.97	30	45.50	30	33.30	44	37.19	39	D04
鎮　江	34.33	41	24.95	43	35.07	40	38.33	38	41.03	39	36.08	40	D05
徐　州	45.53	32	33.90	38	32.70	43	31.65	42	36.23	41	35.78	41	D06
南　通	44.15	33	30.30	40	45.20	33	26.75	45	33.87	43	35.70	42	D07
惠　州	16.50	51	27.65	41	36.87	37	39.70	36	51.73	28	35.70	43	D08
蘭　州	60.23	21	32.10	39	13.07	51	29.43	44	27.97	46	32.29	44	D09
揚　州	28.08	45	26.75	42	33.90	41	29.85	43	33.90	42	30.81	45	D10
江　門	22.28	49	23.15	44	27.33	45	38.83	37	24.97	47	28.88	46	D11
南　寧	49.48	29	39.20	36	18.40	49	15.13	51	33.27	45	28.69	47	D12
宜　昌	38.35	39	8.90	52	23.77	47	17.38	48	22.00	48	22.93	48	D13
汕　頭	16.48	52	37.45	37	11.27	52	26.75	46	20.77	49	21.47	49	D14
泰　州	31.65	42	11.60	51	24.97	46	16.90	49	13.07	52	20.17	50	D15
漳　州	20.50	50	6.20	53	23.20	48	12.93	52	11.83	53	15.60	51	E01
桂　林	28.55	44	15.10	48	8.87	55	6.20	55	13.63	51	13.58	52	E02
廊　坊	15.15	53	0.85	56	17.80	50	10.65	53	7.70	55	11.41	53	E03
莆　田	10.65	55	6.20	54	9.47	53	9.35	54	13.67	50	10.18	54	E04
岳　陽	3.55	56	14.25	50	8.90	54	15.58	50	6.50	56	9.89	55	E05
北　海	13.80	54	3.50	55	1.73	57	4.40	56	5.33	57	5.84	56	E06
河　源	1.33	57	0.85	57	5.30	56	0.00	57	8.90	54	3.19	57	E07

第**5**章 TEEMA 2007中國大陸「投資環境力」分析

一、TEEMA 2007中國大陸投資環境力評估指標分析

2007《TEEMA調查報告》有關投資環境力的構面有7個，包括：1.自然環境；2.基礎建設；3.公共設施；4.社會環境；5.法制環境；6.經濟環境；7.經營環境，依據往昔《TEEMA調查報告》各構面之權重(weight)，乃是經由台商會會長及學者專家問卷評比而得。

依據表5-2顯示，2007《TEEMA調查報告》在88個列入評比的城市中，投資環境力的評分為3.54，高於2006《TEEMA調查報告》之評分3.41，換言之，2007年中國大陸整體投資環境比2006年優，總計提高了0.13，這顯示中國大陸整體的投資環境是在趨好，在2006《TEEMA調查報告》中，亦曾經分析2006年投資環境比2005年(3.32)投資環境力提高了0.09，整體而言，連續兩年中國大陸台商對中國大陸城市投資環境力之評分，均呈現上升的趨勢，顯示中國大陸改革開放以來，在不斷吸收外資之下，不只吸收了外資的經營管理思維，亦引進了國際先進的管理模式，與世界並軌，已成為中國大陸邁向現代化過程中極為重要的戰略舉措。從投資環境力的分析即可了解中國大陸加入WTO之後，其相關的投資環境構面都在不斷的優化之中，從表5-1、表5-2、表5-3以及表5-4可顯示，不論從「平均觀點」或是從「整體觀點」評估投資環境力，都可窺見七大投資環境力的構面指標2007年都比2006年有極顯著的躍升。有關TEEMA 2007年投資環境力47項指標、7大評估構面、平均觀點剖析投資環境力、整體觀點剖析投資環境力之評述如下所述：

1.自然環境構面而言：2007《TEEMA調查報告》之評價為3.62分，是所有7大投資環境力評估構面中得分最高者。在自然環境構面又以「當地生態與地理環

境符合企業發展的條件」評價為最高（3.66），該指標在所有47項指標中排名第7，此一指標在2003、2004、2005《TEEMA調查報告》的評價都是列名所有指標的第1位，2006亦排名在第2位，但2007年已經下滑至第7位，顯示中國大陸生態惡化程度值得關切。從2007年的下降過程，也是值得中國大陸當局再對生態的保護投入更大的關注度，不能夠只為了「數字出高官」、「政績工程」、「形象工程」而罔顧生態與地理環境的保護，進而能夠建構符合企業發展的生態環境與地理環境。畢竟，永續經營（going concern）、基業長青（build to last）、從優秀到卓越（good to great）才是企業追求的終極目標。

2.**基礎建設構面而言**：2007《TEEMA調查報告》的評價為3.62分，與自然環境並列投資環境力7大構面第一，在基礎建設中，「當地海、陸、空交通運輸便利程度」（3.72）分評價最高，此一指標在所有當年度的指標中的排名：2003(第3名)、2004(第2名)、2005(第3名)、2006(第一名)，顯示該指標都維持在所有評估指標中的前茅，中國大陸流行一句話，那就是「要致富，先修路」，這也是孫中山先生《實業計劃》所講的「貨暢其流」的思維，中國大陸內地招商策略中，第一個階段就是「築巢引鳳」，因此便捷的海、陸、空交通環境已經成為中國大陸經濟發展的重要動力。近幾年來，中國大陸政府採取積極的財政政策，加強基礎設施建設。公路、民航、鐵路、管道運輸的運能都是成倍數增長，2007年中國大陸高速公路的總長度居世界第2位，僅次於美國，並且可預見到2008年底，中國大陸高速公路總長度將躍居世界第一。公路建設亦是飛快成長，近15年中國大陸一共修建15萬座公路橋梁，總長度為8,300多公里，換言之，平均一年一萬座大橋，數量和長度都處於世界前列，橋梁的設計、施工，包括原材料都是中國大陸自己負責建造完成。

3.**公共設施構面而言**：2007《TEEMA調查報告》的評價為3.55分，其中「當地的學校、教育、研究機構的質與量完備的程度」為3.58分，在「醫療、衛生、保健設施的質與量完備程度」為3.48分。另外，「當地的城市建設國際化的程度」指標為3.53分較2006的3.37分高出0.16。若就公共設施4項衡量指標而言，「當地的學校、教育、研究機構的質與量完備的程度」該指標與2006年相比，是4個指標中進步最快的，達到0.22分，這顯示中國大陸體現到教育是強國之本，所謂「再窮不能窮教育，再苦不能苦孩子」，這就是完善教育體系之質與量重要

的關鍵思維。隨著「十一五」規劃的展開，強調自主創新已經成為中國大陸產、官、學之共識，而自主創新的落實，重要的是科研機構的完備，從台商的評價中即可發現，科研機構的質量並進，已經成為整個中國大陸投資環境完善的重要指標。

4.社會環境構面而言：2007《TEEMA調查報告》的評價為3.55分比2006年的3.36分高出0.19，顯示整體的社會環境仍舊是在趨好，尤其在社會環境中的「民眾及政府歡迎台商投資設廠態度」指標之評價最高(3.71)，尤其該指標在歷年的排行中，都是所有投資環境力當年度指標中名列前5名者：2003(第4名)、2004(第5名)、2005(第2名)、2006(第3名)、2007(第3名)，顯示中國大陸各城市的民眾與政府，都知道引進外資對解決當地的就業、增加當地的稅收、提升當地人民的整體生活素質，是有決定性的貢獻，因此各地的政府官員對台商投資設廠的態度依舊是積極而熱誠的，從2007《TEEMA調查報告》的細項分析，即可窺其一二。

5.法制環境構面而言：2007《TEEMA調查報告》的評價為3.48分高於2006年的3.39、2005年的3.23、2004年的3.01，由此可見中國大陸政府在完善法制環境的努力已獲得台商高度的肯定。在法制環境構面的13項評估指標中，又以「行政命令與國家發展的一致性程度」（3.60）最高，其次是「當地的地方政府對台商投資承諾實現程度」（3.55）。居於最後的是「當地政府積極查處偽劣仿冒品的力度」（3.34），然而「十一五」規劃中所揭櫫的「兩自戰略」：「自主創新」與「自創品牌」，企業在自創品牌的過程，最重視的就是當地政府積極查處違劣仿冒品的力度，因此，中國大陸要鼓勵內資企業或台商企業建立自有品牌的優勢，仍須在此一指標上加大力度，杜絕仿冒才能夠建構完善的自有品牌發展環境。此外，值得關切的是2006年法制環境在所有的投資環境力7大構面中排名第3，但是2007年卻是敬陪末座，此排名與2003、2004、2005排名居末是一致的，這也顯示當2006《TEEMA調查報告》在結論中大書特書的：「法制環境已不再是台商評估居末的構面了」，但2006的雀躍言猶在耳，但2007依舊恢復到榜尾的地步，這個研究結果實值得中國大陸當局特別重視，法制環境的優化，靠的是政府的決心、人民的守法觀念、執行者的公平公正以及整體社會的紀律與法治觀念。

6.經濟環境構面而言：2007《TEEMA調查報告》的評價為3.59分比2006年的

3.39大幅提升0.20。其中以「當地人民的生活條件及人均收入狀況」（3.72）最受肯定，該項指標在2003-2005這3年都位居所有指標的第24名或25名，但2006年卻大幅提升至第12名，而2007年該指標甚至於列名47項投資環境力細項指標之首，這顯示這幾年隨著中國大陸城市化、房地產的投資效益、股市的投資利得、商業經營意識的強化，使得老百姓的所得增加，換言之，生活條件以及人均收入都提升，都是台商企業給予高度評價的主要理由，回首70年代的台灣，被喻為「亞洲經濟發展的奇蹟」，甚至成為「亞洲四小龍」之首，那時流傳的一句話就是：「台灣錢，淹腳踝」，但是中國大陸隨著經濟發展，人民開始進入小康階段，因此許多台商朋友就流傳了一句：「大陸錢，淹肚臍」，這也顯示為什麼會有那麼多的前仆後繼赴中國大陸投資佈局，其中重要的因素就是隨著中國大陸人民生活的富裕，帶動的就是內需的消費，其13億消費的潛力不容小覷。此一論據可從經濟環境另外一項指標：「該城市未來具有經濟發展潛力的程度」的高評價(3.71)相互輝映，該指標2006年為3.47分，進步了0.24分，顯示台商對中國大陸城市的經濟發展潛力是持正面肯定的。

　　7.經營環境構面而言：2007《TEEMA調查報告》的評價為3.55分，位居7大構面的第6位，此一排名與2006年相同，然而，從長期的趨勢而言，該構面在7大構面中：2003(第3名)、2004(第3名)、2005(第5名)，顯示其排名在下滑之中，雖然評分還是有上升的趨勢，但是排名再下滑，就顯示經營環境的評價進步的速度不如其他構面，換言之，直接影響企業經營績效的構面是經營環境構面，該構面如果不能夠得到台商的肯定，那就表示企業未來增資、擴廠、成長都有所受限，此亦值得中國大陸當局以及各地的政府單位優化經營環境，提升企業的經營績效。在經營環境的10項指標中，「當地的市場未來發展潛力優異程度」得分最高(3.65)，其次為「當地的基層勞力供應充裕程度」與「當地政府獎勵台商自創品牌措施的程度」(3.62)，而其中以「當地的專業及技術人才供應充裕程度」(3.61)得分最低(3.40)。在台資企業升級的過程，最重要的就是專業技術人才的招募與培育，而就2007年的調查結果顯示，該項指標從2003年到2007年其排名順序從20名一路下滑至44名，顯示其嚴重性已不可言喻，所以中國大陸各級政府如何廣建技職學院、專技學校，培養產業所需要的專業人才已成為當前產業發展與招商引資刻不容緩的課題。

8.就投資環境力而言：2007《TEEMA調查報告》的投資環境力7大構面其評價的順序依次為(1)自然環境；(2)基礎環境；(3)經濟環境；(4)公共設施；(5)社會環境；(6)經營環境；(7)法制環境。此一排序顯示法制環境仍是台商企業最為詬病的，企業發展只有在完善的法制環境之下，才能夠「投資無憂」；只有在健全的法制環境之下，才能夠「戮力成長」，因此，如何強調法制的一致性、重視智慧財產權保護、加強政府政策的穩定度與透明度、強化當地官員的清廉操守、提升海關稅務等機構之行政效率、提供完善解決經貿糾紛管道將有助於建立優質的法制環境，進而提升台商投資擴廠的意願。

表5-1 TEEMA 2003~2007 中國大陸投資環境力指標評分與排名分析

投資環境力評估構面與指標	2007 評分	2007 排名	2006 評分	2006 排名	2005 評分	2005 排名	2004 評分	2004 排名	2003 評分	2003 排名	2003~2007 排名平均	2003~2007 總排名
自然-01）當地生態與地理環境符合企業發展的條件	3.66	07	3.55	02	3.65	01	3.56	01	3.77	01	2.40	02
自然-02）當地水電、燃料料等能源充沛的程度	3.64	10	3.38	22	3.42	07	3.35	09	3.41	09	11.40	09
自然-03）當地土地取得價格的合理程度	3.56	19	3.40	16	3.38	09	3.40	07	3.52	06	11.40	09
基礎-01）當地海、陸、空交通運輸便利程度	3.72	01	3.56	01	3.60	03	3.52	02	3.65	03	2.00	01
基礎-02）通訊設施、資訊設施、網路建設完善程度	3.68	06	3.54	05	3.56	04	3.41	05	3.52	06	5.20	05
基礎-03）當地的污水、廢棄物處理設備完善程度	3.43	39	3.32	39	3.18	32	3.02	35	3.07	24	33.80	36
基礎-04）當地的倉儲物流處理能力	3.59	15	3.49	06	3.37	10	3.22	19	3.26	16	13.20	14
基礎-05）未來總體發展及建設規劃完善程度	3.69	05	3.54	03	3.49	05	3.39	08	3.47	08	5.80	06
公共-01）醫療、衛生、保健設施的質與量完備程度	3.48	32	3.31	40	3.16	36	3.03	33	3.02	29	34.00	37
公共-02）學校、教育、研究機構的質與量完備程度	3.58	17	3.36	30	3.29	21	3.13	21	3.20	20	21.80	25
公共-03）當地的銀行商旅等商務環境便捷程度	3.59	15	3.43	11	3.37	10	-	-	-	-	12.00	11
公共-04）當地的城市建設的國際化程度	3.53	25	3.37	25	3.29	21	3.24	17	3.26	16	20.80	24
社會-01）當地的社會治安	3.55	20	3.38	22	3.29	21	3.20	20	3.28	14	19.40	22
社會-02）當地民眾生活素質及文化水平程度	3.41	43	3.29	43	3.16	36	3.07	27	3.08	23	34.40	40
社會-03）當地的社會風氣及民眾的價值觀程度	3.37	46	3.30	42	-	-	-	-	-	-	44.00	45
社會-04）當地民眾的誠信與道德觀程度	3.38	45	3.28	44	-	-	-	-	-	-	44.50	46
社會-05）民眾及政府歡迎台商投資設廠態度	3.71	03	3.54	03	3.63	02	3.41	05	3.56	04	3.40	03
法制-01）行政命令與國家法令的一致性程度	3.60	13	3.41	15	3.30	18	3.08	25	3.13	22	18.60	21
法制-02）當地的政策優惠條件	3.54	23	3.42	12	3.33	13	3.25	14	3.21	19	16.20	18
法制-03）政府與執法機構秉持公正執法態度	3.44	37	3.39	20	3.25	25	3.09	24	2.98	32	27.60	31
法制-04）當地解決糾紛的管道完善程度	3.44	37	3.34	35	3.18	32	3.02	35	2.98	34	34.60	42
法制-05）當地的工商管理、稅務機關行政效率	3.49	31	3.37	25	3.23	27	3.07	27	2.98	32	28.40	32

項目											
法制-06）當地的海關行政效率	3.53	25	3.39	20	3.22	28	3.06	29	3.00	30	26.40	30
法制-07）勞工、工安、消防、衛生行政效率	3.47	35	3.36	30	3.17	34	3.05	31	2.99	31	32.20	35
法制-08）當地的官員操守清廉程度	3.42	41	3.37	25	3.16	36	3.02	35	2.88	37	34.80	43
法制-09）當地的地方政府對台商投資承諾實現程度	3.55	20	3.44	10	3.30	18	3.33	10	3.31	13	14.20	16
法制-10）當地的環保法規定適宜且合理程度	3.51	28	3.40	16	3.24	26	3.10	23	3.04	26	23.80	28
法制-11）當地政府政策穩定性及透明度	3.48	32	3.37	25	3.19	30	3.06	29	2.97	35	30.20	34
法制-12）當地政府對智慧財產權重視的態度	3.42	42	3.34	35	3.04	40	2.90	38	2.78	38	38.60	44
法制-13）當地政府積極查處達多仿冒品的力度	3.34	47	-	-	-	-	-	-	-	-	47.00	47
經濟-01）當地人民的生活條件及人均收入狀況	3.72	01	3.42	12	3.27	24	3.08	25	3.07	24	17.20	20
經濟-02）當地的商業及經濟發展程度	3.60	13	3.42	12	3.32	16	3.25	14	3.53	5	12.00	11
經濟-03）金融體系完善的程度且資金貸款取得便利程度	3.43	39	3.31	40	3.17	34	3.05	31	3.03	28	34.40	40
經濟-04）當地的資金匯兌及利潤匯出便利程度	3.47	35	3.33	37	3.19	30	3.03	33	2.94	36	34.20	39
經濟-05）當地經濟環境促使台商經營獲利程度	3.53	25	3.38	22	-	-	-	-	-	-	23.50	27
經濟-06）該城市未來具有經濟發展潛力的程度	3.71	03	3.47	07	-	-	-	-	-	-	5.00	04
經濟-07）當地政府改善投資環境積極程度	3.66	07	3.45	08	3.42	07	3.32	11	3.41	09	8.40	08
經營-01）當地的基層勞力供應充裕程度	3.62	11	3.33	37	3.33	13	3.47	03	3.70	02	13.20	14
經營-02）當地的專業及技術人才供應充裕程度	3.40	44	3.22	45	3.14	39	3.11	22	3.20	20	34.00	37
經營-03）環境適合台商發展內需、內銷市場的程度	3.48	32	3.37	25	3.33	13	-	-	-	-	23.33	26
經營-04）台商企業在當地之勞資關係和諧程度	3.55	20	3.40	16	3.35	12	3.28	12	3.25	18	15.60	17
經營-05）經營成本、廠房與相關設施成本合理程度	3.54	23	3.35	32	3.30	18	3.27	13	3.34	12	19.60	23
經營-06）有利於形成上、下游產業供應鏈完整程度	3.58	17	3.40	16	3.31	17	3.24	17	3.27	15	16.40	19
經營-07）當地的市場未來發展潛力優異程度	3.65	09	3.45	08	3.43	06	3.45	04	3.38	11	7.60	07
經營-08）同業、同行間公平且正當競爭的環境條件	3.51	28	3.35	32	3.22	28	3.25	16	3.04	26	26.00	29
經營-09）當地台商享受政府自主創新獎勵的程度	3.51	28	3.35	32	-	-	-	-	-	-	30.00	33
經營-10）當地政府獎勵台商自創品牌措施的程度	3.61	12	-	-	-	-	-	-	-	-	12.00	11

表5-2　TEEMA 2007中國大陸投資環境力構面評分與排名（平均觀點）

投資環境力評估構面	2007		2006		2005		2004		2003		2003-2007	
	評分	排名	評分	排名	評分	排名	評分	排名	評分	排名	評分	排名
❶ 自然環境	3.62	1	3.45	2	3.51	1	3.46	1	3.58	1	3.52	1
❷ 基礎建設	3.62	1	3.49	1	3.42	2	3.28	2	3.38	2	3.44	2
❸ 公共設施	3.55	4	3.39	3	3.34	3	3.19	4	3.23	5	3.34	4
❹ 社會環境	3.55	4	3.36	6	3.31	4	3.17	5	3.24	4	3.33	5
❺ 法制環境	3.48	7	3.39	3	3.23	7	3.01	7	3.01	7	3.22	7
❻ 經濟環境	3.59	3	3.39	3	3.27	6	3.13	6	3.12	6	3.30	6
❼ 經營環境	3.55	6	3.36	6	3.30	5	3.25	3	3.29	3	3.35	3
平均值	3.54		3.41		3.32		3.21		3.26		3.35	

表5-3　TEEMA 2007中國大陸投資環境力構面評分與排名（整體觀點）

投資環境力評估構面	2007		2006		2005		2004		2003		2003-2007	
	評分	排名	評分	排名	評分	排名	評分	排名	評分	排名	評分	排名
❶ 自然環境	4.11	1	3.50	1	3.61	1	3.51	1	3.62	1	3.67	1
❷ 基礎建設	3.72	5	3.50	1	3.48	2	3.35	2	3.44	2	3.50	2
❸ 公共設施	3.81	2	3.44	4	3.42	3	3.28	4	3.27	5	3.44	3
❹ 社會環境	3.76	4	3.41	6	3.39	4	3.28	4	3.31	4	3.43	4
❺ 法制環境	3.79	3	3.45	3	3.39	4	3.25	6	3.23	6	3.42	5
❻ 經濟環境	3.62	7	3.41	6	3.35	6	3.31	3	3.32	3	3.40	6
❼ 經營環境	3.69	6	3.43	5	3.27	7	3.15	7	2.99	7	3.31	7
平均值	3.57		3.44		3.37		3.32		3.31		3.43	

表5-4　TEEMA2006-2007投資環境力平均觀點與總體觀點差異分析

投資環境力 平均觀點	2007 評分	2006 評分	2006-2007 差異分析	投資環境力 整體觀點	2007 評分	2006 評分	2006-2007 差異分析
❶ 自然環境	3.62	3.45	+0.17	❶ 自然環境	4.11	3.50	+0.61
❷ 基礎建設	3.62	3.49	+0.13	❷ 基礎建設	3.72	3.50	+0.22
❸ 公共設施	3.55	3.39	+0.16	❸ 公共設施	3.81	3.44	+0.37
❹ 社會環境	3.55	3.36	+0.19	❹ 社會環境	3.76	3.41	+0.35
❺ 法制環境	3.48	3.39	+0.09	❺ 法制環境	3.69	3.43	+0.26
❻ 經濟環境	3.59	3.39	+0.20	❻ 經濟環境	3.79	3.45	+0.34
❼ 經營環境	3.55	3.36	+0.19	❼ 經營環境	3.62	3.41	+0.21
平均值	3.54	3.41	+0.13	平均值	3.57	3.44	+0.13

二、TEEMA 2006-2007中國大陸投資環境力比較分析

2006-2007中國大陸投資環境力比較結果如表5-5所示，2007年的47項評估指標中，比2006年增列了兩項指標，分別為：法制環境構面的「當地政府積極查處違劣仿冒品的力度」以及經營環境的「當地政府獎勵台商自創品牌措施的程度」，此外，為了解TEEMA 2006-2007中國大陸投資環境力7大構面之比較，2007《TEEMA調查報告》亦從7大構面中進行差異分析，其分析結果以及排名變化如表5-5所示。綜合表5-1以及表5-5，可歸納下列之評述：

1.就47項評估指標而言：2007《TEEMA調查報告》在投資環境力的47項評估指標評價結果除兩項2007新增的指標以外，評價結果45項指標均比2006年之評價要高。

2.就47項評估指標差異分析而言：2007《TEEMA調查報告》在與2006年的評估指標進行差異分析，發現進步最多的是經濟環境構面的「當地人民的生活條件及人均收入狀況」，從2006的3.42到2007的3.72，提高了0.30，其次是經營環境構面的「當地的基層勞力供應充裕程度」，從2006的3.33提升到2007的3.62，進展了0.29。

3.就47項評估指標進步比率分析：若以2007年之47項評估指標為基數，2007

自創品牌贏商機—2007年中國大陸地區投資環境與風險調查

年比2006年進步的指標數是45個，因此，指標數上升的百分比為95.74%，若扣除2007年新增的2項指標為基數，那2007年比2006年進步的指標數是45個，因此，指標數上升的百分比為100.00%，這顯示中國大陸投資環境力不斷的在優化，也不斷的吸引全世界的客商對其青睞。

4.就7項評估構面而言：2007年比2006年在7項投資環境力評估構面都呈成長趨勢，投資環境力總平均2007比2006提升了0.13，其中又以經濟環境構面上升的幅度最高，從2006的3.39到2007的3.59，提升了0.20，而在7項構面中排名最末的是法制環境構面，且其變化的幅度亦是7項構面中最低的，2006年為3.39，2007年為3.48，評價提升了0.09（詳如表5-6）。

表5-5 TEEMA 2006-2007投資環境力差異與排名變化分析

投資環境力評估構面與指標	2007評分	2006評分	2006-2007差異分析	差異變化排名		
				▲	▼	一
自然-01）當地生態與地理環境符合企業發展的條件	3.66	3.55	+0.11	32	-	-
自然-02）當地水電、燃料等能源充沛的程度	3.64	3.38	+0.26	03	-	-
自然-03）當地土地取得價格的合理程度	3.56	3.40	+0.16	16	-	-
基礎-01）當地海、陸、空交通運輸便利程度	3.72	3.56	+0.16	16	-	-
基礎-02）通訊設備、資訊設施、網路建設完善程度	3.68	3.54	+0.14	25	-	-
基礎-03）當地的污水、廢棄物處理設備完善程度	3.43	3.32	+0.11	32	-	-
基礎-04）當地的倉儲物流處理能力.	3.59	3.49	+0.10	39	-	-
基礎-05）未來總體發展及建設規劃完善程度	3.69	3.54	+0.15	22	-	-
公共-01）醫療、衛生、保健設施的質與量完備程度	3.48	3.31	+0.17	13	-	-
公共-02）學校、教育、研究機構的質與量完備程度	3.58	3.36	+0.22	05	-	-
公共-03）當地的銀行商旅等商務環境便捷程度	3.59	3.43	+0.16	16	-	-
公共-04）當地的城市建設的國際化程度	3.53	3.37	+0.16	16	-	-
社會-01）當地的社會治安	3.55	3.38	+0.17	13	-	-
社會-02）當地民眾生活素質及文化水平程度	3.41	3.29	+0.12	28	-	-
社會-03）當地社會風氣及民眾的價值觀程度	3.37	3.30	+0.07	43	-	-
社會-04）當地民眾的誠信與道德觀程度	3.38	3.28	+0.10	39	-	-
社會-05）民眾及政府歡迎台商投資設廠態度	3.71	3.54	+0.17	13	-	-
法制-01）行政命令與國家法令的一致性程度	3.60	3.41	+0.19	08	-	-
法制-02）當地的政策優惠條件	3.54	3.42	+0.12	28	-	-
法制-03）政府與執法機構秉持公正執法態度	3.44	3.39	+0.05	44	-	-
法制-04）當地解決糾紛的管道完善程度	3.44	3.34	+0.10	39	-	-
法制-05）當地的工商管理、稅務機關行政效率	3.49	3.37	+0.12	28	-	-
法制-06）當地的海關行政效率	3.53	3.39	+0.14	25	-	-
法制-07）勞工、工安、消防、衛生行政效率	3.47	3.36	+0.11	32	-	-
法制-08）當地的官員操守清廉程度	3.42	3.37	+0.05	44	-	-
法制-09）當地的地方政府對台商投資承諾實現程度	3.55	3.44	+0.11	32	-	-
法制-10）當地環保法規規定適宜且合理程度	3.51	3.40	+0.11	32	-	-
法制-11）當地政府政策穩定性及透明度	3.48	3.37	+0.11	32	-	-
法制-12）當地政府對智慧財產權重視的態度	3.42	3.34	+0.08	42	-	-
法制-13）當地政府積極查處違劣仿冒品的力度	3.34	-	-	-	-	-
經濟-01）當地人民的生活條件及人均收入狀況	3.72	3.42	+0.30	01	-	-
經濟-02）當地的商業及經濟發展程度	3.60	3.42	+0.18	10	-	-
經濟-03）金融體系完善的程度且貸款取得便利程度	3.43	3.31	+0.12	28	-	-
經濟-04）當地的資金匯兌及利潤匯出便利程度	3.47	3.33	+0.14	25	-	-
經濟-05）當地經濟環境促使台商經營獲利程度	3.53	3.38	+0.15	22	-	-
經濟-06）該城市未來具有經濟發展潛力的程度	3.71	3.47	+0.24	04	-	-
經濟-07）當地政府改善投資環境積極程度	3.66	3.45	+0.21	06	-	-
經營-01）當地的基層勞力供應充裕程度	3.62	3.33	+0.29	02	-	-
經營-02）當地的專業及技術人才供應充裕程度	3.40	3.32	+0.08	42	-	-
經營-03）環境適合台商發展內需、內銷市場的程度	3.48	3.37	+0.11	32	-	-
經營-04）台商企業在當地之勞資關係和諧程度	3.55	3.40	+0.15	22	-	-
經營-05）經營成本、廠房與相關設施成本合理程度	3.54	3.35	+0.19	08	-	-
經營-06）有利於形成上、下游產業供應鏈完整程度	3.58	3.40	+0.18	10	-	-
經營-07）當地的市場未來發展潛力優異程度	3.65	3.45	+0.20	07	-	-
經營-08）同業、同行間公平且正當競爭的環境條件	3.51	3.35	+0.16	16	-	-
經營-09）當地台商享受政府自主創新獎勵的程度	3.51	3.35	+0.16	16	-	-
經營-10）當地政府獎勵台商自創品牌措施的程度	3.61	-	-	-	-	-

表5-6 TEEMA 2006-2007投資環境力細項指標變化排名分析

投資環境力構面	2007 評分	2006評分	2006-2007差異分析	上升名次	評估指標升降			
					指標數	▲	▼	–
❶ 自然環境	3.62	3.45	+0.17	❹	3	3	0	0
❷ 基礎建設	3.62	3.49	+0.13	❻	5	5	0	0
❸ 公共設施	3.55	3.39	+0.16	❺	4	4	0	0
❹ 社會環境	3.55	3.36	+0.19	❷	5	5	0	0
❺ 法制環境	3.48	3.39	+0.09	❼	13	12	0	1
❻ 經濟環境	3.59	3.39	+0.20	❶	7	7	0	0
❼ 經營環境	3.55	3.36	+0.19	❷	10	9	0	1
投資環境力平均值	3.54	3.41	+0.13		47	45	0	2
百分比					100.00%	95.74%	0	4.26%

2007《TEEMA調查報告》有關投資環境力的評估結果，其中投資環境力名列前10優的評估指標，茲整理如表5-7所示。

表5-7 TEEMA 2007投資環境力排名10大最優指標

投資環境力排名10大最優指標	2007		2006	
	評分	排名	評分	排名
經濟-01) 當地人民的生活條件及人均收入相較於一般水平	3.72	01	3.42	12
基礎-01) 當地的海、陸、空交通運輸便利程度	3.72	01	3.56	01
社會-05) 民眾及政府歡迎台商投資設廠態度	3.71	03	3.54	03
經濟-06) 該城市未來具有經濟發展潛力的程度	3.71	03	3.47	07
基礎-05) 當地的未來總體發展及建設規劃的完善程度	3.69	05	3.54	03
基礎-02) 當地的通訊設備、資訊設施、網路建設完善程度	3.68	06	3.54	03
自然-01) 當地的生態與地理環境符合企業發展的條件	3.66	07	3.55	02
經濟-07) 當地政府改善外商投資環境的積極態度	3.66	07	3.45	08
經營-07) 當地的市場未來發展潛力優異程度	3.65	09	3.45	08
經濟-02) 當地的商業經濟發展相較於一般水平	3.64	10	3.42	12

2007《TEEMA調查報告》亦針對投資環境力47項細項指標排名最劣的10項指標加以剖析,茲整理如表5-8所示。

表5-8　TEEMA 2007投資環境力排名10大劣勢指標

投資環境力排名10大劣勢指標	2007		2006	
	評分	排名	評分	排名
法制-13) 當地政府積極查處偽劣仿冒商品	3.34	01	-	-
社會-03) 當地社會風氣及民眾的價值觀程度	3.37	02	3.30	03
社會-04) 當地民眾的誠信與道德觀程度	3.38	03	3.28	01
經營-02) 當地的專業及技術人才供應充裕程度	3.40	04	3.32	05
社會-02) 當地民眾的生活素質及文化水平的程度	3.41	05	3.29	02
法制-08) 當地的各級官員操守清廉程度	3.42	06	3.37	17
法制-12) 當地政府對台商智慧財產權保護的程度	3.42	06	3.34	10
經濟-03) 當地的金融體系完善且資金貸款取得便利的程度	3.43	08	3.34	10
基礎-03) 當地的汙水、廢棄物處理設施完善程度	3.43	08	3.32	05
法制-03) 當地的政府與執法機構秉持公正的執法態度	3.44	10	3.39	25

2007《TEEMA調查報告》針對2007投資環境力調查指標與2006進行差異分析,茲將上升幅度最高的前10項指標整理如表5-9所示。

表5-9　TEEMA 2006-2007投資環境力指標上升前10優排名

投資環境力評分上升前10優指標	2006-2007 評分上升	2006-2007 上升排名
經濟-01) 當地人民生活條件及人均收入相較於一般水平	+0.30	01
經營-01) 當地的基層勞力供應充裕程度	+0.29	02
自然-02) 當地水電、燃料等能源充沛的程度	+0.26	03
經濟-07) 該城市未來具有經濟發展潛力的程度	+0.24	04
公共-02) 當地的學校、教育、研究機構的質與量完備的程度	+0.22	05
經濟-08) 當地政府改善投資環境積極程度	+0.21	06
經營-07) 當地的市場未來發展潛力優異程度	+0.20	07
法制-01) 行政命令與國家法令的一致性程度	+0.19	08
經營-05) 當地的經營成本、廠房與相關設施成本合理程度	+0.19	08
經濟-02) 當地的商業及經濟發展程度	+0.18	10
經營-06) 有利於形成上、下游產業供應鏈完整程度	+0.18	10

三、TEEMA 2007中國大陸城市投資環境力分析

《TEEMA調查報告》為了解2003-2007年前10大投資環境力城市排行的變化，特別進行城市投資環境力變化分析如表5-10。2007《TEEMA調查報告》針對88個列入評比的城市進行投資環境力分析，其結果如表5-11所示。

1.就投資環境力10優城市而言：投資環境力排名前10名的城市依序為：(1)蘇州工業區；(2)蘇州昆山；(3)無錫江陰；(4)杭州蕭山；(5)廊坊；(6)無錫宜興；(7)寧波北崙區；(8)成都；(9)南昌；(10)蘇州新區；而其中2006、2007同時列名投資環境力前10優的城市有：蘇州工業區、蘇州昆山、無錫江陰、寧波北崙區等四個評估城市，顯示城市的排名變化極為快速，如果當地的政府不積極改善投資環境、不積極維持過去的令名美譽，很快就被後發的城市追趕上。蘇州工業區2006-2007連續2年都列名投資環境力之第一名，顯示中國大陸與新加坡合作開發的蘇州工業園區以其高度的行政效率、規範的投資作業流程、嚴謹的招商政策獲得台商投資企業的高度肯定。

2.就投資環境力10劣城市而言：投資環境力排名前10劣的城市依序為：(1)蘭州；(2)北海；(3)惠州；(4)西安；(5)深圳龍崗；(6)鄭州；(7)東莞長安；(8)南寧；(9)瀋陽；(10)汕頭；而其中2006、2007同時列名投資環境力前10劣的城市有：惠州、東莞長安等2個評估城市，顯示《TEEMA調查報告》並沒有喚起這些城市政府單位的重視，積極改善投資環境才使得台商對此兩城市的評價連續兩年都是居於末段之評價。2007年首度列入評估的甘肅蘭州，第一次進榜評估就敬陪末座，這也顯示西部大開發所屬的一些落後貧窮的城市仍得不到台商對它們的肯定。此外，2007年列入倒數第2的北海，在2005年的《TEEMA調查報告》評價中，其投資環境力亦列名2005年受評的75個城市之最末。顯示北海的投資環境，依舊沒有受到台商的高度認同。

3.就投資環境力10優城市5年來變化而言：2003-2005 3年投資環境力都位居榜首的杭州蕭山，在2006年的評估中落到10名之外，但2007年又再度回到了排名的第4名，顯示城市最重要的要有自我反省的能力，能夠檢討排名下降的主因，進行投資環境的改善，傾聽台商的心聲，提出應興應革的建設，才能夠真正再次獲得台商們的高度評價。蘇州昆山是從2004-2007連續4年都能列入投資環境力前

10優的城市，而無錫江陰則是從2005-2007連續3年都能列入投資環境力前10優的城市。

表5-10　TEEMA 2003-2007前10大城市投資環境力變化分析

排名	2007	2006	2005	2004	2003
❶	蘇州工業區	蘇州工業區	杭州蕭山	杭州蕭山	杭州蕭山
❷	蘇州昆山	寧波北侖區	上海閔行	揚　州	青　島
❸	無錫江陰	蘇州昆山	徐　州	無錫江陰	漳　州
❹	杭州蕭山	揚　州	蘇州昆山	成　都	寧波市區
❺	廊　坊	無錫江陰	無錫江陰	上海閔行	中　山
❻	無錫宜興	杭州市區	成　都	徐　州	揚　州
❼	寧波北侖區	廈門島外	揚　州	嘉　興	無　錫
❽	成　都	南京市區	南　昌	汕　頭	蘇州市區
❾	南　昌	蘇州市區	天　津	蘇州昆山	汕　頭
❿	蘇州新區	北京亦庄	汕　頭	南　昌	上海市區

四、TEEMA 2007中國大陸區域投資環境力分析

2007《TEEMA調查報告》針對中國大陸7大經濟區域進行投資環境力排行分析，根據表5-12所示，2007年投資環境力評估綜合排名依次為：1.華東地區；2.華北地區；3.西南地區；4.華南地區；5.華中地區；6.東北地區；7.西北地區。此次西南地區位居第3名，可能是由於回卷的樣本數過少，產生樣本代表性的偏差所致，但是如果結合表5-13之分析，從2002-2007這6年來7大經濟區域投資環境力的排名變遷分析，可知華東地區其投資環境極為穩定，6年來都居7大經濟區域之首位，而西北地區則是2006-2007此2年都敬陪末座。

表5-11　TEEMA 2007中國大陸城市投資環境力排名分析

排名	城市	省市自治區	地區	❶自然環境	❷基礎建設	❸公共設施	❹社會環境	❺法制環境	❻經濟環境	❼經營環境	投資環境力
01	蘇州工業區	江蘇省	華東地區	4.45	4.40	4.41	4.40	4.34	4.38	4.37	4.38
02	蘇州昆山	江蘇省	華東地區	4.30	4.38	4.24	4.31	4.36	4.36	4.31	4.33
03	無錫江陰	江蘇省	華東地區	4.32	4.23	4.12	4.19	4.13	4.34	4.03	4.17
04	杭州蕭山	浙江省	華東地區	3.83	4.10	4.06	4.24	4.17	4.24	4.19	4.14
05	廊坊	河北省	華北地區	3.92	3.99	4.27	4.50	4.13	4.06	4.05	4.12
06	無錫宜興	江蘇省	華東地區	4.24	4.12	4.18	4.08	4.10	4.14	4.06	4.12
07	寧波北侖區	浙江省	華東地區	4.11	4.38	4.10	4.00	4.06	4.20	3.99	4.10
08	成都	四川省	西南地區	4.26	4.11	4.01	3.99	3.98	4.10	4.09	4.07
09	南昌	江西省	華中地區	4.34	4.08	4.09	3.95	4.01	4.04	4.02	4.06
10	蘇州新區	江蘇省	華東地區	4.11	4.15	3.94	3.95	3.87	4.04	4.01	3.99
11	威海	山東省	華東地區	4.00	3.94	4.00	3.92	3.88	3.90	3.91	3.92
12	揚州	江蘇省	華東地區	4.05	3.88	3.84	3.72	3.85	3.97	3.91	3.89
13	天津濱海區	天津市	華北地區	4.11	4.00	3.78	3.79	3.88	3.77	3.87	3.87
14	上海閔行	上海市	華東地區	3.79	4.08	4.03	3.80	3.83	3.88	3.80	3.87
15	大連	遼寧省	東北地區	3.61	3.75	3.72	3.85	3.95	3.93	3.95	3.86
16	廈門島內	福建省	華南地區	4.02	3.94	3.88	3.91	3.72	3.79	3.89	3.85
17	青島	山東省	華北地區	4.10	3.91	3.76	3.71	3.83	3.76	3.73	3.82
18	濟南	山東省	華北地區	3.85	3.80	3.61	3.85	3.80	3.75	3.92	3.81
19	南京市區	南京市	華東地區	3.78	3.87	3.81	3.86	3.75	3.83	3.78	3.80
20	徐州	江蘇省	華東地區	3.81	3.63	3.70	3.76	3.83	3.79	3.89	3.79
21	南京江寧	南京市	華東地區	3.79	3.83	3.67	3.82	3.81	3.83	3.70	3.78
22	蘇州市區	江蘇省	華東地區	3.84	3.88	3.77	3.86	3.69	3.80	3.74	3.77
23	廈門島外	福建省	華南地區	3.92	3.74	3.85	3.70	3.79	3.73	3.71	3.77
24	寧波市區	浙江省	華東地區	3.85	3.46	3.63	3.58	3.65	3.81	4.03	3.74
25	杭州市區	浙江省	華東地區	3.88	3.86	3.73	3.64	3.52	3.74	3.72	3.69
26	天津市區	天津市	華北地區	3.82	3.90	3.47	3.70	3.65	3.67	3.64	3.68
27	嘉興	浙江省	華東地區	3.57	3.61	3.60	3.68	3.70	3.78	3.70	3.68
28	廣州天河	廣州市	華南地區	3.78	3.75	3.94	3.49	3.56	3.62	3.66	3.66
29	北京亦庄	北京市	華北地區	3.56	3.44	3.62	3.64	3.79	3.61	3.68	3.65
30	漳州	福建省	華南地區	3.65	3.68	3.59	3.71	3.61	3.73	3.62	3.65

排名	城市	省市自治區	地區	❶自然環境	❷基礎建設	❸公共設施	❹社會環境	❺法制環境	❻經濟環境	❼經營環境	投資環境力
31	寧波餘姚	浙江省	華東地區	3.84	3.74	3.75	3.78	3.49	3.51	3.42	3.59
32	無錫市區	浙江省	華東地區	3.91	3.59	3.50	3.70	3.43	3.56	3.65	3.59
33	桂林	廣西	西南地區	3.69	3.64	3.50	3.49	3.64	3.65	3.51	3.59
34	昆明	雲南省	西南地區	3.77	3.55	3.64	3.37	3.62	3.59	3.54	3.59
35	煙台	山東省	華北地區	3.60	3.70	3.70	3.55	3.40	3.71	3.56	3.57
36	上海浦東	上海市	華東地區	3.76	3.56	3.44	3.62	3.56	3.53	3.55	3.57
37	蘇州張家港	江蘇省	華東地區	3.69	3.66	3.54	3.56	3.48	3.61	3.55	3.56
38	中山	廣東省	華南地區	3.14	3.49	3.66	3.21	3.53	3.81	3.72	3.55
39	莆田	福建省	華南地區	3.71	3.71	3.51	3.48	3.49	3.54	3.46	3.54
40	佛山	廣東省	華南地區	3.54	3.45	3.70	3.58	3.47	3.52	3.44	3.51
41	常州	江蘇省	華東地區	3.60	3.50	3.44	3.50	3.49	3.59	3.41	3.50
42	上海嘉定	上海市	華東地區	3.31	3.65	3.74	3.34	3.27	3.64	3.63	3.49
43	紹興	浙江省	華東地區	3.81	3.79	3.33	3.47	3.37	3.42	3.43	3.48
44	泉州	福建省	華南地區	3.52	3.51	3.46	3.47	3.50	3.41	3.46	3.47
45	蘇州太倉	江蘇省	華東地區	3.55	3.47	3.19	3.47	3.40	3.50	3.45	3.43
46	重慶	重慶市	西南地區	3.81	3.75	3.51	3.50	3.22	3.37	3.31	3.43
47	鎮江	江蘇省	華東地區	3.56	3.48	3.36	3.31	3.40	3.44	3.42	3.42
48	上海常熟	上海市	華東地區	3.47	3.35	3.33	3.34	3.25	3.50	3.36	3.36
49	蘇州常熟	江蘇省	華東地區	3.49	3.63	3.50	3.24	3.13	3.48	3.33	3.36
50	上海松江	上海市	華東地區	3.24	3.46	3.44	3.24	3.24	3.44	3.35	3.34
51	寧波奉化	浙江省	華東地區	3.37	3.24	3.17	3.22	3.14	3.35	3.63	3.31
52	蘇州吳江	江蘇省	華東地區	3.40	3.58	3.50	3.19	3.14	3.31	3.31	3.31
53	福州市區	福建省	華南地區	3.43	3.45	3.19	3.46	3.29	3.38	3.05	3.29
54	長沙	湖南省	華中地區	3.60	3.75	3.49	3.14	2.97	3.20	3.27	3.28
55	珠海	廣東省	華南地區	3.30	3.23	3.34	3.26	3.28	3.37	3.25	3.28
56	石家庄	河北省	華北地區	3.71	3.32	3.22	3.04	3.22	3.11	3.41	3.28
57	江門	廣東省	華南地區	3.52	3.37	3.29	3.29	3.04	3.32	3.38	3.28
58	武漢漢口	湖北省	華中地區	3.42	3.23	3.09	3.14	3.31	3.35	3.31	3.28
59	北京市區	北京市	華北地區	3.21	3.39	3.55	3.25	3.10	3.35	3.23	3.27
60	溫州	浙江省	華東地區	3.46	3.30	3.29	3.27	3.25	3.18	3.18	3.26
61	武漢漢陽	湖北省	華中地區	3.39	3.34	3.36	3.12	3.17	3.24	3.22	3.24

排名	城市	省市自治區	地區	❶自然環境	❷基礎建設	❸公共設施	❹社會環境	❺法制環境	❻經濟環境	❼經營環境	投資環境力
62	泰州	江蘇省	華東地區	3.23	3.31	3.03	3.23	3.21	3.46	3.13	3.23
63	東莞虎門	廣東省	華南地區	3.34	3.49	3.20	2.95	3.15	3.29	3.23	3.22
64	河源	廣東省	華南地區	3.58	3.30	3.22	3.20	3.16	3.11	3.11	3.21
65	福州馬尾	福建省	華南地區	3.53	3.23	2.93	3.09	3.22	3.27	3.11	3.20
66	宜昌	湖北省	華中地區	3.20	3.07	2.99	2.82	3.15	3.34	3.43	3.18
67	深圳寶安	廣東省	華南地區	3.09	3.26	3.21	2.98	3.09	3.29	3.25	3.17
68	東莞市區	廣東省	華南地區	3.19	3.31	3.35	2.99	2.98	3.16	3.29	3.16
69	深圳市區	廣東省	華南地區	3.16	3.27	3.31	2.97	3.00	3.21	3.25	3.15
70	東莞石碣	廣東省	華南地區	3.17	3.32	3.11	2.86	3.08	3.24	3.15	3.13
71	合肥	安徽省	華中地區	3.33	3.10	3.11	3.12	3.08	3.15	3.00	3.11
72	南通	江蘇省	華東地區	3.27	3.30	3.19	3.16	2.98	3.11	3.02	3.11
73	廣州市區	廣東省	華南地區	3.24	3.46	3.12	2.89	2.85	3.14	3.20	3.10
74	武漢武昌	湖北省	華中地區	3.42	3.25	3.11	2.91	2.95	3.02	3.16	3.09
75	岳陽	湖南省	華中地區	3.35	2.84	3.01	3.07	3.02	2.99	3.06	3.04
76	長春	吉林省	東北地區	3.09	3.18	3.04	3.02	2.94	3.02	3.05	3.03
77	哈爾濱	黑龍江省	東北地區	3.16	3.04	3.07	2.89	2.90	2.91	2.96	2.97
78	東莞厚街	廣東省	華南地區	3.01	3.28	3.05	2.70	2.77	3.09	2.99	2.96
79	汕頭	廣東省	華南地區	2.94	2.94	2.95	2.88	2.92	2.90	3.04	2.94
80	瀋陽	遼寧省	東北地區	2.98	2.84	2.86	2.93	3.00	3.04	2.82	2.93
81	南寧	廣西	西南地區	3.00	2.94	2.98	3.03	2.82	2.76	3.02	2.92
82	東莞長安	廣東省	華南地區	2.97	3.13	2.91	2.73	2.80	2.94	2.96	2.91
83	鄭州	河南省	華中地區	2.81	3.06	2.96	2.71	2.74	2.97	2.87	2.86
84	深圳龍崗	廣東省	華南地區	2.78	2.61	2.94	2.93	2.86	2.96	2.86	2.86
85	西安	陝西省	西北地區	2.93	2.78	2.98	2.62	2.60	2.86	2.87	2.78
86	惠州	廣東省	華南地區	3.05	2.86	2.76	3.02	2.59	2.82	2.71	2.78
87	北海	廣西	西南地區	2.91	2.76	2.68	2.60	2.76	2.68	2.73	2.73
88	蘭州	甘肅省	西北地區	2.80	2.56	2.88	2.68	2.72	2.74	2.67	2.72

註：
【1】問卷評分轉換：「非常同意＝5分」、「同意＝4分」、「沒意見＝3分」、「不同意＝2分」、「非常不同意＝1分」。
【2】投資環境力＝【自然環境×10%】+【基礎建設×10%】+【公共設施×10%】+【社會環境×10%】+【法制環境×25%】+【經濟環境×15%】+【經營環境×20%】。
【3】投資環境力評分越高，代表台商對該城市投資環境的評價越高，因此排名是依據投資環境力由高至低排序。

表5-12　TEEMA 2007中國大陸區域投資環境力排名分析

環境力構面	華北地區	華東地區	華南地區	華中地區	東北地區	西北地區	西南地區
❶ 自然環境	3.76	3.75	3.36	3.43	3.21	2.86	3.57
❷ 基礎設施	3.72	3.75	3.37	3.30	3.20	2.67	3.46
❸ 公共設施	3.66	3.66	3.31	3.25	3.17	2.93	3.39
❹ 社會環境	3.67	3.66	3.2	3.11	3.17	2.65	3.33
❺ 法制環境	3.64	3.61	3.2	3.16	3.20	2.66	3.34
❻ 經濟環境	3.64	3.73	3.32	3.26	3.22	2.8	3.36
❼ 經營環境	3.68	3.67	3.28	3.26	3.20	2.77	3.37
環境力評分	3.68	3.69	3.29	3.25	3.20	2.76	3.40
環境力排名	2	1	4	5	6	7	3

表5-13　TEEMA 2003-2007中國大陸區域投資環境力排名變化分析

地　　區	2007		2006		2005		2004		2003		2003-2007	
	評分	排名	評分	排名	評分	排名	評分	排名	評分	排名	總分	排名
❶ 華東地區	3.69	1	3.65	1	3.82	1	3.45	1	3.34	1	5	1
❷ 華北地區	3.68	2	3.63	2	3.62	3	3.33	2	3.31	2	11	2
❸ 西南地區	3.40	3	2.83	6	3.36	5	3.27	4	3.24	3	21	4
❹ 華南地區	3.29	4	3.08	4	3.22	7	3.08	7	3.11	6	28	6
❺ 華中地區	3.25	5	3.32	3	3.76	2	3.10	6	3.20	4	20	3
❻ 東北地區	3.20	6	2.92	5	3.23	6	3.28	3	3.19	5	25	5
❼ 西北地區	2.76	7	2.57	7	3.44	4	3.11	5	3.06	7	30	7

第**6**章　TEEMA 2007中國大陸「投資風險度」分析

一、TEEMA 2007中國大陸投資風險度評估指標分析

　　2007《TEEMA調查報告》所涵蓋的投資風險度4大構面之指標如表6-1。

　　依據表6-2顯示，2007《TEEMA調查報告》在88個列入評比的城市中，投資風險度的評分為2.53，高於2006《TEEMA調查報告》之評分2.50，換言之，2007年中國大陸整體投資風險度比2006年高出0.03，這顯示中國大陸整體的投資風險度在逐漸升溫之中，若與前述所分析的投資環境力進行對比，發現今年中國大陸城市整體之投資環境力與投資風險度呈現「雙漲現象」，依據一般投資理論而言，「風險度」與「環境力」是成反比，風險越高，則投資環境越差；風險越低，則投資環境越優，但是《TEEMA調查報告》在2006與2007的調查中，都呈現投資環境力與投資風險度同步變化的正方向，與2000-2005《TEEMA調查報告》的研究結果有所出入，因為2000-2005《TEEMA調查報告》的結論都顯示投資環境力與投資風險度是呈負相關，當年度若投資環境力趨好，則投資風險度就會下降，此連續兩年「雙漲現象」，《TEEMA調查報告》的解讀是由於中國大陸持續的成長，環境趨優，但相對的也累積了許多發展過程不規範的投資風險，以及基礎建設未到位的環境風險。因此，此一研究結果的發現值得台商及中國大陸政府特別關注。

　　從表6-2、表6-3以及表6-4可顯示，不論從「平均觀點」或是從「整體觀點」評估投資風險度，都可窺見4大投資風險度的構面指標2007年比2006年有極顯著的提升，此表示風險不斷在蓄積能量，有關TEEMA 2007年投資風險度31項指標、4項評估構面、平均觀點剖析投資風險度、整體觀點剖析投資風險度之評述如下所述：

表6-1 TEEMA 2007 中國大陸投資風險度指標評分與排名分析

投資風險度評估構面與指標	2007 評分	2007 排名	2006 評分	2006 排名	2005 評分	2005 排名	2004 評分	2004 排名	2003 評分	2003 排名	2003-2007 排名平均	2003-2007 總排名
社會-01) 當地發生員工抗議、抗爭事件頻繁的風險	2.49	12	2.46	07	2.26	02	2.59	01	2.48	01	4.60	02
社會-02) 經常發生社會治安事件、秩序不良的風險	2.45	06	2.47	10	2.39	18	2.71	05	2.59	05	8.80	08
社會-03) 當地發生勞資或經貿糾紛不易排解的風險	2.46	08	2.48	13	2.33	06	2.72	06	2.63	10	8.60	07
社會-04) 當地人身財產安全受到威脅的風險	2.42	03	2.44	03	2.33	06	2.76	12	2.57	04	5.60	04
法制-01) 當地政府行政命令經常變動的風險	2.52	18	2.51	22	2.35	10	2.79	19	2.67	16	17.00	20
法制-02) 違反對台商合法取得土地使用權承諾風險	2.41	02	2.43	02	-	-	-	-	-	-	2.00	01
法制-03) 官員對法令、合同、規範執行不一致的風險	2.45	07	2.48	13	2.36	12	2.81	23	2.76	25	16.00	17
法制-04) 與當地政府協商過程難以掌控的風險	2.49	12	2.48	13	2.37	14	2.80	21	2.74	24	16.80	19
法制-05) 政府調解、仲裁糾紛對台商不公平程度風險	2.48	10	2.49	18	2.36	12	2.77	13	2.65	13	13.20	12
法制-06) 機構無法有效執行司法及仲裁結果的風險	2.52	18	2.44	03	2.39	18	2.81	23	2.71	23	17.00	20
法制-07) 當地政府以不當方式要求台商回饋的風險	2.50	15	2.45	05	2.32	05	2.78	16	2.68	18	11.80	10
法制-08) 當地常以刑事方式處理經濟案件的風險	2.47	09	2.46	07	2.31	03	2.75	09	2.62	09	7.40	06
經濟-01) 當地外匯嚴格管制及利潤匯出不易的風險	2.69	30	2.50	19	2.49	25	2.83	26	2.80	26	25.20	28
經濟-02) 當地的地方稅賦政策變動頻繁的風險	2.50	15	2.61	28	2.39	18	2.77	13	2.66	14	17.60	23
經濟-03) 台商藉由當地銀行體系籌措與取得資金困難	2.55	23	2.46	07	2.53	28	2.89	28	2.82	27	22.60	27
經濟-04) 當地政府對台商優惠政策無法兌現的風險	2.48	11	2.51	22	2.34	08	2.75	09	2.70	22	14.40	15
經濟-05) 台商企業在當地發生經貿糾紛頻繁的風險	2.51	17	2.48	13	2.34	08	2.75	09	2.69	20	13.40	13
經濟-06) 當地政府保護主義濃厚影響企業獲利的風險	2.52	18	2.51	22	2.37	14	2.78	16	-	-	17.50	22
經濟-07) 當地政府收費、攤派、罰款項目繁多的風險	2.57	24	2.50	19	2.43	23	2.81	23	2.69	20	21.80	25
經營-01) 當地水電、燃氣、能源供應不穩定的風險	2.59	26	2.45	05	2.52	27	2.80	21	2.51	02	16.20	18
經營-02) 當地物流、運輸、通路狀況不易掌握的風險	2.39	01	2.50	19	2.31	03	2.63	03	2.52	03	5.80	05
經營-03) 當地跨省運輸不當收費頻繁的風險	2.42	03	2.47	10	2.37	14	2.74	07	2.64	12	9.20	09
經營-04) 當地配套廠商供應不穩定的風險	2.49	12	2.52	26	2.35	10	2.70	04	2.63	10	12.40	11
經營-05) 當地企業信用不佳欠債追索不易的風險	2.66	28	2.64	30	2.39	18	2.77	13	-	-	22.25	26
經營-06) 員工道德操守造成台商企業營運損失的風險	2.83	31	2.61	28	2.59	29	2.95	30	2.67	16	26.80	30
經營-07) 當地適任人才及員工招募不易的風險	2.61	27	2.65	31	2.50	26	2.88	27	2.93	28	27.80	31
經營-08) 員工缺乏忠誠度造成人員流動率頻繁的風險	2.68	29	2.54	27	2.59	29	2.94	29	2.66	14	25.60	29
經營-09) 當地經營企業維持人際網絡成本過高的風險	2.57	24	2.41	01	2.44	24	2.79	19	2.59	05	14.60	16
經營-10) 當地政府干預台商企業經營運作的風險	2.42	03	2.47	10	2.25	01	2.61	02	2.60	07	4.60	02
經營-11) 當地經營因經貿、稅務糾紛被羈押的風險	2.52	18	2.48	13	2.40	22	2.74	07	2.61	08	13.60	14
經營-12) 貨物通關時、受當地海關行政阻擾的風險	2.53	22	2.51	22	2.37	14	2.78	16	2.68	18	18.40	24

〔調查風險環境與投資〕

1.**社會風險構面而言**：2007《TEEMA調查報告》之評價為2.46分，與2006年之評分相同，且該項構面從2003-2007《TEEMA調查報告》的結果都是列名4項構面的第一位，表示中國大陸的社會風險比起法制風險、經濟風險、經營風險要來得低，而在社會風險的4項指標中，以「當地發生員工抗議、抗爭事件頻繁的風險」之風險評分最高，為2.49分，該指標2003、2004排名第一名，換言之，在當年度所有投資風險評估指標中，該指標都是最低的，表示中國大陸的員工抗爭事件是極少的風險，但是該指標2005為第2名，2006年則為第7名、2007年已經到第12名了，顯示中國大陸隨著經濟的發展，內地員工權益保護意識抬頭，企業內部組織工會的力量高漲，勞工維權意識的不斷被喚醒，以及國際資訊的充分流通，讓中國大陸勞工開始懂得如何爭取自我的權益，開始了解藉由抗爭得到自身利益的保護，正確的引導對勞資雙方和諧的運作是有利的，但是若是一味的抗爭、無理性的抗爭、有政治目的的抗爭，對企業而言絕非益事。台商企業應該事先做好規劃，以盡量降低此項風險的提升。

2.**法制風險構面而言**：2007《TEEMA調查報告》的評價為2.48分，比2006年之2.47高出0.01分，在法制風險構面的8項指標中，以「當地政府行政命令經常變動的風險」與「機構無法有效執行司法及仲裁結果的風險」最高(2.52)，若以整體投資風險度4項構面而言，法制環境從2005到2007《TEEMA調查報告》結果顯示，都位居4構面的第2位，而非敬陪末座。一般台商的認知是中國大陸法制風險最高，但是從調查的結果顯示其實不然，中國大陸在改革開放以後，慢慢藉由與國際交流互動頻繁，吸收國際的法規思維，也正朝建立法治社會的目標努力，這是值得肯定的。

3.**經濟風險構面而言**：2007《TEEMA調查報告》的評價為2.55分，比2006年的2.52提升0.03分，表示經濟風險正持續上升中，在經濟風險構面的7項指標中，2007《TEEMA調查報告》顯示，風險較高的前3項指標依序為：(1)「當地外匯嚴格管制及利潤匯出不易的風險」(2.69)；(2)「當地政府收費、攤派、罰款項目繁多的風險」(2.57)；(3)「台商藉由當地銀行體系籌措與取得資金困難的風險」(2.55)，尤其是利潤的匯出不易這都是歷年來台商一直反映的中國大陸投資重要風險因素之一。中國大陸政府如何放寬企業利潤匯出的相關規定，允許合法的企業將經營績效、利潤合理的匯出，相信此一措施將促使更多的台商企業佈局中國

大陸。而在經濟風險指標中，值得注意的是「台商企業在當地發生經貿糾紛頻繁的風險」，該指標的評價為2.51分，比2006年的2.48分上揚了0.03分，而從2003年至2007年《TEEMA調查報告》的分析顯示，其在所有的投資風險度評估指標中排名地位不斷下滑，2004第9名、2005第8名、而2006為第13名，2007下降至第17名，顯示隨著中國大陸經濟的發展、民營企業的崛起、當地政府採取「民營趕超」以鼓勵發展地方企業的戰略舉措，都是造成當地發生經貿糾紛頻繁的主因，因此，台商佈局中國大陸之前，如何強化法律意識、熟知中國大陸法律事務、如何延聘對中國大陸法規環境極為熟稔的律師與會計師作為投資顧問、如何強調守法意識重於人際關係之建構，均有助於台商降低經貿糾紛風險的發生。

4.經營風險構面而言：2007《TEEMA調查報告》的評價為2.56分，位居4項投資風險度構面之末，從長期的趨勢而言，該構面在4項構面中：2003、2004均名列第2名、2005、2006則下降到第3名，2007更是下降至4項構面的末尾，此值得佈局中國大陸的台商關注與關切，畢竟影響企業發展最重要的環境因素還是來自經營環境與經營風險，這也顯示中國大陸對於企業的經營風險的降低還需多所著墨，在12項的經營風險指標中，以「員工道德操守造成台商企業營運損失的風險」(2.83)的評價風險最高，其次是「員工缺乏忠誠度造成人員流動率頻繁的風險」(2.68)、「當地企業信用不佳欠債追索不易的風險」(2.66)以及「當地適任人才及員工招募不易的風險」(2.61)，顯示台商認為的中國大陸投資環境風險度主要都是來自員工的道德操守以及忠誠度，如何正面宣導員工具有正確的工作價值觀、正確的責任感以及培養職業道德操守已經是中國大陸各地政府在提升其城市形象、吸引外商投資上刻不容緩的議題。

5.投資風險度而言：2007《TEEMA調查報告》的評價為2.53分，是從2005-2007 3年來的最高，此一現象說明中國大陸「高成長、高風險」的經濟特性，尤其從表6-2與表6-3的對比得知，從平均觀點與整體觀點的評分可以發現從平均觀點剖析投資風險度的評分是2.53，而從整體觀點剖析投資風險度的評分是2.63，高出0.10分，依據學理的角度，整體觀點評估投資風險構面是採取「完形論(Gestalt theory)」的基礎，一般而言，具有放大投射的效應，因此從最直覺的投射而言，中國大陸投資風險度未來將持續的攀升，所以其具有擴大的效應，最直覺的感受就是台商認為中國大陸未來的投資風險上升的幅度持續在擴增之中。

此一結論，值得台商未來在中國大陸擴廠或佈局之際，應妥善思考投資之風險。

6.投資風險度歷年排名變化而言：2007《TEEMA調查報告》針對2003-2007投資風險度評估指標進行排名比較分析，從排名中可得知從2003-2007這5年之間，投資風險度都能夠列名在前10大的指標僅有一項，那就是法制風險構面中的「當地常以刑事方式處理經濟案件的風險」，其2005第3名，2006第7名，而2003、2004、2007都是第9名。就投資風險度歷年都列入倒數前10名的指標有，經營風險構面中的「當地適任人才及員工招募不易的風險」；而從2004-2007連續4年都名列在倒數前10名的指標有2項，分別為經營風險構面的「員工道德操守造成台商企業營運損失的風險」與「員工缺乏忠誠度造成人員流動率頻繁的風險」，表示這3項上述指標雖然每年都名列在最末幾項指標之林。

歷年的《TEEMA調查報告》也都不斷的呼籲台商應該謹慎考慮這些投資風險，也建議中國大陸各地政府應該重視員工的道德教育、誠信教育、倫理教育，但從上述分析顯示，此一呼籲並沒有得到實質性的回應及改善，這些指標依舊年年位居末位，顯示要改善一個人的價值觀不是一蹴可幾，而是必須長期的投入，以及不斷的自律才能達成。歐洲人有一句名言：「三代成就一個貴族」，中國大陸也有一句流傳的話語：「中國大陸一夕之間可以造就一位富翁，但是一夕之間卻培養不了一名紳士」，這些話語就告訴我們要提高社會的整體素質，必須從教育、教養、教導等多方面著力。

表6-2　TEEMA2007中國大陸投資風險度構面評分與排名（平均觀點）

投資風險度 評估構面	2007		2006		2005		2004		2003		2003-2007	
	評分	排名	評分	排名	評分	排名	評分	排名	評分	排名	評分	排名
❶ 社會風險	2.46	1	2.46	1	2.33	1	2.7	1	2.57	1	2.5	1
❷ 法制風險	2.48	2	2.47	2	2.35	2	2.79	3	2.7	3	2.56	2
❸ 經濟風險	2.55	3	2.52	3	2.43	4	2.79	3	2.74	4	2.61	4
❹ 經營風險	2.56	4	2.52	3	2.41	3	2.77	2	2.65	2	2.58	3
平均值	2.53		2.50		2.40		2.76		2.67		2.57	

表6-3　TEEMA2007中國大陸投資風險度構面評分與排名（整體觀點）

投資風險度 評估構面	2007		2006		2005		2004		2003		2003-2007	
	評分	排名	評分	排名	評分	排名	評分	排名	評分	排名	評分	排名
❶ 社會風險	2.62	3	2.42	1	2.28	1	2.71	1	2.59	1	2.51	1
❷ 法制風險	2.61	2	2.54	4	2.32	2	2.79	4	2.71	3	2.57	2
❸ 經濟風險	2.68	4	2.53	3	2.37	3	2.77	2	2.76	4	2.59	4
❹ 經營風險	2.60	1	2.51	2	2.39	4	2.77	2	2.69	2	2.57	2
平均值	2.63		2.50		2.34		2.76		2.70		2.59	

表6-4　TEEMA 2006-2007投資風險度平均觀點與總體觀點差異分析

投資風險度 平均觀點	2007 評分	2006 評分	2006-2007 差異分析	投資風險度 整體觀點	2007 評分	2006 評分	2006-2007差 異分析
❶ 社會風險	2.46	2.46	0.00	❶ 社會風險	2.62	2.42	+0.20
❷ 法制風險	2.48	2.47	+0.01	❷ 法制風險	2.61	2.54	+0.07
❸ 經濟風險	2.55	2.52	+0.03	❸ 經濟風險	2.68	2.53	+0.15
❹ 經營風險	2.56	2.52	+0.04	❹ 經營風險	2.60	2.51	+0.09
平均值	2.53	2.50	+0.03	平均值	2.63	2.50	+0.13

二、TEEMA 2006-2007中國大陸投資風險度比較分析

　　TEEMA 2006-2007中國大陸投資風險度比較結果如表6-5所示，2007年的問卷對投資風險度建構31項評估指標，為了解TEEMA 2006-2007中國大陸投資風險度4項構面之比較，2007《TEEMA調查報告》亦從4項構面中進行差異分析，其分析結果以及排名變化如表6-6所示。綜合表6-5以及表6-6，可歸納下列之評述：

表6-5 TEEMA 2006-2007投資風險度差異與排名變化分析

投資風險度評估構面與指標	2007 評分	2006 評分	2007-2006 差異分析	排名 ▲	▼	一
社會-01）當地發生員工抗議、抗爭事件頻繁的風險	2.49	2.46	+0.03	11	-	-
社會-02）經常發生社會治安不良、秩序不穩的風險	2.45	2.47	-0.02	-	09	-
社會-03）當地發生勞資或經貿糾紛不易排解的風險	2.46	2.48	-0.02	-	09	-
社會-04）當地人身財產安全受到威脅的風險	2.42	2.44	-0.02	-	09	-
法制-01）當地政府行政命令經常變動的風險	2.52	2.51	+0.01	15	-	-
法制-02）違反對台商合法取得土地使用權承諾風險	2.41	2.43	-0.02	-	09	-
法制-03）官員對法令、合同、規範執行不一致的風險	2.45	2.48	-0.03	-	06	-
法制-04）與當地政府協商過程難以掌控的風險	2.49	2.48	+0.01	15	-	-
法制-05）政府調解、仲裁糾紛對台商不公平程度風險	2.48	2.49	-0.01	-	13	-
法制-06）機構無法有效執行司法及仲裁結果的風險	2.52	2.44	+0.08	07	-	-
法制-07）當地政府以不當方式要求台商回饋的風險	2.50	2.45	+0.05	09	-	-
法制-08）當地常以刑事方式處理經濟案件的風險	2.47	2.46	+0.01	15	-	-
經濟-01）當地外匯嚴格管制及利潤匯出不易的風險	2.69	2.50	+0.19	02	-	-
經濟-02）當地的地方稅賦政策變動頻繁的風險	2.50	2.61	-0.11	-	01	-
經濟-03）台商藉由當地銀行體系籌措與取得資金困難	2.55	2.46	+0.09	06	-	-
經濟-04）當地政府對台商優惠政策無法兌現的風險	2.48	2.51	-0.03	▲	06	-
經濟-05）台商企業在當地發生經貿糾紛頻繁的風險	2.51	2.48	+0.03	11	-	-
經濟-06）當地政府保護主義濃厚影響企業獲利的風險	2.52	2.51	+0.01	15	-	-
經濟-07）當地政府收費、攤派、罰款項目繁多的風險	2.57	2.50	+0.07	08	-	-
經營-01）當地水電、燃氣、能源供應不穩定的風險	2.59	2.45	+0.14	04	-	-
經營-02）當地物流、運輸、通路狀況不易掌握的風險	2.39	2.50	-0.11	-	01	-
經營-03）當地跨省運輸不當收費頻繁的風險	2.42	2.47	-0.05	-	03	-
經營-04）當地配套廠商供應不穩定的風險	2.49	2.52	-0.03	-	06	-
經營-05）當地企業信用不佳欠債追索不易的風險	2.66	2.64	+0.02	13	-	-
經營-06）員工道德操守造成台商企業營運損失的風險	2.83	2.61	+0.22	01	-	-
經營-07）當地適任人才及員工招募不易的風險	2.61	2.65	-0.04	-	05	-
經營-08）員工缺乏忠誠度造成人員流動率頻繁的風險	2.68	2.54	+0.14	04	-	-
經營-09）當地經營企業維持人際網絡成本過高的風險	2.57	2.41	+0.16	03	-	-
經營-10）當地政府干預台商企業經營運作的風險	2.42	2.47	-0.05	-	03	-
經營-11）當地台商因經貿、稅務糾紛被羈押的風險	2.52	2.48	+0.04	10	-	-
經營-12）貨物通關時，受當地海關行政阻擾的風險	2.53	2.51	+0.02	13	-	-

表6-6　TEEMA 2007與2006投資風險度細項指標變化排名分析

投資風險度構面	2007評分	2006評分	2006-2007差異分析	上升名次	細項指標			
					指標數	▲	▼	—
❶ 社會風險	2.46	2.46	0.00	❶	4	1	3	0
❷ 法制風險	2.48	2.47	+0.01	❷	8	5	3	0
❸ 經濟風險	2.55	2.52	+0.03	❸	7	5	2	0
❹ 經營風險	2.56	2.52	+0.04	❹	12	7	5	0
投資風險度平均	2.53	2.50	+0.03		31	18	13	0
百　分　比					100.00%	58.06%	41.94%	0

　　1.就31項評估指標而言：2007《TEEMA調查報告》在投資風險度的31項評估指標評價結果有18項指標是比2006年高，佔31項指標中的58.06%，這表示有超過一半以上的指標數，今年的投資風險度比去年增高，此現象值得慎思，此外，在31項投資風險度指標中，有13項指標的評分低於2006年，表示其風險度趨好，佔31項指標中的41.94%。

　　2.就31項評估指標差異分析而言：2007《TEEMA調查報告》在與2006年的評估指標進行差異分析，發現進步最多的是經營風險構面的「員工道德操守造成台商企業營運損失的風險」提高達0.22分，而風險降低程度最高的是經濟風險構面的「當地的地方稅賦政策變動頻繁的風險」，降低的幅度達0.11分。

　　3.就10項最優指標排名變化分析而言：2007《TEEMA調查報告》投資風險度排名第一的是經營風險構面的「當地物流、運輸、通路狀況不易掌握的風險」(2.39)，相較於2006年的排名19名，提高的名次最多，顯示中國大陸對於交通、運輸、物流的建設不遺餘力，因此，2007年的台商評價結果就顯示出該項風險已經不是台商經營過程覺得最需要擔憂的風險了，其次為法制風險構面的「政府違反對台商合法取得土地使用權承諾風險」(2.41)，該排行與去年的第2名成績相仿，而2006、2007均居第3名的是社會風險構面中的「當地人身財產安全受到威脅的風險」。

　　4.就10項最劣指標排名變化分析而言：2007《TEEMA調查報告》投資風險度排名最末的是經營風險構面的「當地員工道德操守造成台商企業營運損失的風

自創品牌贏商機—2007年中國大陸地區投資環境與風險調查

險」(2.83)，比2006年排名倒數第3名又下降了2名，顯示中國大陸勞工的工作職業道德、誠信價值是台商在中國大陸營運必須特別考慮的風險，而去年排名倒數第11的經濟風險構面之「當地外匯嚴格管制及利潤匯出不易的風險」，2007年已提高到倒數第3名，投資風險度達2.68分，而從2006、2007的統計結果顯示這2年來都名列在當年度所有投資風險度評估指標最劣前5名的分別是：(1)「當地員工道德操守造成台商企業營運損失的風險」；(2)外匯嚴格管制及利潤匯出不易的風險；(3)「員工缺乏忠誠度造成人員流動率頻繁的風險」；(4)「當地企業信用不佳欠債追索不易的風險」；(5)「當地適任人才及員工招募不易的風險」這5項指標，而值得關切的是這5項指標都屬於經營風險構面，換言之，這2年來有經營風險構面的風險依舊是台商所面臨到最困擾的風險。

5.就4項評估構面而言：2007年比2006年在4項投資風險度評估構面除社會風險的評分與去年相同以外，其他法制風險、經濟風險、經營風險都呈風險上揚的趨勢，投資風險度總平均2007比2006提升了0.03，其中又以經營風險構面上升的幅度最高，從2006的2.52到2007的2.56，提升了0.04，而2007年在法制風險構面的提升度僅有0.01，不過法制風險已經不是所有風險中評價最低的構面了，綜合而言，2007《TEEMA調查報告》分析評估的結果顯示，台商在中國大陸投資過程所感受到的大陸環境之投資風險度，其4個構面的風險大小依次為：(1)經營風險；(2)經濟風險；(3)法制風險；(4)社會風險。

2007《TEEMA調查報告》有關投資風險度的評估結果如表6-7所示，2006、2007連續2年都列名投資風險度最優的10大指標之列的指標有3項，那就是法制風險構面中的「政府違反對台商合法取得土地使用權承諾風險」、「當地常以刑事方式處理經濟案件的風險」以及社會風險構面中的「當地人身財產安全受到威脅的風險」。

此外，2007《TEEMA調查報告》亦針對投資風險度31項細項指標排名最末的10項加以剖析，其排名如表6-8所示，從表顯示，2006年到2007年投資風險度排名提高最快的10大最劣指標分別為：(1)「當地水電、燃氣、能源供應不穩定的風險」（倒數26名下降到倒數第6）；(2)「政府收費、攤派、罰款項目繁多的風險」（倒數31名到倒數第7）；(3)「台商藉由當地銀行體系籌措取得資金困難」（倒數23名到倒數第9）。

2007《TEEMA調查報告》針對2007投資風險度調查指標與2006進行差異分析，茲將下降幅度最多的前10項指標整理如表6-9所示。

表6-7　TEEMA 2007投資風險度排名10大最優指標

投資風險度排名10大最優指標	2007		2006	
	評分	排名	評分	排名
經營-02) 當地物流、運輸、通路狀況不易掌握的風險	2.39	01	2.50	19
法制-02) 政府違反對台商合法取得土地使用權承諾風險	2.41	02	2.43	02
社會-04) 當地人身財產安全受到威脅的風險	2.42	03	2.44	03
經營-03) 當地跨省運輸不當收費頻繁的風險	2.42	03	2.47	10
經營-10) 當地政府干預台商企業經營運作的風險	2.42	03	2.47	10
法制-03) 當地官員對法令、合同、規範執行不一致的風險	2.45	06	2.47	10
社會-02) 當地經常發生社會治安不良、秩序不穩的風險	2.45	06	2.48	13
社會-03) 當地發生勞資或經貿糾紛不易排解的風險	2.46	08	2.48	13
法制-08) 當地常以刑事方式處理經濟案件的風險	2.47	09	2.46	07
法制-05) 當地政府調解、仲裁糾紛對台商不公平程度的風險	2.48	10	2.49	18
經濟-04) 當地政府對台商優惠政策無法兌現的風險	2.48	10	2.51	22

表6-8　TEEMA 2007投資風險度排名10大劣勢指標

投資風險度排名10大劣勢指標	2007		2006	
	評分	排名	評分	排名
經營-06) 當地員工道德操守造成台商企業營運損失的風險	2.83	01	2.61	03
經濟-01) 當地外匯嚴格管制及利潤匯出不易的風險	2.69	02	2.50	11
經營-08) 當地員工缺乏忠誠度造成人員流動率頻繁的風險	2.68	03	2.54	05
經營-05) 當地企業信用不佳欠債追索不易的風險	2.66	04	2.64	02
經營-07) 當地適任人才及員工招募不易的風險	2.61	05	2.65	01
經營-01) 當地水電、燃氣、能源供應不穩定的風險	2.59	06	2.45	26
經營-09) 當地經營企業維持人際網絡成本過高的風險	2.57	07	2.50	11
經濟-07) 政府收費、攤派、罰款項目繁多的風險	2.57	07	2.41	31
經濟-03) 台商藉由當地銀行體系籌措取得資金困難	2.55	09	2.46	23
經營-12) 貨物通關受當地海關行政阻擾的風險	2.53	10	2.51	07

表6-9　TEEMA 2006-2007投資風險度指標變化前10優排名

投資風險度細項指標	2006-2007 差異分數	風險下降 前10名
經濟-02) 當地的地方稅賦政策變動頻繁的風險	-0.11	1
經營-02) 當地物流、運輸、通路狀況不易掌握的風險	-0.11	1
經營-03) 當地跨省運輸不當收費頻繁的風險	-0.05	3
經營-10) 當地政府干預台商企業經營運作的風險	-0.05	3
經營-07) 當地適任人才及員工招募不易的風險	-0.04	5
經營-04) 當地配套廠商供應不穩定的風險	-0.03	6
法制-03) 官員對法令、合同、規範執行不一致風險	-0.03	6
經濟-04) 當地政府對台商優惠政策無法兌現的風險	-0.03	6
社會-02) 經常發生社會治安不良、秩序不穩的風險	-0.02	9
社會-03) 當地發生勞資或經貿糾紛不易排解的風險	-0.02	9
社會-04) 當地人身財產安全受到威脅的風險	-0.02	9
法制-02) 違反對台商合法取得土地使用權承諾風險	-0.02	9

三、TEEMA 2007中國大陸城市投資風險度分析

　　《TEEMA調查報告》為了解2003-2007年前10大投資風險度城市排行的變化，特別進行城市投資風險度變化分析，如表6-10所示，並針對88個列入評比的城市進行投資風險度分析，其結果如表6-11所示，綜合評述如下：

　　1.就投資風險度10優城市而言：2007《TEEMA調查報告》顯示投資風險度排名前10名的城市依序為：(1)蘇州昆山；(2)廊坊；(3)蘇州工業區；(4)南京江寧；(5)南昌；(6)杭州蕭山；(7)寧波北侖區；(8)青島；(9)天津濱海區；(10)威海；而其中2006、2007同時列名投資風險度前10優的城市有：蘇州昆山、蘇州工業區、南昌、天津濱海區等4個評估城市，顯示城市的排名變化極為快速，如果當地的政府不積極改善投資環境，降低投資風險，很快就被其他城市追趕上，畢竟中國大陸只要有一個好的政府領導，當地的城市就會有突破性的發展，這就是所謂的「瓶頸永遠發生在瓶子的上端」。從表6-10得知，蘇州昆山從2006年的第

3名躍升到2007年的第1名，就投資風險度而言，在台商的評價中蘇州昆山是風險最低的，這與近年來昆山積極構建「和諧昆山」、「平安昆山」可以感受到此一評估結果的肯定，而且昆山政績已從「製造昆山」向「創造昆山」邁進，尤其許多昆山當地的台商企業，對於當地政府所提出的將昆山發展成為宜居城市、國際商務城市、服務外包城市的定位極為肯定，這顯示昆山的領導用國際的視野、傾聽台商的思維、將台商視為「新昆山人」，這些實至名歸的舉措，造就昆山能夠獲得投資風險度最優的城市之美譽。

2.就投資風險度10劣城市而言：2007《TEEMA調查報告》顯示投資風險度排名前10劣的城市依序為：(1)東莞市區；(2)鎮江；(3)北海；(4)蘭州；(5)福州市區；(6)佛山；(7)東莞厚街；(8)東莞石碣；(9)深圳龍崗；(10)宜昌；而其中2006、2007同時列名投資風險度前10劣的城市有：東莞石碣、東莞厚街、東莞市區等3個評估城市，顯示《TEEMA調查報告》並沒有喚起東莞市各級領導的重視，由於東莞是一個移民城市，尤其外來的務工特多，形成當地治安的隱憂，台商多次反映希望當地政府能夠徹底從投資風險降低的角度，大力著手改善當地投資環境，但從《TEEMA調查報告》得知，連續2年名列前10劣的城市都是屬於東莞市所轄的鎮區，不過由於東莞市是台資企業投資最密集的城市，根據陳德昇(2006)比較昆山與東莞2市政府的治理模式，指出：「昆山是強政府治理模式，主要表現其執行力、制度規範、回應能力、行政效率與管理能力。東莞則是弱政府治理模式，其施政表現不若昆山，但其區位、開放、彈性，以利益取向對台商深具吸引力」，然而隨著企業的成長與轉型，依據過去學術理論基礎而言，企業在尋求初階生存階段都希望能夠到制度彈性靈活的區位投資，東莞正符合此一訴求，但企業到達一定規模，在追求成長發展、策略聯盟、國際佈局之際，則希望能夠到制度完備且規範的城市進行高階的管理發展，因此，東莞市領導能夠隨著國際化程度的開展，以及東莞台商企業的轉型與升級，積極降低投資風險，提升城市綜合競爭實力。

3.就投資風險度10優城市5年來變化而言：由表6-10分析，2003-2007這5年內，沒有一個城市在投資風險度上連續位居前10名，此結果顯示，城市之間的競爭是極為劇烈，所謂「維持現狀就是落伍」、「城市之競爭如逆水行舟，不進則退」，在《TEEMA調查報告》中顯示2003-2007這5年內，有4年投資風險度位居

前10名的城市，包括南昌(2004-2007)、揚州(2003-2006)、杭州蕭山(2003-2005、2007)等3個城市，其中南昌之所以能夠在2004-2007這4年連續位居《TEEMA調查報告》投資風險度排名前10名的城市，主要是南昌的定位。自從江西省委書記孟建柱上任後，將上海國際化的經驗移植到江西，使得南昌這個過去一般人認為發展落後的城市，開始積極吸引外資；而揚州雖然也是有4年名列前10佳，但是在2007《TEEMA調查報告》已排名在10名之外，此外，5年內有3年投資風險度位居前10名的城市，計有蘇州昆山(2005-2007)、成都(2003-2005)、無錫江陰(2004-2006)等3個城市。

表6-10　TEEMA 2003-2007前10名城市投資風險度變化分析

排名	2007	2006	2005	2004	2003
❶	蘇州昆山	蘇州工業區	上海閔行	徐　州	青　島
❷	廊　坊	寧波北侖區	杭州蕭山	揚　州	杭州蕭山
❸	蘇州工業區	蘇州昆山	成　都	杭州蕭山	重　慶
❹	南京江寧	揚　州	蘇州昆山	無錫江陰	無　錫
❺	南　昌	杭州市區	無錫江陰	成　都	成　都
❻	杭州蕭山	無錫江陰	徐　州	嘉　興	揚　州
❼	寧波北侖區	蘇州市區	揚　州	上海閔行	福　州
❽	青　島	濟　南	南　昌	南　昌	杭州市區
❾	天津濱海區	天津濱海區	上海浦東	汕　頭	汕　頭
❿	威　海	南　昌	天津市	寧波餘姚	寧波市區

表6-11 TEEMA 2007中國大陸城市投資風險度排名分析

排名	城 市	省市自治區	地 區	❶ 社會風險	❷ 法制風險	❸ 經濟風險	❹ 經營風險	投資風險度
01	蘇州昆山	江蘇省	華東地區	1.68	1.68	1.70	1.74	1.71
02	廊 坊	河北省	華北地區	1.88	1.74	1.78	1.81	1.79
03	蘇州工業區	江蘇省	華東地區	1.67	1.64	1.95	1.82	1.80
04	南京江寧	南京市	華東地區	1.94	1.84	1.92	1.94	1.91
05	南 昌	江西省	華中地區	1.90	1.85	1.75	2.10	1.91
06	杭州蕭山	浙江省	華東地區	1.97	1.87	1.93	1.92	1.92
07	寧波北侖	浙江省	華東地區	2.03	1.93	1.96	2.02	1.98
08	青 島	山東省	華北地區	1.96	1.99	1.98	2.01	1.99
09	天津濱海區	天津市	華北地區	1.89	2.02	2.02	2.02	2.01
10	威 海	山東省	華東地區	1.96	2.06	2.11	1.99	2.04
11	揚 州	江蘇省	華東地區	1.94	2.12	2.12	2.03	2.07
12	蘇州市區	江蘇省	華東地區	2.09	1.91	2.13	2.16	2.08
13	煙 台	山東省	華北地區	1.99	2.02	2.13	2.17	2.10
14	桂 林	廣 西	西南地區	1.86	2.04	2.15	2.21	2.13
15	無錫江陰	江蘇省	華東地區	2.09	2.18	2.16	2.13	2.15
16	蘇州新區	江蘇省	華東地區	2.15	2.12	2.19	2.17	2.16
17	北京亦庄	北京市	華北地區	2.06	2.12	2.23	2.18	2.17
18	無錫市區	浙江省	華東地區	1.99	2.15	2.29	2.15	2.18
19	上海閔行	上海市	華東地區	2.14	2.08	2.19	2.28	2.19
20	寧波餘姚	浙江省	華東地區	2.11	2.09	2.23	2.26	2.19
21	杭州市區	浙江省	華東地區	2.07	2.18	2.25	2.20	2.20
22	成 都	四川省	西南地區	2.16	2.20	2.22	2.29	2.23
23	廈門島外	福建省	華南地區	2.15	2.20	2.25	2.30	2.24
24	紹 興	浙江省	華東地區	2.33	2.23	2.24	2.31	2.27
25	昆 明	雲南省	西南地區	2.28	2.25	2.41	2.32	2.33
26	大 連	遼寧省	東北地區	2.49	2.35	2.28	2.40	2.36
27	寧波市區	浙江省	華東地區	2.28	2.41	2.37	2.36	2.36
28	莆 田	福建省	華南地區	2.50	2.32	2.36	2.39	2.38
29	徐 州	江蘇省	華東地區	2.27	2.32	2.46	2.43	2.39

排名	城市	省市自治區	地區	❶社會風險	❷法制風險	❸經濟風險	❹經營風險	投資風險度
30	常州	江蘇省	華東地區	2.42	2.48	2.31	2.42	2.40
31	泉州	福建省	華南地區	2.46	2.33	2.33	2.58	2.43
32	天津市區	天津市	華北地區	2.19	2.44	2.44	2.50	2.44
33	中山	廣東省	華南地區	2.51	2.41	2.41	2.47	2.44
34	蘇州張家港	江蘇省	華東地區	2.48	2.43	2.42	2.52	2.45
35	無錫宜興	江蘇省	華東地區	2.56	2.51	2.45	2.45	2.47
36	寧波奉化	浙江省	華東地區	2.45	2.39	2.52	2.56	2.49
37	濟南	山東省	華北地區	2.38	2.45	2.46	2.61	2.50
38	長沙	湖南省	華中地區	2.35	2.54	2.50	2.57	2.52
39	汕頭	廣東省	華南地區	2.64	2.57	2.47	2.51	2.53
40	蘇州常熟	江蘇省	華東地區	2.37	2.60	2.58	2.55	2.55
41	廣州天河	廣東省	華南地區	2.26	2.43	2.58	2.76	2.57
42	南京市區	南京市	華東地區	2.64	2.59	2.61	2.51	2.57
43	鄭州	河南省	華中地區	2.67	2.59	2.56	2.59	2.59
44	蘇州太倉	江蘇省	華東地區	2.27	2.56	2.86	2.49	2.60
45	重慶市區	重慶市	西南地區	2.67	2.58	2.63	2.58	2.61
46	石家庄	河北省	華北地區	2.54	2.51	2.63	2.69	2.61
47	江門	廣東省	華南地區	2.64	2.58	2.62	2.63	2.62
48	珠海	廣東省	華南地區	2.49	2.58	2.68	2.69	2.63
49	嘉興	浙江省	華東地區	2.57	2.61	2.62	2.74	2.65
50	廈門島內	福建省	華南地區	2.41	2.53	2.77	2.73	2.66
51	上海松江	上海市	華東地區	2.66	2.54	2.77	2.66	2.66
52	長春	吉林省	東北地區	2.51	2.63	2.66	2.74	2.67
53	合肥	安徽省	華中地區	2.68	2.66	2.72	2.65	2.68
54	上海市區	上海市	華東地區	2.46	2.80	2.73	2.63	2.69
55	武漢武昌	湖北省	華中地區	2.86	2.66	2.71	2.66	2.69
56	蘇州吳江	江蘇省	華東地區	2.49	2.74	2.68	2.76	2.70
57	北京市區	北京市	華北地區	2.46	2.54	3.12	2.58	2.72
58	武漢漢口	湖北省	華中地區	2.94	2.78	2.70	2.68	2.74
59	河源	廣東省	華南地區	2.42	2.55	2.74	2.96	2.74
60	岳陽	湖南省	華中地區	2.74	2.73	2.78	2.72	2.74

排名	城　市	省市自治區	地　區	❶ 社會風險	❷ 法制風險	❸ 經濟風險	❹ 經營風險	投資風險度
61	南　通	江蘇省	華東地區	2.74	2.74	2.77	2.76	2.76
62	福州馬尾	福建省	華南地區	2.83	2.70	2.80	2.82	2.79
63	泰　州	江蘇省	華東地區	2.74	2.72	2.88	2.78	2.79
64	南　寧	廣　西	西南地區	2.80	2.88	2.86	2.83	2.85
65	潘　陽	遼寧省	東北地區	2.56	2.70	2.74	3.19	2.87
66	上海嘉定	上海市	華東地區	2.89	2.95	2.95	2.89	2.93
67	武漢漢陽	湖北省	華中地區	2.62	2.76	3.00	3.08	2.93
68	漳　州	福建省	華南地區	2.87	2.81	2.95	3.04	2.94
69	溫　州	浙江省	華東地區	2.83	2.96	3.01	2.89	2.94
70	廣州市區	廣州市	華南地區	2.84	2.83	2.81	3.17	2.94
71	西　安	陝西省	西北地區	2.92	3.01	2.95	2.90	2.94
72	深圳寶安	廣東省	華南地區	2.83	3.03	2.99	2.95	2.97
73	惠　州	廣東省	華南地區	2.91	2.82	3.11	2.98	2.97
74	東莞虎門	廣東省	華南地區	2.99	2.89	3.02	3.04	2.99
75	哈爾濱	黑龍江省	東北地區	3.14	2.88	3.02	2.99	2.99
76	東莞長安	廣東省	華南地區	2.93	3.08	2.96	2.97	2.99
77	深圳市區	廣東省	華南地區	2.97	2.94	2.98	3.10	3.01
78	上海浦東	上海市	華東地區	2.82	3.04	3.06	3.06	3.03
79	宜　昌	湖北省	華中地區	3.15	3.05	3.11	3.01	3.07
80	深圳龍崗	廣東省	華南地區	2.87	2.99	3.12	3.13	3.07
81	東莞石碣	廣東省	華南地區	3.13	3.02	3.12	3.09	3.09
82	東莞厚街	廣東省	華南地區	3.04	2.97	3.04	3.27	3.10
83	佛　山	廣東省	華南地區	3.17	3.15	3.11	3.16	3.14
84	福州市區	福建省	華南地區	2.71	3.23	3.24	3.26	3.19
85	蘭　州	甘肅省	西北地區	3.13	3.04	3.25	3.29	3.20
86	北　海	廣　西	西南地區	3.36	3.24	3.22	3.12	3.20
87	鎮　江	江蘇省	華東地區	3.16	3.42	3.56	3.70	3.53
88	東莞市區	廣東省	華南地區	3.60	3.56	3.61	3.65	3.61

註：
[1] 問卷評分轉換：「非常同意＝5分」、「同意＝4分」、「沒意見＝3分」、「不同意＝2分」、「非常不同意＝1分」。
[2] 投資風險度＝【社會風險×10%】+【法制風險×25%】+【經濟風險×30%】+【經營風險×35%】
[3] 投資風險度評分越高，代表台商對該城市投資風險度的評價越高，其意義是指該城市的投資風險高，因此排名是依據投資風險度由低至高排序。

62

四、TEEMA 2007中國大陸區域投資風險度分析

2007《TEEMA調查報告》針對中國大陸7大經濟區域進行投資風險度排行分析，根據表6-12所示，2007年區域投資風險度評估綜合排名依次為：(1)華北地區；(2)華東地區；(3)西南地區；(4)華中地區；(5)東北地區；(6)華南地區；(7)西北地區。此次西南地區位居第3名，可能是由於回卷的樣本數過少，產生樣本代表性的偏差所致，但是如果結合表6-13之分析，從2002-2007這6年來7大經濟區域投資環境力的排名變遷分析，可知華東地區其投資環境極為穩定，6年來都居7大經濟區域之首位，而西北地區則是在2006-2007 2年都敬陪末座。

表6-12　TEEMA 2007中國大陸區域投資風險度排名分析

環境力構面	華北地區	華東地區	西南地區	華中地區	東北地區	華南地區	西北地區
❶ 社會風險	2.15	2.33	2.52	2.66	2.68	2.76	3.03
❷ 法制風險	2.20	2.38	2.53	2.62	2.64	2.77	3.03
❸ 經濟風險	2.31	2.44	2.58	2.65	2.68	2.84	3.10
❹ 經營風險	2.29	2.42	2.56	2.67	2.83	2.90	3.10
風險度評分	2.32	2.49	2.62	2.73	2.76	2.94	3.11
風險度排名	1	2	3	4	5	6	7

表6-13　TEEMA 2003-2007中國大陸區域投資風險度排名變化分析

地　區	2007		2006		2005		2004		2003		2003-2007	
	評分	排名	評分	排名	評分	排名	評分	排名	評分	排名	總分	排名
❶ 華北地區	2.32	1	2.39	2	2.50	3	2.72	3	2.61	2	11	1
❷ 華東地區	2.49	2	2.20	1	2.23	1	2.70	2	2.71	5	11	1
❸ 西南地區	2.62	3	2.96	5	2.52	4	2.47	1	2.48	1	14	3
❹ 華中地區	2.73	4	2.48	3	2.32	2	2.73	5	2.64	3	17	4
❺ 東北地區	2.76	5	3.07	6	2.54	5	2.72	3	2.67	4	23	5
❻ 華南地區	2.94	6	2.73	4	2.80	7	2.87	6	2.76	6	29	6
❼ 西北地區	3.11	7	3.52	7	2.55	6	3.36	7	2.95	7	34	7

第7章　TEEMA 2007 中國大陸「台商推薦度」分析

依據2007《TEEMA調查報告》對已在中國大陸投資的2,565位台商調查結果顯示，2007年台商推薦度的城市排名順序，如表7-1所示，有關分析結果之重要內涵如下述：

1.就推薦度前10優城市而言：2007《TEEMA調查報告》之結果顯示，在台商推薦度構面上，名列前10優的城市依序是：(1)蘇州工業區；(2)杭州市區；(3)成都；(4)無錫江陰；(5)蘇州昆山；(6)杭州蕭山；(7)寧波市區；(8)北京亦庄；(9)蘇州新區；(10)大連。其中蘇州工業區2006-2007連續2年都是台商推薦度第1名的城市，而連續兩年列入台商推薦度前10名的城市，除了上述蘇州工業區外，尚有蘇州昆山、無錫江陰、蘇州新區等3個城市，這顯示城市要能夠得到台商持續的高度評價，必須不斷的優化投資環境力、降低投資風險度，建立城市的市場發展潛力、提高企業的投資效益、加強與國際思維接軌、保障台商在該城市的投資權益、提高政府各單位行政效率、重視內銷市場基礎環境的建構以及提升整體生活素質。

2.就推薦度前10劣城市而言：2007《TEEMA調查報告》之結果顯示，在台商推薦度構面上，名列前10劣的城市依序是：(1)蘭州；(2)惠州；(3)北海；(4)鄭州；(5)哈爾濱；(6)汕頭；(7)西安；(8)武漢漢陽；(9)瀋陽；(10)東莞長安、廣州市區與深圳寶安。在2006-2007名列台商推薦度前10劣的城市僅有惠州、東莞長安兩個城市，而2006《TEEMA調查報告》列入台商推薦度最差的城市幾乎都是東莞市所屬的鎮區，包括樟木頭、長安、清溪、厚街、石碣以及市區等，但2007年東莞市所屬的鎮區，僅有長安仍屬於台商推薦度10劣城市之林，這表示台商對於東莞城市的整體推薦度逐漸提升中，2007年首度進入評估的蘭州，在台商的心目中，推薦度是敬陪末座，而北海則名列倒數第3。

表7-1 TEEMA 2007中國大陸城市台商推薦度細項指標排名分析

排名	城市	省市	地區	①競爭力	②環境力	③風險度	④發展潛力	⑤投資效益	⑥國際接軌	⑦權益保護	⑧行政效率	⑨內銷市場	⑩生活品質	台商推薦度
01	蘇州工業區	江蘇省	華東地區	4.29	4.37	4.29	4.92	5.00	4.95	4.97	4.89	4.95	4.95	4.76
02	杭州市區	浙江省	華東地區	4.82	4.84	4.74	4.90	4.54	4.66	4.60	4.50	4.66	4.66	4.69
03	成　都	四川省	西南地區	4.67	4.87	4.38	4.79	4.67	4.28	4.54	4.46	4.72	4.69	4.61
04	無錫江陰	江蘇省	華東地區	4.65	4.56	4.59	4.68	4.59	4.38	4.65	4.59	4.57	4.59	4.58
05	蘇州昆山	江蘇省	華東地區	4.58	4.61	4.56	4.57	4.56	4.55	4.54	4.52	4.46	4.49	4.54
06	杭州蕭山	浙江省	華東地區	4.41	4.44	4.41	4.30	4.63	4.37	4.44	4.48	4.44	4.37	4.43
07	寧波市區	浙江省	華東地區	4.44	4.44	4.31	4.38	4.50	4.31	4.25	4.19	4.38	4.31	4.35
08	北京亦庄	北京市	華北地區	3.62	3.73	3.65	4.76	4.70	4.65	4.51	4.51	4.65	4.43	4.32
09	蘇州新區	江蘇省	華東地區	4.45	4.39	4.29	4.35	4.19	4.16	4.16	4.29	4.19	4.35	4.28
09	大　連	遼寧省	東北地區	4.12	4.15	4.26	4.41	4.26	4.44	4.35	4.29	4.18	4.32	4.28
11	上海閔行	上海市	華東地區	4.30	4.30	4.18	4.39	3.94	4.42	4.12	4.15	4.27	4.36	4.25
12	無錫宜興	江蘇省	華東地區	4.06	4.29	4.24	4.35	4.35	4.24	4.18	4.12	4.24	4.24	4.23
13	廊　坊	山東省	華北地區	4.06	4.50	4.31	4.19	4.31	4.13	4.13	4.19	4.19	4.06	4.21
14	廈門島內	福建省	華南地區	4.22	4.22	4.09	4.16	4.19	4.22	4.19	4.19	4.19	4.22	4.19
15	天津濱海區	天津市	華北地區	4.05	4.20	4.12	4.24	4.12	4.02	4.20	4.20	4.29	4.17	4.16
15	嘉　興	浙江省	華東地區	4.27	4.27	4.19	4.35	4.19	4.23	4.27	3.88	3.96	3.96	4.16
17	青　島	山東省	華北地區	4.12	4.29	4.35	4.24	4.35	4.41	3.94	4.00	3.82	4.00	4.15
18	南京江寧	南京市	華東地區	4.27	4.18	4.00	4.14	4.23	4.00	4.14	4.14	4.18	3.91	4.12
19	廣州天河	廣州市	華南地區	4.16	4.09	4.14	4.25	4.04	3.82	4.11	4.05	4.11	4.02	4.08
20	佛　山	廣東省	華南地區	4.05	3.95	4.16	4.00	4.21	4.16	3.89	3.89	4.05	4.05	4.04
21	蘇州市區	江蘇省	華東地區	3.82	4.14	4.00	3.91	4.18	3.86	4.23	4.14	4.09	3.95	4.03
22	南　昌	江西省	華中地區	3.83	3.97	3.83	4.17	4.14	4.00	4.10	4.10	4.03	4.03	4.02

排名	城市	省市	地區	❶競爭力	❷環境力	❸風險度	❹發展潛力	❺投資效益	❻國際接軌	❼權益保護	❽行政效率	❾內銷市場	❿生活品質	台商推薦度
23	威海	山東省	華東地區	3.83	4.00	3.83	4.11	4.22	4.11	4.00	3.83	4.22	3.94	4.01
23	南京市區	南京市	華東地區	3.89	3.74	3.79	4.26	4.16	4.11	4.05	3.89	4.16	4.05	4.01
23	漳州	福建省	華南地區	4.11	4.22	4.28	3.94	4.06	3.83	3.78	3.78	4.00	4.06	4.01
26	揚州	江蘇省	華東地區	4.03	4.06	4.00	4.06	3.94	3.85	4.15	4.06	3.91	3.94	4.00
26	莆田	福建省	華南地區	4.00	4.00	4.09	4.00	4.05	4.09	4.09	3.91	3.82	3.95	4.00
28	徐州	江蘇省	華東地區	4.00	3.86	3.82	4.04	4.04	4.00	3.96	3.93	3.96	4.04	3.96
28	上海浦東	上海市	華東地區	4.20	4.17	4.12	3.95	3.80	4.02	3.78	3.76	3.88	3.92	3.96
30	寧波北侖區	浙江省	華東地區	3.23	4.34	3.80	3.31	4.43	3.89	4.26	4.14	4.14	3.97	3.95
31	上海嘉定	上海市	華東地區	4.14	4.06	3.83	4.23	3.74	4.20	3.69	3.71	3.97	3.83	3.94
32	濟南	山東省	華北地區	4.07	4.17	4.17	4.00	3.79	3.79	3.86	3.86	3.76	3.86	3.93
33	寧波餘姚	浙江省	華東地區	3.48	3.48	3.48	4.10	4.05	4.10	4.00	3.98	4.19	4.26	3.91
33	泉州	福建省	華南地區	3.69	3.81	4.00	4.13	3.81	3.88	3.94	4.06	3.81	3.94	3.91
33	東莞厚街	廣東省	華南地區	3.85	4.05	3.80	4.00	3.85	3.85	3.95	3.85	3.85	4.00	3.91
36	天津市區	天津市	華北地區	3.95	4.03	3.92	4.16	3.95	3.73	3.92	3.81	3.81	3.76	3.90
37	無錫市區	浙江省	華東地區	3.78	3.72	3.56	4.06	4.22	4.11	3.89	3.89	3.78	3.83	3.88
37	蘇州張家港	江蘇省	華東地區	4.00	4.06	4.16	3.69	3.88	3.88	3.78	3.78	3.78	3.78	3.88
39	重慶市	重慶市	西南地區	4.00	3.84	3.95	3.95	3.95	3.79	3.79	3.74	3.84	3.42	3.83
40	寧波奉化	浙江省	華東地區	3.86	4.00	3.76	3.90	3.95	3.71	4.00	3.71	3.62	3.67	3.82
41	上海松江	上海市	華東地區	3.90	3.84	3.57	3.94	3.69	3.98	3.80	3.78	3.80	3.78	3.81
42	長沙	湖南省	華中地區	3.71	3.82	3.94	3.71	3.88	3.71	3.76	3.82	3.82	3.59	3.78
42	東莞虎門	廣東省	華南地區	3.81	3.90	3.67	3.81	3.81	3.48	3.71	3.81	3.81	3.95	3.78
44	廈門島外	福建省	華南地區	3.90	3.67	3.62	3.76	3.52	3.71	3.81	3.67	3.67	3.90	3.72
44	蘇州太倉	江蘇省	華東地區	3.77	3.74	3.72	3.81	3.79	3.62	3.64	3.77	3.68	3.68	3.72

排名	城市	省　市	地區	❶競爭力	❷環境力	❸風險度	❹發展潛力	❺投資效益	❻國際接軌	❼權益保護	❽行政效率	❾內銷市場	❿生活品質	台商推薦度
46	蘇州吳江	江蘇省	華東地區	3.54	3.79	3.54	3.88	3.75	3.67	3.67	3.58	3.67	3.92	3.70
47	煙　台	山東省	華北地區	3.64	3.64	3.73	3.68	3.59	3.73	3.82	3.68	3.73	3.68	3.69
48	中　山	廣東省	華南地區	3.57	3.62	3.57	3.57	3.76	3.71	3.86	3.57	3.62	3.86	3.67
49	珠　海	廣東省	華南地區	3.79	3.55	3.48	3.86	3.55	3.76	3.59	3.59	3.69	3.59	3.64
50	江　門	廣東省	華南地區	3.68	3.68	3.63	3.63	3.89	3.26	3.63	3.63	3.74	3.47	3.63
51	桂　林	廣　西	西南地區	3.73	3.66	3.76	3.68	3.34	3.71	3.46	3.41	3.71	3.63	3.61
51	紹　興	浙江省	華東地區	3.56	3.61	3.78	3.56	3.83	3.50	3.28	3.44	3.67	3.83	3.61
51	上海市區	上海市	華東地區	3.84	3.63	3.84	3.37	3.58	3.37	3.79	3.68	3.21	3.74	3.61
54	常　州	江蘇省	華東地區	3.62	3.62	3.76	3.62	3.57	3.38	3.86	3.52	3.48	3.52	3.60
55	宜　昌	湖北省	華中地區	3.72	3.94	4.06	3.50	3.61	3.22	3.22	3.39	3.56	3.56	3.58
56	泰　州	江蘇省	華東地區	3.37	3.16	3.16	3.79	3.74	3.42	3.58	3.68	3.58	3.84	3.53
57	昆　明	雲南省	西南地區	3.44	3.24	3.27	3.71	3.65	3.59	3.62	3.53	3.55	3.52	3.51
57	東莞石碣	廣東省	華南地區	3.47	3.47	3.47	3.68	3.68	3.63	3.37	3.58	3.21	3.47	3.51
59	溫　州	浙江省	華東地區	3.28	3.72	3.94	3.61	3.44	3.33	3.33	3.39	3.39	3.56	3.50
59	鎮　江	江蘇省	華東地區	3.67	3.83	3.83	3.17	3.56	3.44	3.33	3.44	3.28	3.44	3.50
61	福州市區	福建省	華南地區	3.53	3.53	3.59	3.71	3.47	3.35	3.35	3.24	3.59	3.59	3.49
62	福州馬尾	福建省	華南地區	3.33	3.56	3.56	3.42	3.52	3.33	3.52	3.48	3.35	3.31	3.44
63	蘇州常熟	江蘇省	華東地區	3.11	3.28	3.56	3.56	3.39	3.17	3.22	3.61	3.50	3.44	3.38
64	南　通	安徽省	華中地區	3.44	3.60	3.68	3.44	3.20	3.16	3.28	3.36	3.40	3.24	3.38
65	武漢武昌	湖北省	華中地區	3.44	3.25	3.44	3.50	3.38	3.25	3.06	3.19	3.38	3.44	3.33
66	長　春	吉林省	東北地區	3.39	3.33	3.17	3.22	3.11	3.00	3.44	3.61	3.44	3.44	3.32
67	河　源	廣東省	華南地區	3.19	3.50	3.44	3.13	3.56	3.25	3.19	3.38	3.38	3.13	3.31
68	北京市區	北京市	華北地區	3.52	3.45	3.55	3.18	3.24	3.27	3.15	3.24	3.27	3.12	3.30

排名	城市	省市	地區	❶競爭力	❷環境力	❸風險度	❹發展潛力	❺投資效益	❻國際接軌	❼權益保護	❽行政效率	❾內銷市場	❿生活品質	台商推薦度
68	深圳市區	廣東省	華南地區	3.32	3.19	3.18	3.42	3.32	3.40	3.24	3.21	3.36	3.35	3.30
70	南寧	廣西	西南地區	3.30	3.45	3.35	3.40	3.35	3.35	3.35	3.05	3.15	3.10	3.29
71	東莞市區	廣東省	華南地區	3.33	3.33	3.17	3.33	3.33	3.39	3.22	3.11	3.33	3.22	3.28
72	石家庄	河北省	華北地區	3.32	3.21	3.37	3.37	3.42	3.26	3.00	3.37	3.11	3.26	3.27
73	岳陽	湖南省	華中地區	3.06	3.47	3.41	3.35	3.41	3.06	3.12	3.12	3.18	3.24	3.24
74	深圳龍崗	廣東省	華南地區	2.90	3.14	3.05	3.29	3.29	3.29	3.29	3.38	3.33	3.38	3.23
75	合肥	安徽省	華中地區	3.40	3.15	3.35	3.45	3.30	3.15	3.00	2.95	3.15	3.25	3.22
76	武漢漢口	湖北省	華中地區	3.20	3.27	3.13	3.40	3.27	3.20	3.20	3.13	3.33	2.93	3.21
77	深圳寶安	廣東省	華南地區	3.26	3.32	3.26	2.97	2.94	3.47	2.94	3.24	3.29	3.03	3.17
77	廣州市區	廣州市	華南地區	3.08	3.16	3.12	3.22	3.18	3.24	3.04	3.06	3.33	3.22	3.17
77	東莞長安	廣東省	華南地區	3.09	3.06	3.06	3.24	3.42	3.30	3.09	3.06	3.18	3.15	3.17
80	瀋陽	遼寧省	東北地區	3.06	3.22	3.17	3.11	3.22	2.94	3.22	3.11	2.94	3.11	3.11
81	武漢漢陽	湖北省	華中地區	3.11	3.21	3.42	3.11	3.21	3.05	3.05	3.00	2.95	2.89	3.10
82	西安	陝西省	西北地區	3.25	3.30	3.35	3.10	3.10	3.00	3.05	2.90	2.90	2.75	3.07
83	汕頭	廣東省	華南地區	3.00	3.06	3.06	3.19	3.31	2.75	3.00	3.06	3.13	2.88	3.04
84	哈爾濱	黑龍江省	東北地區	3.11	3.05	3.16	3.05	3.00	2.89	2.89	2.95	2.95	3.11	3.02
85	鄭州	河南省	華中地區	3.06	3.06	3.17	3.00	3.11	2.83	2.78	2.89	2.94	2.83	2.97
86	北海	廣西	西南地區	2.93	3.00	3.07	2.80	2.87	2.87	2.67	2.93	2.80	2.80	2.87
87	惠州	廣東省	華南地區	2.70	2.85	2.85	2.70	2.75	2.65	2.25	2.50	2.50	2.65	2.64
87	蘭州	甘肅省	西北地區	2.94	2.67	2.72	2.78	2.50	2.56	2.44	2.50	2.61	2.67	2.64

註：

[1] 問卷評分轉換：「非常同意=5分」、「同意=4分」、「沒意見=3分」、「不同意=2分」、「非常不同意=1分」

[2] 投資風險度=【城市競爭力×10%】+【投資環境力×10%】+【投資風險度×10%】+【城市發展潛力×10%】+【整體投資效益×10%】+【國際接軌程度×10%】+【台商權益保護×10%】+【政府行政效率×10%】+【內銷市場前景×10%】+【整體生活品質×10%】

[3] 台商推薦度評分越高，代表台商對該城市願意推薦給下一個來投資的台商之意願強度越高，換言之，也代表這個城市的台商推薦程度是越高。

3.**就台商推薦度10項指標分析而言**：2007《TEEMA調查報告》在台商推薦度的10項細項指標中，蘇州工業區除在整體台商推薦度指標名列第一外，在10項細項評估指標中，投資環境力(4.96)、投資風險度(4.87)、城市發展潛力(4.87)、投資效益(4.74)、台商權益保護(4.95)、政府行政效率(4.91)、整體生活品質(4.83)，這7項細項指標亦都是88個列入評估城市中的榜首，而在「城市競爭力」與「內銷市場前景」上，寧波北崙區奪魁，評分為4.79分；在「國際接軌程度」此一細項指標上，揚州則名列前茅，其評分為4.75分。

4.**就台商推薦度評分升降變化而言**：2007《TEEMA調查報告》為了解2006-2007有關台商推薦度評分與排名變化，特別進行比較分析。從排名分析得知，在台商推薦度的評分上，2007比2006進步最多的城市依序為：東莞厚街(+1.16；從2.75上升到3.91)、漳州(+0.85；從3.16上升到4.01)、無錫市區(+0.79；從3.09上升到3.88)、南通(+0.79；從2.59上升到3.38)、寧波市區(+0.75；從3.60上升到4.35)、長沙(+0.73；從3.05上升到3.78)與上海嘉定(+0.72；從3.22上升到3.94)；而台商推薦度退步最多的城市則是：汕頭(-1.02；從4.06下降到3.04)、寧波北崙區(-0.83；從4.78下降到3.95)、揚州(-0.70；從4.70下降到4.00)、蘇州市區(-0.50；從4.53下降到4.03)、天津濱海區(-0.50；從4.66下降到4.16)。

5.**就台商推薦度排名升降變化而言**：2007《TEEMA調查報告》結果顯示，2007比2006台商推薦度排名進步最多的城市依序分別為：東莞厚街(+43名，從76名上升到33名)、漳州(+34名，從57名上升到23名)、寧波市區(+27名，從34名上升到7名)、無錫市區(+24名，從61名上升到37名)、南京江寧(+23名，從41名上升到18名)、廈門島內(+23名，從37名上升到14名)、徐州(+23名，從51名上升到28名)；台商推薦度排名退步較多的城市則分別是：汕頭(-71；從12名下降到83名)、廣州市區(-42；從35名下降到77名)、蘇州常熟(-37；從26名下降到63名)、武漢漢口(-30；從46名下降到76名)、廈門島外(-30；從14名下降到44名)。

第8章 TEEMA 2007中國大陸「城市綜合實力」分析

2007《TEEMA調查報告》秉承「兩力兩度」評估模式，綜合計算2007年88個列入評估的中國大陸城市，並依據各城市之：(1)城市競爭力；(2)投資環境力；(3)投資風險度；(4)台商推薦度等4構念(construct)所得到的台商最終評分，計算出最重要的「城市綜合實力」，作為台商對中國大陸城市的最終評價。

一、TEEMA 2007中國大陸城市綜合實力排名

2007《TEEMA調查報告》延續過去TEEMA調查報告的計算方式，將本年度列入評估的88個城市在：(1)城市競爭力；(2)投資環境力；(3)投資風險度；(4)台商推薦度等4構念之各項調查結果的原始分數，依其高低排列，換算成為百分位等級，再分別乘上適當的權數後得到加權評價及城市排名。有關「兩力兩度」構面權重為：(1)城市競爭力(15%)；(2)投資環境力(40%)；(3)投資風險度(30%)；(4)台商推薦度(15%)。依據上述4項構念之原始分數及百分位排序，乘以構念權重，將換算結果加權平均後，算出各項綜合指標分數，其係以0到100為百分位數加權計算，予以排序，而得到每一個城市的「城市綜合實力」綜合評分與排名。

2007中國大陸「城市綜合實力」名次如表8-1所示。該排名將給未來赴中國大陸投資的台商有極重要的參鑑價值，2007《TEEMA調查報告》以25分為一級距，將「城市綜合實力」依分數級距轉換成「城市推薦等級」，2007年沿用過去TEEMA的推薦等級劃分為4大推薦等級，其分別為：(1)75分以上城市為【A】級城市，稱之為「極力推薦」城市；(2)50分到75分(含)城市為【B】級城市，歸屬於「值得推薦」城市；(3)25分到50分(含)之城市為【C】級城市，歸類為「勉予推薦」城市；(4)25分(含)以下之城市則為【D】級城市，則劃歸於「暫不推薦」城市。有關2007《TEEMA調查報告》列入調查評估的88個城市，其【A】、

【B】、【C】、【D】4個推薦等級的城市亦如表8-1所示。

2007《TEEMA調查報告》中國大陸「城市綜合實力」評估結果顯示，中國大陸2007年「城市綜合實力」前10優的城市依序為：(1)蘇州工業區；(2)蘇州昆山；(3)杭州蕭山；(4)無錫江陰；(5)天津濱海區；(6)寧波北侖；(7)蘇州新區；(8)上海閔行；(9)成都；(10)南京江寧。而2007年「城市綜合實力」排名最後的10名分別為：(1)北海；(2)蘭州；(3)惠州；(4)東莞長安；(5)西安；(6)南寧；(7)哈爾濱；(8)岳陽；(9)深圳龍崗；(10)東莞市區。

為瞭解TEEMA 2003-2007中國大陸城市綜合實力排行及台商推薦投資等級之變化，2007《TEEMA調查報告》將2003-2007之結果整理如表8-2所示。2007年列入【A】級的城市佔受評的88個城市之24%，列入【B】級的城市佔31%，【C】級的城市亦佔30%，而列入【D】級的城市則佔16%。從表8-2可窺見【A】、【B】、【C】、【D】四等級的分布城市數基本上比例變動不大，【D】級的城市數比例最少，表示台商肯定中國大陸的經濟發展，認為中國大陸未來發展潛力無窮，是目前全球外匯存底最高、吸收外資最多的國家，因此，這些吸引力對台商而言，都是佈局的好地點。《TEEMA調查報告》為提供台商正確的投資指引，列入【D】級的城市原則上是希望台商盡量避免到這些城市進行過多的投資，或是大規模的佈局。

2007《TEEMA調查報告》為深入了解受評的88個城市，其城市綜合實力推薦等級與該城市所在的7大經濟區域進行分布比較，由表8-3分析可見，中國大陸7大經濟區域進入「極力推薦」的城市，華東地區有13個城市為最多，佔88個受評城市中的15%，其次是華北地區的5個城市、再其次是華中地區、西南地區、東北地區分別都只有1個城市列入【A】級的「極力推薦」城市，在7大經濟區域中有西北地區與華南地區沒有任何城市列入【A】級的「極力推薦」城市。

此外，為能夠了解《TEEMA調查報告》從2003-2007年城市綜合實力排名與變化，從表8-3可以發現，2003-2007連續5年皆列入【A】級「極力推薦」的城市，僅有杭州蕭山、無錫江陰、成都、大連、揚州等5個城市，而在2003-2007這5年當中有4次列入【A】級「極力推薦」的城市，則有蘇州工業區(2004為B01)、蘇州昆山(2003為B14)、天津濱海區(2003為B24)、寧波北侖區(2004為B04)、蘇州新區(2004為B01)、上海閔行(2003為B08)、青島(2006為B01)、南昌

(2003未列入評估)、蘇州市區(2004為B01)等9個城市。從這些城市剖析可知,能夠連續5年都位居在「極力推薦」的城市,是極為穩定的,或許偶爾會有一年因為某些特殊事件發生,造成該城市的「城市綜合實力」下滑,但這些列入【A】級城市的地方官員,都極為重視在《TEEMA調查報告》的排名,因而產生自我修正、自我檢討、自我改善的能力與對策,因此往往就能夠在下一年度繼續躋身在【A】級「極力推薦」的城市。

表8-1　TEEMA 2007中國大陸城市綜合實力排名分析

排名	城市	省市	區域	❶城市競爭力 加權評分	排名	❷投資環境力 加權評分	百分位	排名	❸投資風險度 加權評分	百分位	排名	❹台商推薦度 加權評分	百分位	排名	城市綜合實力 綜合評分	排名	等級
01	蘇州工業區	江蘇省	華東	75.77	09	4.38	100.00	01	1.80	97.70	03	4.76	100.00	01	95.68	A01	極力推薦
02	蘇州昆山	江蘇省	華東	75.77	09	4.33	98.80	02	1.71	100.00	01	4.54	95.40	05	95.20	A02	
03	杭州蕭山	浙江省	華東	81.57	06	4.14	96.50	04	1.92	94.20	06	4.43	94.20	06	93.23	A03	
04	無錫江陰	江蘇省	華東	67.92	16	4.17	97.70	03	2.15	83.90	15	4.58	96.50	04	88.91	A04	
05	天津濱海區	天津市	華北	85.95	05	3.87	86.20	13	2.01	90.80	09	4.16	82.70	16	87.02	A05	
06	寧波北崙區	浙江省	華東	73.00	13	4.10	93.10	07	1.98	93.10	07	3.95	66.60	30	86.11	A06	
07	蘇州新區	江蘇省	華東	75.77	09	3.99	89.60	10	2.16	82.70	16	4.28	90.80	09	85.64	A07	
08	上海閔行	上海市	華東	95.77	01	3.87	85.00	14	2.19	79.30	19	4.25	88.50	11	85.43	A08	
09	成都	四川省	西南	69.07	14	4.07	91.90	08	2.23	75.80	22	4.61	97.70	03	84.52	A09	
10	南京江寧	江蘇省	華東	81.38	07	3.78	77.00	21	1.91	95.40	05	4.12	80.40	18	83.69	A10	
11	青島	山東省	華東	73.63	12	3.82	81.60	17	1.99	91.90	08	4.15	81.60	17	83.49	A11	
12	南昌	江西省	華中	40.17	35	4.06	90.80	09	1.91	96.50	04	4.02	75.80	22	82.67	A12	
13	廊坊	河北省	華北	11.41	53	4.12	95.40	05	1.79	98.80	02	4.21	86.20	13	82.44	A13	
14	蘇州市區	江蘇省	華東	75.77	09	3.77	75.80	22	2.08	87.30	12	4.03	77.00	21	79.43	A14	
15	大連	遼寧省	東北	75.18	11	3.86	83.90	15	2.36	70.10	27	4.28	89.60	10	79.31	A15	
16	杭州市區	浙江省	華東	81.57	06	3.69	72.40	25	2.20	77.00	21	4.69	98.80	02	79.12	A16	
17	威海	山東省	華北	37.19	39	3.92	88.50	11	2.04	89.60	10	4.01	74.70	23	79.06	A17	
18	無錫宜興	江蘇省	華東	67.92	16	4.12	94.20	06	2.47	60.40	35	4.23	87.13	12	79.06	A18	
19	北京亦庄	北京市	華北	93.39	03	3.65	66.60	30	2.17	81.60	17	4.32	91.90	08	78.91	A19	
20	揚州	江蘇省	華東	30.81	45	3.89	87.30	12	2.07	88.50	11	4.00	70.10	27	76.61	A20	
21	寧波市區	浙江省	華東	73.00	13	3.74	73.50	24	2.36	71.20	26	4.35	93.10	07	75.68	A21	
22	廣州天河	廣東省	華南	93.60	02	3.66	68.90	28	2.57	62.00	34	4.08	79.30	19	72.10	B01	值得推薦
23	南京市區	江蘇省	華東	81.38	07	3.80	79.30	19	2.57	52.80	42	4.01	72.40	25	70.63	B02	
24	天津市區	天津市	華北	85.95	05	3.68	71.20	26	2.44	64.30	32	3.90	59.70	36	69.62	B03	
25	濟南	山東省	華北	66.50	17	3.81	80.40	18	2.50	58.60	37	3.93	64.30	32	69.36	B04	
26	寧波餘姚	浙江省	華東	73.00	13	3.59	63.20	33	2.19	78.10	20	3.91	62.00	34	68.96	B05	
27	廈門島外	福建省	華南	60.95	20	3.77	74.70	23	2.24	74.70	23	3.72	49.40	45	68.84	B06	
28	無錫市區	江蘇省	華東	67.92	16	3.59	64.30	32	2.18	80.40	18	3.88	58.60	37	68.82	B07	

自創品牌贏商機—2007年中國大陸地區投資環境與風險調查

排名	城市	省市	區域	❶ 城市競爭力		❷ 投資環境力			❸ 投資風險度			❹ 台商推薦度			城市綜合實力		等級
				加權評分	排名	加權評分	百分位	排名	加權評分	百分位	排名	加權評分	百分位	排名	綜合評分	排名	
29	廈門島內	福建省	華南	60.95	20	3.85	82.70	16	2.66	42.50	51	4.19	85.00	14	67.72	B08	值得推薦
30	徐州	江蘇省	華東	35.78	41	3.79	78.10	20	2.39	67.80	29	3.96	57.40	38	65.56	B09	
31	煙台	山東省	華北	55.32	25	3.57	59.70	36	2.10	86.20	13	3.69	47.10	47	65.10	B10	
32	蘇州張家港	江蘇省	華東	75.77	09	3.56	58.60	37	2.45	54.00	41	3.88	68.90	28	61.34	B11	
33	嘉興	浙江省	華東	38.88	36	3.68	70.10	27	2.65	44.80	49	4.16	83.90	15	59.90	B12	
34	桂林	廣西	西南	13.58	52	3.59	65.50	31	2.13	85.00	14	3.61	40.20	53	59.77	B13	
35	昆明	雲南省	西南	51.40	28	3.59	62.00	34	2.33	72.40	25	3.51	34.40	58	59.39	B14	
36	常州	江蘇省	華東	61.39	29	3.50	54.00	41	2.40	66.60	30	3.60	39.00	54	56.64	B15	
37	中山	廣東省	華南	46.50	33	3.55	57.40	38	2.44	63.20	33	3.67	45.90	48	55.78	B16	
38	紹興	浙江省	華東	43.72	34	3.48	51.70	43	2.27	73.50	24	3.61	41.30	52	55.48	B17	
39	莆田	福建省	華南	10.18	54	3.54	56.30	39	2.38	68.90	28	4.00	71.20	26	55.40	B18	
40	泉州	福建省	華南	38.22	37	3.47	50.50	44	2.43	65.50	31	3.91	60.90	35	54.72	B19	
41	寧波奉化	浙江省	華東	73.00	13	3.31	42.50	51	2.49	59.70	36	3.82	55.10	40	54.13	B20	
42	蘇州太倉	江蘇省	華東	75.77	09	3.43	48.20	46	2.60	50.50	44	3.72	50.50	44	53.37	B21	
43	上海松江	上海市	華東	96.77	01	3.34	43.60	50	2.66	43.60	50	3.81	54.00	41	53.14	B22	
44	上海嘉定	上海市	華東	95.77	01	3.49	52.80	42	2.93	24.10	67	3.94	65.50	31	52.54	B23	
45	上海浦東	上海市	華東	95.77	01	3.57	60.90	35	3.03	11.40	78	3.96	67.80	29	52.32	B24	
46	重慶	重慶市	西南	61.93	18	3.43	49.40	45	2.61	49.40	45	3.83	56.30	39	52.31	B25	
47	上海市區	上海市	華東	96.77	01	3.36	44.80	49	2.69	39.00	54	3.61	42.50	51	50.51	B26	
48	蘇州常熟	江蘇省	華東	75.77	09	3.36	45.90	48	2.55	55.10	40	3.38	27.50	64	50.38	B27	
49	長沙	湖南省	華中	53.90	27	3.28	35.60	57	2.52	57.40	38	3.78	51.70	43	47.30	C01	勉予推薦
50	漳州	福建省	華南	15.60	51	3.65	67.80	29	2.94	20.60	70	4.01	73.50	24	46.67	C02	
51	蘇州吳江	江蘇省	華東	75.77	09	3.31	41.30	52	2.70	36.70	56	3.70	48.20	46	46.13	C03	
52	佛山	廣東省	華南	67.94	15	3.51	55.10	40	3.14	5.70	83	4.04	78.10	20	45.66	C04	
53	珠海	廣東省	華南	46.87	32	3.28	39.00	54	2.63	45.90	48	3.64	44.80	49	43.12	C05	
54	北京市區	北京市	華北	93.39	03	3.27	33.30	59	2.72	35.60	57	3.30	22.90	68	41.44	C06	
55	石家庄	河北省	華北	49.77	30	3.28	37.90	55	2.61	48.20	46	3.27	18.30	72	39.83	C07	
56	江門	廣東省	華南	28.88	46	3.28	34.40	58	2.62	47.10	47	3.63	43.60	50	38.76	C08	
57	武漢漢口	湖北省	華中	78.07	08	3.28	36.70	56	2.74	33.30	59	3.21	13.70	76	38.44	C09	
58	武漢武昌	湖北省	華中	78.07	08	3.09	16.00	74	2.69	37.90	55	3.33	26.40	65	33.44	C10	
59	武漢漢陽	湖北省	華中	78.07	08	3.24	31.00	61	2.93	25.20	66	3.10	8.00	81	32.87	C11	

排名	城市	省市	區域	❶ 城市競爭力		❷ 投資環境力			❸ 投資風險度			❹ 台商推薦度			城市綜合實力		等級
				加權評分	排名	加權評分	百分位	排名	加權評分	百分位	排名	加權評分	百分位	排名	綜合評分	排名	
60	東莞虎門	廣東省	華南	57.36	23	3.22	28.70	63	2.99	14.90	75	3.78	52.80	42	32.47	C12	勉予推薦
61	福州馬尾	福建省	華南	57.95	22	3.20	26.40	65	2.79	28.70	63	3.44	29.80	62	32.33	C13	
62	長春	吉林省	東北	61.13	19	3.03	13.70	76	2.67	41.30	52	3.32	25.20	66	30.82	C14	
63	溫州	浙江省	華東	48.53	31	3.26	32.10	60	2.94	19.50	71	3.50	32.10	60	30.78	C15	
64	福州市區	福建省	華南	57.95	22	3.29	40.20	53	3.19	4.50	84	3.49	31.00	61	30.77	C16	
65	深圳寶安	廣東省	華南	86.57	04	3.17	24.10	67	2.97	17.20	73	3.17	12.60	77	29.68	C17	
66	鎮江	江蘇省	華東	36.08	40	3.42	47.00	47	3.53	1.10	87	3.50	33.30	59	29.54	C18	
67	泰州	江蘇省	華東	20.17	50	3.23	29.80	62	2.79	29.80	62	3.53	36.70	56	29.39	C19	
68	廣州市區	廣東省	華南	93.60	02	3.10	17.20	73	2.94	22.90	68	3.17	10.30	79	29.34	C20	
69	深圳市區	廣東省	華南	86.57	04	3.15	21.80	69	3.01	12.60	77	3.30	21.80	69	28.76	C21	
70	合肥	安徽省	華中	37.48	38	3.11	18.30	72	2.68	40.20	53	3.22	14.90	75	27.24	C22	
71	南通	江蘇省	華東	35.70	42	3.11	19.50	71	2.76	31.00	61	3.38	28.70	63	26.76	C23	
72	鄭州	河南省	華中	54.57	26	2.86	4.50	84	2.59	51.70	43	2.97	3.40	85	26.01	C24	
73	河源	廣東省	華南	3.19	57	3.21	27.50	64	2.74	34.40	58	3.31	24.10	67	25.41	C25	
74	汕頭	廣東省	華南	21.47	49	2.94	10.30	79	2.53	56.30	39	3.04	5.70	83	25.09	C26	
75	東莞厚街	廣東省	華南	57.36	23	2.96	11.40	78	3.10	6.80	82	3.91	63.20	33	24.68	D01	暫不推薦
76	東莞石碣	廣東省	華南	57.36	23	3.13	20.60	70	3.09	8.00	81	3.51	35.60	57	24.58	D02	
77	瀋陽	遼寧省	東北	75.41	10	2.93	9.10	80	2.87	26.40	65	3.11	9.10	80	24.24	D03	
78	宜昌	湖北省	華中	22.93	48	3.18	25.20	66	3.07	10.30	79	3.58	37.90	55	22.29	D04	
79	東莞市區	廣東省	華南	57.36	23	3.16	22.90	68	3.61	0.00	88	3.28	19.50	71	20.69	D05	
80	深圳龍崗	廣東省	華南	86.57	04	2.86	5.70	83	3.07	9.10	80	3.23	16.00	74	20.40	D06	
81	岳陽	湖南省	華中	9.89	55	3.04	14.90	75	2.74	32.10	60	3.24	17.20	73	19.65	D07	
82	哈爾濱	黑龍江省	東北	58.91	21	2.97	12.60	77	2.99	16.00	74	3.02	4.50	84	19.35	D08	
83	南寧	廣西	西南	28.69	47	2.92	8.00	81	2.85	27.50	64	3.29	20.60	70	18.84	D09	
84	西安	陝西省	西北	55.39	24	2.78	3.40	85	2.94	21.80	69	3.07	6.80	82	17.23	D10	
85	東莞長安	廣東省	華南	57.36	23	2.91	6.80	82	2.99	13.70	76	3.17	11.40	78	17.14	D11	
86	惠州	廣東省	華南	35.70	43	2.78	2.20	86	2.97	18.30	72	2.64	1.10	87	11.89	D12	
87	蘭州	甘肅省	西北	32.29	44	2.72	0.00	88	3.20	2.20	86	2.64	0.00	88	5.50	D13	
88	北海	廣西	西南	5.84	56	2.73	1.10	87	3.20	3.40	85	2.87	2.20	86	2.67	D14	

表8-2　TEEMA 2003-2007中國大陸城市綜合實力推薦等級彙總表

年度	2007	2006	2005	2004	2003
【A】極力推薦	蘇州工業區、杭州蕭山、天津濱海區、蘇州新區、成都、青島、廊坊、大連、威海、北京市區、寧波市區、蘇州昆山、無錫江陰、上海閔行、寧波北侖區、南昌、南京市區、杭州市區、蘇州市區、無錫宜興、揚州。	蘇州工業區、蘇州昆山、無錫江陰、天津濱海區外、蘇州新區、濟南、杭州市區外、崑山、南京市區、北京亦庄、上海閔行、上海市區、蘇州市區、南京市行、上海浦東、北京市區、成都、南昌、杭州蕭山、上海蕭山、廣州天河。	上海閔行、蘇州昆山、無錫江陰、天津、揚州、濟南、寧波市區、南京市區、成都、汕頭、徐州、南昌、上海浦東、廈門、大連、青島、蘇州市區、蘇州昆山。	杭州蕭山、蘇州市區、天津、南、上海閔行、無錫江陰、連、汕頭、成都、徐州、嘉興、南昌、揚州、無錫昆山、青島。	杭州蕭山、蘇州市區、青島、連、成都、揚州、無錫、寧波市、杭州市、上海市區、大。
比率	21/88(23.86%)	20/80(25.00%)	18/75(24.00%)	14/65(21.54%)	10/54(18.52%)
【B】值得推薦	廣州天河、餘姚、無錫市區、桂林、蘇州大倉、泉州、重慶、濟南、廈門島內、煙台、嘉興、中山、上海松江、莆田、上海浦東、合肥、上海市區、惠州、鄭州、汕頭。	青島、汕頭、常州、天津市區、廊坊、煙台、興、無錫宜興、廣州市區、寧波餘姚、上海市區、泰州、州、蘇州市區、蘇州常熟、泉州、武漢漢口、威海、嘉興、廈門島內、上海、其他、南京江寧、北京市化、武漢武昌、寧波奉化、中山、上海松江、蘇州張家港、蘇州松江。	上海浦東、上海松江、無錫、州市區、嘉興、重慶、武漢漢東、南、通、長沙、常州、北、嘉定、寧波餘姚、珠海、京市區、南京江寧、泉州、西安、杭州市區、莆田、波奉化、廣州市化、中山、北京其他、上海漢口、東莞厚、馬尾、蘇州常熟。	中山、廈門、上海松江、州、珠海、上海松江、莆田、南昌、江門、常州、北京市京、南京市區、東莞市區、漢、紹興、寧波餘姚、常州、上海浦東、泉州、嘉興、化、佛山、中山吳江、蘇州其他、深圳市區。	中山、廈門、上海松江、漳州、福州、常州、杭州、京、武昌、南京、蘇州吳江、深圳龍崗、汕頭、上海寶山、珠海、上海其、行、上海其他、上海閔行、蘇州昆山、鄭州、嘉定、上海、重慶、上海嘉定、天津、深圳福田、廣州市區。
比率	27/88(30.68%)	28/80(35.00%)	30/75(40.00%)	24/65(36.92%)	27/54(50.00%)
【C】勉予推薦	長沙、蘇州吳江、珠海、石家庄、武漢漢口、武漢漢陽、陽、福州馬尾、深圳寶安、泰州、蘇州大倉、南通、河源、漳州、江門、北侖、東莞虎門、長春、福州市區、合肥、上海松江、鎮江、鄭州、汕頭。	江門、重慶市區、昆明、無錫市區、蘇州吳江、石家庄、長沙、潘陽、桂林、東莞虎門、西安、上海嘉定、福州馬尾、福州市區、徐州、深圳龍崗、武漢漢陽、深圳寶安、哈爾濱、深圳其他。	蘇州吳江、深圳寶安、潘陽、福州市區、岳陽、倉、福州張家港、東莞石碣、海寧、東莞長安、蘇州張家港、溪、海寧、東莞清溪、泰州、昆明、東莞其他、桂林、煙台、昆明、深圳其他。	無錫市區、桂林、深圳寶安、崗、上海嘉定、東莞石碣、廣州市區、深圳其他、長沙、河源、深圳其他、沙、河源、北京其他、杭州市區、安、佛山、福州市區、東莞長安、深圳市區。	深圳其他、南寧、深圳寶安、莆田市區、寧波餘姚、深圳市區、圳市區、鎮江、東莞虎門、門、東莞清溪。
比率	26/88(29.55%)	22/80(27.50%)	19/75(25.33%)	20/65(30.77%)	9/54(16.67%)
【D】暫不推薦	東莞厚街、潘陽、南通、東莞市區、岳陽、南寧、東莞其、安、蘭州、東莞石碣、惠州、昌、深圳龍崗、東莞虎門、西安、惠州、北海。	深圳市區、南通、東莞市區、他、東莞厚街、東莞其、安、長安、東莞石碣、東莞長安、東莞清溪、東莞樟木頭。	惠州、深圳寶安、東莞市區、東莞樟木頭、深圳龍崗、安、長安、東莞厚街、東莞其、他、北海。	惠州、東莞虎門、泉州、區、東莞石碣、深圳龍崗、泰州、東莞市區、東莞樟木頭、保定。	佛山、東莞石碣、東莞市區、州、東莞其他、泉州、東莞長安、泰州。
比率	14/88(15.91%)	10/80(12.50%)	8/75(10.67%)	7/65(10.77%)	8/54(14.81%)

資料來源：本研究整理

表8-3　TEEMA 2003-2007中國大陸推薦城市排名變化

排名	城　市	省　市	區　域	2007	2006	2005	2004	2003
01	蘇州工業區	江蘇省	華東地區	A01	A01	A18	B01	A07
02	蘇州昆山	江蘇省	華東地區	A02	A03	A03	A08	B14
03	杭州蕭山	浙江省	華東地區	A03	A18	A02	A01	A01
04	無錫江陰	江蘇省	華東地區	A04	A05	A05	A06	A03
05	天津濱海區	天津市	華北地區	A05	A07	A07	A07	B24
06	寧波北侖區	浙江省	華東地區	A06	A02	A13	B04	A05
07	蘇州新區	江蘇省	華東地區	A07	A11	A18	B01	A07
08	上海閔行	上海市	華東地區	A08	A12	A02	A01	B08
09	成　都	四川省	西南地區	A09	A16	A04	A03	A08
10	南京江寧	江蘇省	華東地區	A10	B16	B04	B02	B23
11	青　島	山東省	華北地區	A11	B01	A12	A14	A02
12	南　昌	江西省	華中地區	A12	A17	A10	A11	--
13	廊　坊	河北省	華北地區	A13	B05	--	--	--
14	蘇州市區	江蘇省	華東地區	A14	A06	A18	B01	A07
15	大　連	遼寧省	東北地區	A15	A19	A14	A10	A06
16	杭州市區	浙江省	華東地區	A16	A04	B10	C02	A09
17	威　海	山東省	華北地區	A17	B06	--	--	--
18	無錫宜興	江蘇省	華東地區	A18	B13	--	--	--
19	北京亦庄	北京市	華北地區	A19	A10	B20	C04	B19
20	揚　州	江蘇省	華東地區	A20	A09	A09	A04	A10
21	寧波市區	浙江省	華東地區	A21	B08	A13	B04	A05
22	廣州天河	廣東省	華南地區	B01	A20	C10	C11	B26
23	南京市區	江蘇省	華東地區	B02	A08	A15	B02	B23
24	天津市區	天津市	華北地區	B03	B09	A07	A07	B24
25	濟　南	山東省	華北地區	B04	A15	A11	A13	B15
26	寧波餘姚	浙江省	華東地區	B05	B19	B23	B08	C09
27	廈門島外	福建省	華南地區	B06	A13	A16	B19	B03
28	無錫市區	江蘇省	華東地區	B07	C07	B05	C01	A03
29	廈門島內	福建省	華南地區	B08	B12	A16	B19	B03
30	徐　州	江蘇省	華東地區	B09	C08	A06	A05	--
31	煙　台	山東省	華北地區	B10	B11	C14	--	--
32	蘇州張家港	江蘇省	華東地區	B11	B24	C04	--	--
33	嘉　興	浙江省	華東地區	B12	B10	B07	A09	--
34	桂　林	廣　西	西南地區	B13	C17	C12	C03	--
35	昆　明	雲南省	西南地區	B14	C05	C16	C10	--
36	常　州	江蘇省	華東地區	B15	B07	B17	B10	B11
37	中　山	廣東省	華南地區	B16	B26	B18	B18	B01
38	紹　興	浙江省	華東地區	B17	--	--	B06	--
39	莆　田	福建省	華南地區	B18	--	B12	B11	C07
40	泉　州	福建省	華南地區	B19	B04	B06	D05	D02
41	寧波奉化	浙江省	華東地區	B20	B22	B14	B20	--
42	蘇州太倉	江蘇省	華東地區	B21	B25	C05	B03	--
43	上海松江	上海市	華東地區	B22	B28	B03	B09	B05
44	上海嘉定	上海市	華東地區	B23	C02	B25	C07	B18
45	上海浦東	上海市	華東地區	B24	A14	A08	B12	B07
46	重慶市	重慶市	西南地區	B25	C03	B11	B14	B16
47	上海市區	上海市	華東地區	B26	B21	B01	B16	A04
48	蘇州常熟	江蘇省	華東地區	B27	B02	B30	--	--
49	長　沙	湖南省	華中地區	C01	C13	B21	C15	--

50	漳　州	福建省	華南地區	C02	C10	--	B05	B13
51	蘇州吳江	江蘇省	華東地區	C03	C09	C03	B22	B25
52	佛　山	廣東省	華南地區	C04	--	--	C14	D01
53	珠　海	廣東省	華南地區	C05	B15	B29	B07	B06
54	北京市區	北京市	華北地區	C06	B18	B02	B17	B19
55	石家庄	河北省	華北地區	C07	C11	--	--	--
56	江　門	廣東省	華南地區	C08	C01	B15	B15	--
57	武漢漢口	湖北省	華中地區	C09	B27	B22	B23	B21
58	武漢武昌	湖北省	華中地區	C10	B20	B13	B23	B21
59	武漢漢陽	湖北省	華中地區	C11	C14	B27	B23	B21
60	東莞虎門	廣東省	華南地區	C12	C19	D04	D03	C06
61	福州馬尾	福建省	華南地區	C13	C04	B24	--	--
62	長　春	吉林省	東北地區	C14	--	--	--	--
63	溫　州	浙江省	華東地區	C15	--	--	--	D04
64	福州市區	福建省	華南地區	C16	C06	C07	C16	B09
65	深圳寶安	廣東省	華南地區	C17	C18	D03	C06	C05
66	鎮　江	江蘇省	華東地區	C18	--	--	--	C04
67	泰　州	江蘇省	華東地區	C19	B23	C06	D07	D08
68	廣州市區	廣東省	華南地區	C20	B17	C10	C11	B26
69	深圳市區	廣東省	華南地區	C21	D01	C09	C20	C02
70	合　肥	安徽省	華中地區	C22	C12	B09	--	--
71	南　通	江蘇省	華東地區	C23	D03	B19	B13	--
72	鄭　州	河南省	華中地區	C24	--	--	--	B12
73	河　源	廣東省	華南地區	C25	--	--	C17	--
74	汕　頭	廣東省	華南地區	C26	B03	A17	A12	B12
75	東莞厚街	廣東省	華南地區	D01	D07	B28	B21	D07
76	東莞石碣	廣東省	華南地區	D02	D02	C15	C09	D03
77	瀋　陽	遼寧省	東北地區	D03	C15	C01	--	B17
78	宜　昌	湖北省	華中地區	D04	--	--	--	--
79	東莞市區	廣東省	華南地區	D05	D05	D05	D02	D05
80	深圳龍崗	廣東省	華南地區	D06	C16	D02	C05	B27
81	岳　陽	湖北省	華中地區	D07	--	C13	--	--
82	哈爾濱	黑龍江省	東北地區	D08	C20	--	--	--
83	南　寧	廣　西	西南地區	D09	--	--	C08	C03
84	西　安	陝西省	西北地區	D10	C21	B08	--	--
85	東莞長安	廣東省	華南地區	D11	D06	C17	C18	D06
86	惠　州	廣東省	華南地區	D12	D04	D01	D01	B20
87	蘭　州	甘肅省	西北地區	D13	--	--	--	--
88	北　海	廣　西	西南地區	D14	--	D08	--	--

註：【1】由於2005年「廣州市區」於2006、2007年細分為「廣州天河」與「廣州市區」，因此2006、2007「廣州天河」與「廣州市區」對比的城市是2005的「廣州市區」。

【2】由於2005年「北京其他」於2006重新命名為「北京亦庄」，因此2006、2007「北京亦庄」對比的城市是2005的「北京其他」。

【3】由於2005年「天津」於2006、2007年細分為「天津市區」與「天津濱海區」，因此2006、2007「天津市區」與「天津濱海區」對比的城市是2005的「天津」。

【4】由於2005年「廈門」於2006細分為「廈門島內」與「廈門島外」，因此2006、2007年「廈門島內」與「廈門島外」對比的城市是2005的「廈門」。

【5】由於2005年「蘇州市區」於2006年細分為「蘇州市區」、「蘇州新區」與「蘇州工業區」，因此2006、2007「蘇州市區」、「蘇州新區」與「蘇州工業區」對比的城市是2005的「蘇州市區」。

【6】由於2005年「寧波市區」於2006年細分為「寧波市區」與「寧波北侖區」，因此2006、2007「寧波市區」與「寧波北侖區」對比的城市是2005的「寧波市區」。

【7】由於2003年「南京」於2004年細分為「南京市區」與「南京江寧」，因此2004、2005、2006、2007「南京市區」與「南京江寧」對比的城市是2003的「南京」。

【8】由於2003年「無錫」於2004年細分為「無錫市區」、「無錫江陰」、「無錫宜興」，因此2004、2005、2006、2007「無錫市區」、「無錫江陰」、「無錫宜興」對比的城市是2003的「無錫」。

二、TEEMA 2006-2007城市推薦等級變遷分析

依據《TEEMA調查報告》2007與2006城市綜合實力以及城市綜合實力推薦等級綜合比較結果顯示，由圖8-1到圖8-4可得知下列重要的訊息：

1. 2007調查評估城市的劃分基礎：在2007《TEEMA調查報告》列入評估的88個城市中，基於台商投資群聚效應，考量台商在某一城市投資區位的差異性，因此有些城市雖以地級市為分析單位，但考慮到(1)考量城市區位優勢的差異；(2)考量台商投資密集度及產業群聚性；(3)考量製造業與服務業投資條件的屬性差異；(4)考量中國大陸城市崛起以及新興工業區的重點發展趨勢，作為城市劃分的基礎。

2. 2007調查評估城市的劃分結果：2007《TEEMA調查報告》城市劃分如下：(1)「蘇州市」：分成蘇州工業區、蘇州新區、蘇州市區、蘇州吳江、蘇州昆山、蘇州張家港、蘇州常熟、蘇州太倉8區；(2)「上海市」：分成上海市區、上海閔行、上海嘉定、上海松江、上海浦東5區；(3)「東莞市」：分成東莞市區、東莞厚街、東莞石碣、東莞虎門、東莞長安5區；(4)「寧波市」：分成寧波市區、寧波北侖、寧波餘姚、寧波奉化4區；(5)「深圳市」：分成深圳市區、深圳寶安、深圳龍崗3區；(6)「無錫市」：分成無錫市區、無錫宜興、無錫江陰3區；(7)「武漢市」：分成武漢武昌、武漢漢口、武漢漢陽3區；(8)「福州市」：分成福州市區、福州馬尾兩區；(9)「廈門市」：分成廈門島內、廈門島外兩區；(10)「南京市」：分成南京市區、南京江寧兩區；(11)「北京市」：分成北京市區、北京亦庄兩區；(12)「天津市」：分成天津市區、天津濱海區兩區；(13)「杭州市」：分成杭州市區、杭州蕭山兩區。

3. 2006-2007調查評估城市消長：2006年列入《TEEMA調查報告》分析城市但2007年未列入評比者，計有：(1)上海其他；(2)深圳其他；(3)東莞清溪；(4)東莞其他；(5)東莞樟木頭等5個城市。而2006年未列入《TEEMA調查報告》分析城市但2007年列入評比者，計有：(1)河源；(2)佛山；(3)莆田；(4)鎮江；(5)溫州；(6)紹興；(7)宜昌；(8)鄭州；(9)岳陽；(10)長春；(11)南寧；(12)北海；(13)蘭州等13個城市。增加的城市大多是屬於西北和華中的城市居多。

4. 2006-2007城市綜合實力推薦等級消長：依據2006-2007《TEEMA調查報告》兩年度同時列入【A】級「極力推薦」等級的城市共有15個，佔2007年

【A】級城市的71.43%，列入【B】級「值得推薦」的城市共有14個，佔2007年【B】級城市的51.85%，顯示【A】級、【B】級，其穩定度都超過半數。兩年度列入【C】級「勉予推薦」的城市有11個，佔2007年【C】級城市42.31%，最後，兩年度均列入【D】級「暫不推薦」的城市共有5個，佔2007年【D】級城市35.71%，從上述的百分比中，有一重要的發現，那就是連續2年進入同一等級的城市比例呈現遞減，換言之，優秀的城市就繼續保持卓越的地位，而位居落後的城市，則秉持檢討改善，力爭上游的心態，因此才使得【D】級「暫不推薦」的城市的比例下降。這是一個可喜的現象，表示《TEEMA調查報告》8年來已經得到中國大陸地方官員的重視，畢竟顧客導向的思維、以顧客需求為依歸的訴求，才是施政的重要關鍵要素，所謂：「以最快的速度，滿足顧客個性化的需求，是新經濟時代市場的規律。」

    5. 2006-2007【A】級「極力推薦」城市消長：2006-2007《TEEMA調查報告》同時列入【A】級「極力推薦」的城市分別是：(1)蘇州工業區(A01)；(2)蘇州昆山(A02)；(3)杭州蕭山(A03)；(4)無錫江陰(A04)；(5)天津濱海區(A05)；(6)寧波北侖區(A06)；(7)蘇州新區(A07)；(8)上海閔行(A08)；(9)成都(A09)；(10)南昌(A12)；(11)蘇州市區(A14)；(12)大連(A15)；(13)杭州市區(A16)；(14)北京亦庄(A19)；(15)揚州(A20)，而2006年是【A】級「極力推薦」城市但2007年下降至【B】級「值得推薦」等級者有：(1)廣州天河(A20→B01)；(2)南京市區(A08→B02)；(3)濟南(A15→B04)；(4)廈門島外(A13→B06)；(5)上海浦東(A14→B24)。其中廣州天河、廈門島外、上海浦東3個城市排名下滑的主要理由都是由於該地區的土地取得成本節節上升，增加企業的營運成本。這些地區都是中國大陸發展極為快速的城市，因此除了台商以外，更吸引了大批跨國企業投資者，因此基於「抓大放小」的原則，對台商的關心度就會有所下降。濟南以及南京市區主要下降的理由都是由於城市在快速發展中，缺乏較規範的投資思維，以至於當地的台商認為讓他們的投資方向無所適從所致。

    6. 2007新進入【A】級「極力推薦」的城市：2007《TEEMA調查報告》有依重要的排名發現，那就是在88個列入調查評估的城市中，2006與2007的比較結果顯示，沒有一個城市的消長變化是連升或連降2級，換言之，城市的消長都是在一個級距中的變化而已，這顯示《TEEMA調查報告》的穩定性越來越強，其

可信度相對也越來越高，換言之，沒有所謂城市排名暴漲暴跌的現象發生，2007年首度或再度進入【A】級「極力推薦」城市排行榜的有6個城市，分別為：南京江寧(B16→A10)；(2)青島(B01→A11)；(3)廊坊(B05→A13)；(4)威海(B06→A17)；(5)無錫宜興(B13→A18)；(6)寧波市區(B08→A21)，這些城市在2006年都是列名【B】級「值得推薦」的，但經過努力後，2007年躋身【A】級「極力推薦」之列，其中青島從2003-2007年之間，僅有2006年列於B01「值得推薦」，但今年又上升至「極力推薦」，主要原因是2008北京奧運會中帆船運動的主會場設在青島，青島市政府為了迎接奧運會，不但加強城市國際化，並且強調市容的美化，行政作業的規範化，帶動城市整體的新氣象。而位於北京跟天津之間的廊坊，則是因為台灣資訊大廠鴻海、汽車零組件大廠全興工業入駐以及華為等中國大陸企業的設廠，讓這個40萬人口的城市，一時之間成為環渤海經濟區一顆閃亮的明珠。

　　7. 2006-2007【D】級「暫不推薦」城市消長：2006-2007《TEEMA調查報告》研究結果顯示，兩年度均列入D級「暫不推薦」的城市共有5個，分別為：(1)東莞厚街(D01)；(2)東莞石碣(D02)；(3)東莞市區(D05)；(4)東莞長安(D11)；(5)惠州(D12)。這些城市都屬於東莞市，而早期東莞市一直是惠州的一個縣級市，從惠州脫離後，東莞獨自成為地級市，但2007《TEEMA調查報告》發現，惠州、東莞長期都是列入「暫不推薦」的城市，造成東莞長期「暫不推薦」的主因，主要來自於東莞長期由於外來打工人口不斷增多，造成社會治安惡化，台商人身安全受到威脅，其次由於東莞的地理位置太過於優越，在中國大陸改革開放初期，所謂「十個香港人，一個東莞人」，因此基於回鄉的情結，改革開放之初，許多香港的華僑回到東莞的故鄉投資，因此將原來是一個農村的東莞打造成全球電子業的加工基地，也造成當地的富裕與繁榮，加上早期台商企業採取「三來一補」的經營模式，東莞就成為珠三角的台商產業群聚區域，但是東莞政府對於TEEMA調查報告長期存疑，認為TEEMA調查雖把東莞多年列入「暫不推薦」城市，但歷年來赴大陸投資的台商仍不斷的往東莞設廠，從投資理論而言，投資者可區分為「風險規避者」與「風險偏好者」，投資環境的良窳和吸引外資金額之間，應無高度的相關，因為「風險偏好者」希望到高度的風險地區投資，以獲取超額利潤。

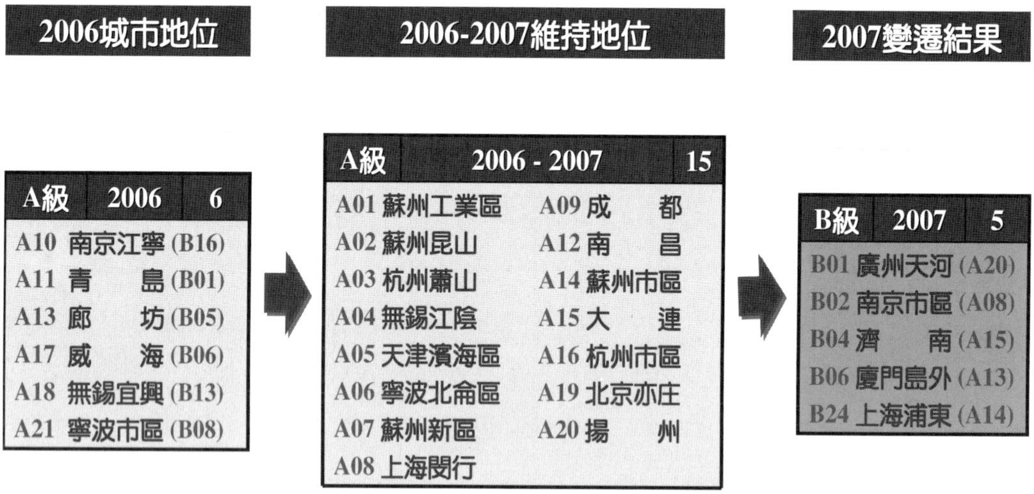

| 2006城市地位 | 2006-2007維持地位 | 2007變遷結果 |

A級 2006 6	A級 2006 - 2007 15	B級 2007 5
A10 南京江寧 (B16)	A01 蘇州工業區　　A09 成　　都	B01 廣州天河 (A20)
A11 青　　島 (B01)	A02 蘇州昆山　　　A12 南　　昌	B02 南京市區 (A08)
A13 廊　　坊 (B05)	A03 杭州蕭山　　　A14 蘇州市區	B04 濟　　南 (A15)
A17 威　　海 (B06)	A04 無錫江陰　　　A15 大　　連	B06 廈門島外 (A13)
A18 無錫宜興 (B13)	A05 天津濱海區　　A16 杭州市區	B24 上海浦東 (A14)
A21 寧波市區 (B08)	A06 寧波北侖區　　A19 北京亦庄	
	A07 蘇州新區　　　A20 揚　　州	
	A08 上海閔行	

圖8-1　TEEMA 2006-2007「極力推薦」等級城市變遷圖

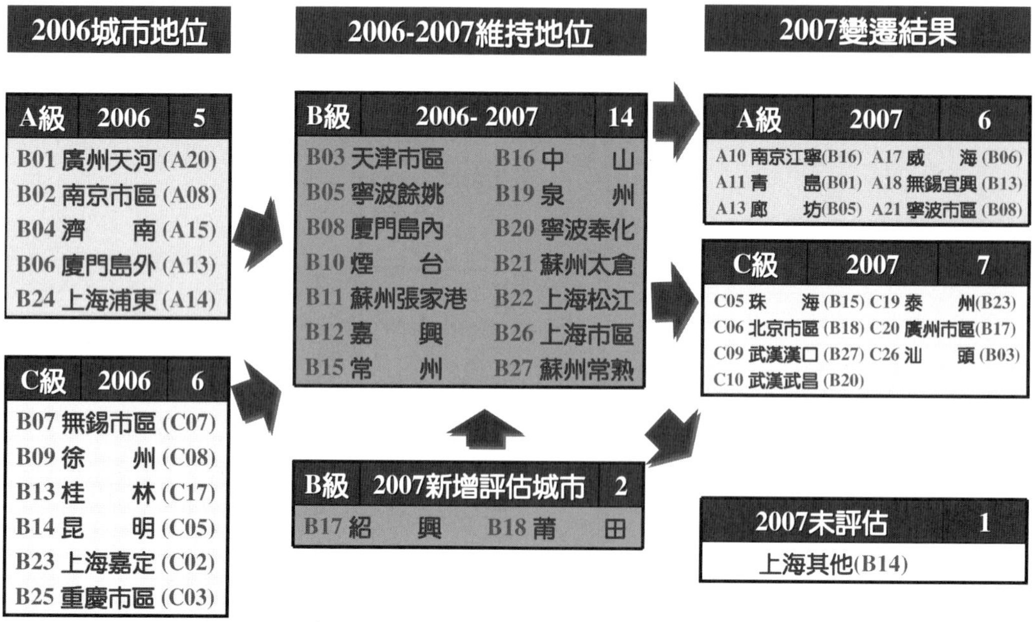

| 2006城市地位 | 2006-2007維持地位 | 2007變遷結果 |

A級 2006 5	B級 2006- 2007 14	A級 2007 6
B01 廣州天河 (A20)	B03 天津市區　　　B16 中　　山	A10 南京江寧(B16)　A17 威　　海 (B06)
B02 南京市區 (A08)	B05 寧波餘姚　　　B19 泉　　州	A11 青　　島(B01)　A18 無錫宜興 (B13)
B04 濟　　南 (A15)	B08 廈門島內　　　B20 寧波奉化	A13 廊　　坊(B05)　A21 寧波市區 (B08)
B06 廈門島外 (A13)	B10 煙　　台　　　B21 蘇州太倉	
B24 上海浦東 (A14)	B11 蘇州張家港　　B22 上海松江	C級 2007 7
	B12 嘉　　興　　　B26 上海市區	C05 珠　　海 (B15)　C19 泰　　州 (B23)
	B15 常　　州　　　B27 蘇州常熟	C06 北京市區 (B18)　C20 廣州市區 (B17)
C級 2006 6		C09 武漢漢口 (B27)　C26 汕　　頭 (B03)
B07 無錫市區 (C07)		C10 武漢武昌 (B20)
B09 徐　　州 (C08)		
B13 桂　　林 (C17)	B級 2007新增評估城市 2	
B14 昆　　明 (C05)	B17 紹　　興　　　B18 莆　　田	2007未評估 1
B23 上海嘉定 (C02)		上海其他(B14)
B25 重慶市區 (C03)		

圖8-2　TEEMA 2006-2007「值得推薦」等級城市變遷圖

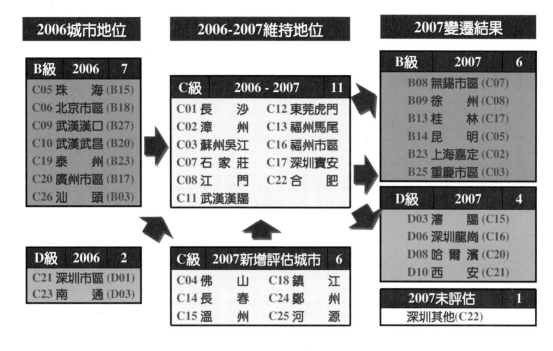

圖8-3　TEEMA 2006-2007「勉予推薦」等級城市變遷圖

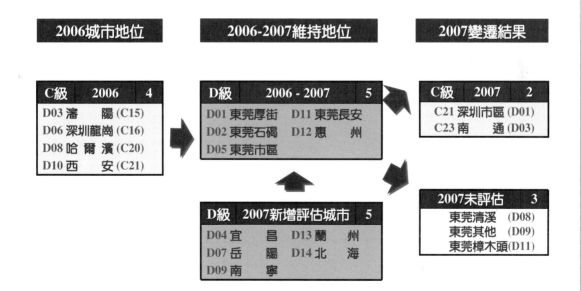

圖8-4　TEEMA 2006-2007「暫不推薦」等級城市變遷圖

三、TEEMA 2006-2007城市綜合實力排名上升幅度最優城市分析

2006-2007《TEEMA調查報告》針對88個列入2007評估調查城市之城市綜合實力排名分析結果顯示，從表8-4中得知，排名上升名次最多的城市是桂林，由2006年的「勉予推薦」（65名），上升到2007年「值得推薦」的【B】級城市（34名），排名名次總共提升了31名，其次是無錫市區亦是由2006年的「勉予推薦」（55名），進步到2007年「值得推薦」的【B】級城市（28名），排名名次總共提升了27名。2006與2007排名變化幅度上升前10名的城市依序為：桂林、無錫市區、南京江寧、徐州、昆明、杭州蕭山、無錫宜興、寧波餘姚、廊坊、蘇州張家港、長沙。其中除了杭州蕭山、寧波餘姚、蘇州張家港、長沙4個城市是2006-2007列於同一推薦等級，但名次提升，其於的7個城市都是屬於推薦等級提升的城市。

表8-4　TEEMA 2006-2007城市綜合實力推薦排名上升分析

排名	城　　　市	2007		2006		2006-2007
		排名	推薦等級	排名	推薦等級	排名等級差異
❶	桂　　林	34	值得推薦	65	勉予推薦	↑ 31 (C→B)
❷	無 錫 市 區	28	值得推薦	55	勉予推薦	↑ 27 (C→B)
❸	南 京 江寧	10	極力推薦	36	值得推薦	↑ 26 (B→A)
❸	徐　　州	30	值得推薦	56	勉予推薦	↑ 26 (C→B)
❺	昆　　明	35	值得推薦	53	勉予推薦	↑ 18 (C→B)
❻	杭 州 蕭山	03	極力推薦	18	極力推薦	↑ 15 (A→A)
❻	無 錫 宜興	18	極力推薦	33	值得推薦	↑ 15 (B→A)
❽	寧 波 餘姚	26	值得推薦	39	值得推薦	↑ 13 (B→B)
❾	廊　　坊	13	極力推薦	25	值得推薦	↑ 12 (B→A)
❾	蘇州張家港	32	值得推薦	44	值得推薦	↑ 12 (B→B)
❾	長　　沙	49	勉予推薦	61	勉予推薦	↑ 12 (C→C)

資料來源：本研究整理

自創品牌贏商機—2007年中國大陸地區投資環境與風險調查

2007《TEEMA調查報告》針對前述城市綜合競爭實力排名上升前5名城市，依據其「投資環境力」與「投資風險度」的細項評估指標變化較顯著的項目加以差異分析，其結果如表8-5所示。有關2006-2007《TEEMA調查報告》城市綜合實力排名上升前5名城市之剖析如下：

1.就「桂林」排名上升的理由：在《TEEMA調查報告》歷程中，桂林從2004-2006均列入【C】級「勉予推薦」城市，而2007年首度躍升到【B】級「值得推薦」城市，這與桂林的清楚定位有絕對的關係，桂林向來就是以「旅遊城市」、「生態城市」自居，加上廣西在「東盟10+1」的窗口地位，造就了桂林的生態旅遊的特殊優勢，根據2007《TEEMA調查報告》顯示，在桂林投資的台資企業，基本上是以設立遊樂場、開發旅遊景點、旅遊相關服務業為核心的產業佈局，因此桂林的投資環境就極為適合這些台商的佈局，尤其在投資環境構面中的自然環境與基礎環境建設上，桂林的進步程度都很高。

2.就「無錫市區」排名上升的理由：在《TEEMA調查報告》的歷程中，無錫市區從2004、2006這2年都列為【C】級「勉予推薦」城市，而2005、2007則被列為【B】級「值得推薦」城市，無錫市區主要吸收的是日資、韓資企業，因此台商企業在無錫的生存空間較為有限，但是隨著長三角一體化的思維，「蘇、錫、常」已經成為全球知名的IT產業聚落，因此隨著當地群聚效應發揮，無錫市區的產業發展結構亦受惠，從投資環境力指標顯示：「台商企業在當地的勞資和諧程度」，2007比2006上升了0.76，而「當地民眾生活條件及人均收入相較於一般水平」，2007比2006上升了0.83，因此無錫市區在人民富裕、勞資和諧的環境之下，其收到台商認同的程度比2006年則提高了，從江蘇經濟的發展歷程而言，也可窺見江蘇發展的端倪，從早期強調「蘇南模式」、「沿江大開發」到目前的「協調發展江蘇經濟」，因此可以預測未來列入長三角經濟區的江蘇省八個重要城市，都會是經濟繁榮富裕之地點。

3.就「南京江寧」排名上升的理由：在《TEEMA調查報告》的歷程中，南京江寧從2003-2006都列為【B】級「值得推薦」城市，而2007則上升至【A】級「極力推薦」城市，這主要是因為江寧是一個獨立的技術開發區，所以招商引資的策略極為明確，並形成完整的產業鏈，仁寶集團旗下的華寶通訊及在經濟區設廠，而成為仁寶通訊事業的重要基地，此外，南京江寧高新區亦被權威機構賽迪

顧問(2006)評為中國最具「科技創新競爭力」開發區的第6名，僅次於北京中關村、上海張江高科、蘇州高新區、西安高新區、蘇州工業園，因此密集的科技資源、強大的自主研發實力、豐富的科技人力資源、大學及科學機構的依托，都成為南京江寧受到台商肯定的理由。

4.就「徐州」排名上升的理由：在《TEEMA調查報告》的歷程中，徐州從2004、2005都列為【A】級「極力推薦」城市，但2006年連降兩級列為【C】級「勉予推薦」城市，在2006《TEEMA調查報告》中曾有一段評述，那就是：「徐州2005年台商推薦度總排名為第6名，但是2006年下滑到第49名，依據當地台商表示由於政府過去為了大力招商，對台資企業提出許多優惠的承諾，但是台資企業投資之後發現先前承諾的優惠政策都未能實現，造成投資『認知失調』的現象，因此對徐州城市之評價大幅下滑，而且由於2004及2005徐州分列TEEMA調查報告的第5名及第6名，因此有產生『自滿自驕』的心態，以致對台商的需求，政府相關機構積極快速回應的熱忱降低。」但2006年此一結果讓新任的徐州市長曹西平(前昆山市委書記)勵精圖治，希冀能夠再創徐州之風華，發揮徐州之人文特色，因此，新任市長極力傾聽台商心聲，樂於解決台商問題，並將其在昆山的優良政績吸引原在昆山想擴廠的企業至徐州投資，這些相關的舉措，都是造成徐州排名再次提升的主要理由，加上台商投資具有「候鳥經濟」的特色，在蘇州台商中有「鞏固蘇南、發展蘇中、強攻蘇北」的江蘇經濟戰略佈局路徑，因此蘇北的徐州將與揚州、南通等蘇北城市成為未來台資企業強攻之城市。

5.就「昆明」排名上升的理由：在《TEEMA調查報告》的歷程中，昆明從2004-2006這3年都列為【C】級「勉予推薦」城市，而2007則大幅提升至【B】級「值得推薦」城市，主要的是因為昆明很清楚的找到城市定位，將其定位在旅遊、生態、花卉、農業等重要的「綠色經濟」，加上昆明商業城市的濃厚氣氛，吸引了許多台資企業從事連鎖加盟產業，台資服裝企業歐德(O'GIRL)即在昆明佈局多家零售據點，再者昆明氣候宜人吸引很多退休的台灣上班族赴昆明經營服務業、房地產，因此讓昆明形成了台資佈局服務業的重要城市，昆明、大理、麗江之「昆、大、麗」旅遊風景線已經成為明顯的標誌，也宣示了昆明這個城市的清晰定位。

表8-5 TEEMA 2006-2007城市推薦等級上升細項評估指標變化分析

城市	投資環境力細項評估指標	2006	2007	變化	投資風險度細項評估指標	2006	2007	變化
桂林	當地環境適合商發展內需、內銷市場的程度	2.72	3.58	+0.86	當地人身財產安全受到威脅的風險	3.11	1.68	-1.43
	當地的污水、廢棄物處理設備完善程度	2.78	3.63	+0.85	當地的勞工抗議、抗爭事件頻繁發生的風險	3.23	1.95	-1.28
	當地政府對智慧財產權重視的態度	2.78	3.63	+0.85	當地銀行體系籌措與取得資金困難的風險	3.17	2.16	-1.01
	當地的土地取得價格的合理程度	2.96	3.63	+0.67	當地政府對台商的優惠政策無法兌現風險	3.11	2.26	-0.85
	當地的資金匯兌及利潤匯出便利程度	2.90	3.53	+0.63	當地的外匯嚴格管制與利潤匯出不易風險	2.99	2.16	-0.83
	當地民眾的生活素質文化水準的程度	2.90	3.37	+0.47	當地企業信用不佳、欠債追索不易的風險	2.99	2.21	-0.78
	當地的未來總體發展及建設規劃的完善程度	3.02	3.42	+0.40	當地的水電、燃氣、能源供應不穩定的風險	3.17	2.42	-0.75
	當地民眾生活條件及人均收入較於一般水平	3.08	3.37	+0.29	員工缺乏忠誠度造成人員流動率頻繁風險	3.05	2.37	-0.68
無錫市區	當地民眾生活條件及人均收入較於一般水平	3.05	3.88	+0.83	當地的勞工抗議、抗爭事件頻繁發生的風險	3.00	2.21	-0.79
	台商企業在當地之勞資關係和諧程度	3.00	3.76	+0.76	當地政府對台商的優惠政策無法兌現風險	3.10	2.32	-0.78
	當地有利形成上、下游產業供應鏈的完整程度	2.95	3.97	+0.72	當地政府對保護主義農導致產業雙利風險	2.95	2.18	-0.77
	當地的海關行政效率	3.05	3.68	+0.63	機構無法有效執行司法及仲裁結果風險	3.10	2.38	-0.72
	當地的專業及技術人才供應充裕程度	2.90	3.47	+0.57	當地企業信用不佳、欠債追索不易的風險	3.05	2.35	-0.70
	當地的城市建設國際化程度	3.25	3.62	+0.37	員工缺乏忠誠度造成人員流動率頻繁風險	3.05	2.56	-0.49
南京江寧	當地的土地取得價格的合理程度	3.23	3.86	+0.63	台商企業貨物通關受當地海關行政阻擾風險	2.74	1.86	-0.88
	當地政府對智慧財產權重視的態度	3.10	3.68	+0.58	當地人身財產安全受到威脅的風險	2.45	1.86	-0.59
	當地的社會治安	3.57	3.82	+0.25	員工缺乏忠誠度造成人員流動率頻繁風險	2.32	2.05	-0.27
徐州	當地的土地取得價格的合理程度	2.92	3.82	+0.90	當地發生勞資或經貿糾紛不易排解的風險	2.97	2.32	-0.65
	當地的醫療、衛生、保健設施的質量完善程度	3.07	3.68	+0.61	員工缺乏忠誠度造成人員流動率頻繁的風險	2.85	2.51	-0.34
	當地的資金匯兌及利潤匯出便利程度	3.09	3.67	+0.58	當地適任的員工招募與留用不易的風險	2.84	2.51	-0.33
昆明	民眾生活條件及人均收入相較於一般水平	3.19	4.00	+0.81	當地經營企業維持人際網絡成本過高的風險	3.34	2.42	-0.92
	當地政府對智慧財產權重視的程度	3.09	3.37	+0.28	當地的運輸、物流、通路狀況不易掌握風險	3.11	2.21	-0.90
	當地的資金匯兌及利潤匯出便利程度	3.31	3.42	+0.11	當地的水電、燃氣、能源供應不穩定的風險	3.08	2.61	-0.47

四、TEEMA 2006-2007城市綜合實力排名下降幅度最大分析

2006-2007《TEEMA調查報告》針對88個列入2007評估調查城市之綜合實力排名分析結果顯示，從表8-6中得知，排名下降名次最多的城市是汕頭，由2006年的「值得推薦」（23名），下降到2007年「勉予推薦」的【C】級城市（74名），排名名次總共下降了51名，其次是上海浦東由2006年的「極力推薦」（14名），下降到2007年「值得推薦」的【B】級城市（45名），排名名次總共下滑了31名。2006與2007排名變化幅度下降前10名的城市依序為：汕頭、上海浦東、廣州市區、蘇州常熟、泰州、珠海、武漢武昌、泉州、北京市區、深圳龍崗。其中除了蘇州常熟、泉州兩個城市是2006-2007列於同一推薦等級，但名次下降外，其餘的8個城市都是屬於推薦等級下降的城市。

2007《TEEMA調查報告》針對前述城市綜合競爭實力排名下降前5名城市，依據其「投資環境力」與「投資風險度」的細項評估指標變化較顯著的項目加以差異分析，其結果如表8-7所示。有關2006-2007《TEEMA調查報告》城市綜合實力排名下降前5名城市之剖析如下：

1.就「汕頭」排名下降的理由：在《TEEMA調查報告》歷程中，汕頭從2004、2005均列入【A】級「極力推薦」城市，2003、2006為【B】級「值得推薦」但2007年卻落到【C】級「勉予推薦」城市，造成此降幅的主要原因是因為2006-2007年，汕頭城市發生許多當地老百姓因為政府拆遷補償的問題所發生的抗爭事件，如汕尾事件、谷饒鎮徵地衝突事件，潮南區、澄海區村民大規模漸追討土地引發警民衝突事件，影響汕頭形象，加上汕頭具有強烈的「抱團主義」，因此外來者較難融入汕頭，而從投資環境力與投資風險度的細項指標分析發現，「當地的商業及經濟發展程度」以及「當地的城市建設國際化程度」下降的程度最高，分別達到0.47與0.40。

2.就「上海浦東」排名下降的理由：在《TEEMA調查報告》中，2003、2004浦東都居【B】級「值得推薦」城市，2005、2006則躍升【A】級「極力推薦」城市，但2007年又下滑回到【B】級之評價，這與浦東發展過程大力吸引Fortune 500強企業為重心有關。因為浦東以其國際金融發展的定位，大力引進全球跨國企業總部落戶，而台資企業畢竟規模不如全球跨國企業，因此政府的心力

自創品牌贏商機──2007年中國大陸地區投資環境與風險調查

與心思自然投向跨國企業。此外，上海浦東正朝向一個金融試驗區發展，加之台商金融產業是政府限制類的產業，傳統的製造業雖然能夠到浦東張江高科技園區投資，但相對於上海政府定位以跨國企業的思維，似乎有產業上的落差，這就是造成台商對上海浦東新區評價下降的主因。

3.就「廣州市區」排名下降的理由：廣州市區在《TEEMA調查報告》2003-2007年之間，僅有2003、2006列名【B】級「值得推薦」城市，2004、2005、2007則都列入【C】級「勉予推薦」城市之列，當2006年廣州市區列名【B】級城市時，《TEEMA調查報告》曾提出台商們的評價認為廣州市區得利於「泛珠三角州」的經濟發展核心，具有整合泛珠三角的經濟優勢，但此雀躍聲猶在，2007年廣州市區的評價卻又下降到【C】級。根據2007《TEEMA調查報告》顯示，主要是由於這一年來廣州的房價上漲極為快速，加上商業的發展非常迅猛，因此所有土地、商務、營運成本都跟著增加，而廣東省又提出對高污染、高耗能、低產值、低創新的企業進行「騰籠換鳥」的產業升級計畫，迫使許多傳統的台商製造業面臨嚴重的生存問題，因此就有些情緒性上的評估。

表8-6　TEEMA 2006-2007城市綜合實力推薦排名下降分析

排名	城　市	2007		2006		2006-2007
		排名	推薦等級	排名	推薦等級	排名等級差異
❶	汕　頭	74	勉予推薦	23	值得推薦	↓ 51 (B→C)
❷	上海浦東	45	值得推薦	14	極力推薦	↓ 31 (A→B)
❸	廣州市區	68	勉予推薦	37	值得推薦	↓ 31 (B→C)
❹	蘇州常熟	48	值得推薦	22	值得推薦	↓ 26 (B→B)
❺	泰　州	67	勉予推薦	43	值得推薦	↓ 24 (B→C)
❻	珠　海	53	勉予推薦	35	值得推薦	↓ 18 (B→C)
❼	武漢武昌	58	勉予推薦	40	值得推薦	↓ 18 (B→C)
❽	泉　州	40	值得推薦	24	值得推薦	↓ 16 (B→B)
❾	北京市區	54	勉予推薦	38	值得推薦	↓ 16 (B→C)
❿	深圳龍崗	80	暫不推薦	64	勉予推薦	↓ 16 (C→D)

表8-7 TEEMA 2006-2007城市推薦等級下降細項評估指標變化分析

城市	投資環境力細項評估指標	2006	2007	變化	投資風險度細項評估指標	2006	2007	變化
汕頭	當地的商業及經濟發展程度	2.63	3.10	-0.47	當地的水電、燃氣、能源供應充應不穩定的風險	2.88	2.52	+0.36
	當地的城市建設國際化程度	2.63	3.03	-0.40	當地員工道德操守造成台商企業營運損失風險	2.94	2.72	+0.22
	當地環境適合台商發展內需、內銷市場的程度	2.63	2.97	-0.34	當地台商因經貿、稅務糾紛被羈押的風險	2.56	2.38	+0.18
	當地的污水、廢棄物處理設備完善程度	2.69	2.97	-0.28	當地的外匯嚴格管制與利潤匯出不易的風險	2.81	2.65	+0.16
上海浦東	當地的環保法規規定適宜且合理程度	3.20	3.45	-0.25	當地的地方稅賦政策變動頻繁的風險	3.05	2.29	+0.76
	當地政府政策穩定性及透明度	3.19	3.42	-0.23	當地政府以不當方式要求台商回饋的風險	3.08	2.36	+0.72
	民眾及政府歡迎台商投資設廠態度	3.66	3.87	-0.21	與當地政府協商過程難以掌控的風險	3.10	2.39	+0.71
	當地倉儲、物流、流通相關商業設施完備程度	3.56	3.72	-0.16	當地跨省運輸不當收費頻繁的風險	2.98	2.29	+0.69
	當地的社會治安	3.63	3.73	-0.10	當地經營企業維持人際網絡成本過高的風險	3.08	2.39	+0.69
廣州市區	當地民眾的生活素質及文化水準的程度	2.64	3.53	-0.89	當地企業信用不佳欠債追索不易的風險	3.21	2.44	+0.77
	當地政府對產權維護重視的態度	2.55	3.11	-0.56	當地員工缺乏忠誠度造成人員流動率頻繁風險	3.48	2.74	+0.74
	當地的醫療、衛生、保健設施的質量完備程度	2.91	3.46	-0.55	當地員工道德操守造成台商企業營運損失風險	3.33	2.66	+0.67
	當地政府對智慧財產權保護的態度	2.76	3.29	-0.53	當地經營企業維持人際網絡成本過高的風險	3.21	2.55	+0.66
	金融體系完善程度且資金貸款取得便利程度	2.88	3.40	-0.52	當地適任的員工招募與留用不易的風險	3.00	2.52	+0.48
蘇州常熟	當地的土地取得價格的合理程度	3.36	4.35	-0.99	當地員工缺乏忠誠度造成人員流動率頻繁風險	2.76	1.73	+1.03
	當地的地理位置適合企業發展的條件	3.48	4.45	-0.97	當地員工道德操守造成台商企業營運損失風險	3.12	2.14	+0.98
	民眾及政府歡迎台商投資設廠態度	3.32	4.29	-0.97	當地政府以不當方式要求台商回饋的風險	2.72	1.82	+0.90
	當地通訊設施、資訊設施、網路建設完善程度	3.48	4.38	-0.90	台商企業貨物通關時，受當地海關行政阻撓風險	2.52	1.63	+0.89
	當地水資源、礦產資源豐富程度	3.56	4.4	-0.84	當地經營企業維持人際網絡成本過高的風險	2.64	1.78	+0.86
泰州	當地的政策優惠條件	2.95	4.57	-1.62	當地台商因經貿、稅務糾紛被羈押的風險	3.00	1.29	+1.71
	當地的官員守清廉程度	3.16	4.69	-1.53	當地經營企業維持人際網絡成本過高的風險	2.79	1.26	+1.53
	當地的海關行政效率	3.26	4.75	-1.49	當地政府保護主義嚴重影響台商獲利的風險	2.95	1.43	+1.52
	民眾及政府歡迎台商投資態度	3.26	4.69	-1.43	當地人身財產安全受到威脅的風險	2.84	1.32	+1.52
	當地的工商管理、稅務機關行政效率	3.11	4.54	-1.43	當地常以刑事經濟案件的風險	2.74	1.29	+1.45
	當地政府對智慧財產權重視的態度	3.11	4.54	-1.43	當地政府以不當方式要求台商回饋的風險	2.68	1.23	+1.45

4.就「蘇州常熟」排名下降的理由：蘇州常熟從2005年才開始列入《TEEMA調查報告》之評估，2005-2007該城市的評價都是列入【B】級「值得推薦」城市之列，只是在同一等級裡面名次的變化，畢竟依托大蘇州的產業結構，常熟的投資環境還是得到台商的肯定，但排名下滑的主因可能是因為「當地的土地取得價格的合理程度」該指標2007年比2006年下降了0.99，這也許是很多蘇南城市面對的困境，因為整體經濟成長後，土地的需求極為稀缺所致。

5.就「泰州」排名下降的理由：泰州在《TEEMA調查報告》的評估結果，2003、2004都列為【D】級「暫不推薦」的城市，2005升至【C】級「勉予推薦」的城市，而2006更提升至【B】級的「值得推薦」城市。然而泰州的產業定位模糊，沒有很清晰的樹立起支柱型產業，面臨長三角重要城市的競爭，泰州的排名自然又回落到【C】級「勉予推薦」城市。在投資環境力與投資風險度的細項評估指標中，2007《TEEMA調查報告》發現，2007年比2006年下降幅度最大的指標依序為：「當地的政策優惠條件」(-1.62)；「當地的官員操守清廉程度」(-1.53)；「當地的海關行政效率」(-1.49)。

五、TEEMA 2000-2007中國大陸城市綜合實力 「極力推薦」最優排名

電電公會從2000-2007總共進行8次的「中國大陸投資環境與風險評估」調查，每年出版的《TEEMA調查報告》都能夠引起台商及中國大陸地方政府官員的重視。因此，列入台商推薦等級的城市已經成為台商進入中國大陸進行投資的重要參考依據，這8年來《TEEMA調查報告》跟其他中國城市競爭力評估報告最大的差別，就是在於《TEEMA調查報告》是一份純粹從台商觀點出發，剖析中國大陸城市綜合實力的專業性報告，除了有各城市的次級資料分析外，最重要的就是透過問卷與深入訪談了解台商對中國大陸城市的評價，這是重要的初級資料蒐集，因此為了了解中國大陸城市在《TEEMA調查報告》2000-2007期間列入【A】級「極力推薦」，與【D】級「暫不推薦」城市次數及名次進行排名，以提供經略中國大陸的台商或外商企業，進入中國大陸投資時有一整體的理解。

《TEEMA調查報告》為了解2000-2007這8年中的推薦城市總排名，排名的先後次序是根據該城市在2000-2007列入《TEEMA調查報告》極力推薦等級次數

作為第一層評估指標。如果次數相同，則依歷年來該城市進入極力推薦等級之排名分數加總，而得到等級總分此一指標作為第2層評估指標。等級總分越小，排名越靠前，表示極力推薦的優先度越高。因此，將2000-2007極力推薦總排名整理如表8-8所示。

表8-8　TEEMA 2000-2007中國大陸城市綜合實力「極力推薦」最優排名

排名	城　　市	省　市	區　域	年度	等級總分
❶	杭州蕭山	浙江省	華東地區	7	39
❷	蘇州市區	江蘇省	華東地區	7	48
❸	蘇州昆山	江蘇省	華東地區	6	22
❹	寧波市區	浙江省	華東地區	6	50
❺	揚　州	江蘇省	華東地區	6	58
❻	成　都	四川省	西南地區	5	40
❼	青　島	山東省	華北地區	5	47
❽	大　連	遼寧省	東北地區	5	64
❾	無錫市區	江蘇省	華東地區	4	15
❿	上海閔行	上海市	華東地區	4	24
⓫	南　昌	江西省	華中地區	4	50
⓬	無錫江陰	江蘇省	華東地區	3	15
⓭	天津市區	天津市	華北地區	3	21
⓮	濟　南	山東省	華北地區	3	39

2000-2007列入中國大陸城市綜合實力「極力推薦」最優排名的前10名城市分別為：1.杭州蕭山；2.蘇州市區；3.蘇州昆山；4.寧波市區；5.揚州；6.成都；7.青島；8.大連；9.無錫市區；10.上海閔行。其中，有7個城市都是屬於「長三角」的主要城市，而成都則是中國大陸西部重要的商業城，其具有「西部大開發」核心城市的概念，青島則是環渤海的閃耀明珠，加上它獨特的地理地位與人文特質，一直是得到台商的肯定。大連則是「振興老東北」重要的排頭賓與領頭羊，尤其大連的建設和城市的美化，都會讓城市商業連鎖服務業的台商對它產生深刻的印象。此外，「蘇州市區」和「杭州蕭山」能有7次列入「極力推薦」城市之林，實屬難得。所謂「上有天堂，下有蘇杭」的古諺，絕非子虛，加上「蘇

州昆山」、「寧波市區」與「揚州」都是6次進榜，而這些城市亦是在「魚米之鄉」的江浙大地，顯示吳越文化所標榜的精緻、細緻的思維，已經得到台商們的高度肯定。

從2000-2007已有6次列入「極力推薦」等級的蘇州昆山，該城市與台資企業的發展密不可分，而且由於歷任的蘇州昆山領導都能夠以清晰的戰略思路隨著台商佈局的階段調整城市的定位，2006年蘇州昆山傲人的經濟發展成果，形成了「一二三四」的經濟發展格局：1.城市GDP接近1,000億人民幣；2.人均GDP按戶籍計算，接近2萬美金；3.城市工業總產值突破3,000億人民幣，居江蘇省之首位；4.進出口總值突破4,000億美金，居全國城市第8名；除這些經濟性指標以外，昆山之所以能夠得到台資企業的高度認同與評價，其主要的理由如下列所述：

1.昆山市政府提出地方官員必須要：「要看到差距，要有危機意識」，2003年昆山在《TEEMA調查報告》的排名從2002年的A04下降到B14，排名足足下降了20名。此一排名結果震撼了昆山政府，經過與台商協會的座談，傾聽台商的建言，提出「應興應革」的意見，並依據《TEEMA調查報告》的台商反映結果加以改善，這一舉措使昆山2004年躍居A08，2005、2006都保持在A03，2007更上層樓排名A02，顯示「一個懂得自省、自惕、自勵的城市，是充滿希望與未來的」，從昆山的排名變化過程得到了映證。

2.昆山的城市定位與台商的升級和轉型高度契合，從「製造昆山」、「創造昆山」朝「服務昆山」、「世界辦公室」、「中國服務外包城市」的定位轉型。昆山掌握了外在環境變化的脈動，尤其積極發展「花橋商務區」，依照「融入上海、面向世界、服務江蘇」的要求，充分發揮「上海的區位優勢、江蘇的政策優勢、昆山的成本優勢」，積極推進「花橋國際商務城」建設，加快建設昆山成為「國際大都市的衛星商務城」，此一規劃，亦得到當地台商的高度肯定，因為只有國際化、宜居化、融合化，才能夠讓台商與外商融入昆山當地的生活。

3. 昆山提出「三自戰略」的發展模式，即「自我創業、自主創新、自創品牌」的昆山之路模式，其中自主創新是昆山重要的政策方向、是昆山強筋健骨的一劑新藥、是昆山超越低成本競爭階段的必然要求、是新國際分工模式下昆山提升區域競爭力的必然要求、是昆山創建「先發優勢」。培育長期競爭力的必然要求，在昆山提出自主創新之際，更重視智慧財產權保護。2007年6月18日昆

山人民法院知識產權審判庭正式成立，此一機制讓智慧財產權的保護正式走向專業化、規範化之路，這也使得台商未來在中國大陸佈局「微笑曲線」(smiling curve)兩端更有保障。

4. 根據昆山台商協會主要幹部的心聲，昆山確實是一個能夠落實「親商、安商、富商」的政府，許多台商發生的經貿糾紛都能夠在最快的時間與當地領導「零時差」的溝通，且能夠得到「不迴避」的正面解決，因此昆山許多台商都認為「效率、速度」是昆山該城市的一張亮麗名片。

六、2000-2007中國大陸城市綜合實力「暫不推薦」最劣排名

列入暫不推薦的城市的總排名，係依據歷年進入暫不推薦排名的次數作為第一層的評估指標，而以等級總分最作為第2層的評估指標，等級總分越高，代表暫不推薦的排名越先。

依《TEEMA調查報告》2000-2007中國大陸城市綜合實力「暫不推薦」等級最劣排名表8-9顯示，8年來總評估最不受推薦的前5名城市分別為：1.東莞市區；2.惠州；3.東莞長安；4.東莞其他；5.東莞樟木頭；這些城市都是屬於東莞的鎮區，然而，東莞市是台商企業早期進入中國大陸首選的城市，目前台資企業的家數僅次於大蘇州地區，但由於東莞開放較早，優惠政策對很多台商而言，可能都已經到期了且使用殆盡，因此必須思索利用其他城市的優惠政策佈局。

東莞是台商投資最密集的地區，將近有6,000家的台資企業在東莞投資，然而早期赴中國大陸投資的台商企業，由於地緣的關係、兩岸政治緊張的考量，以及產業鏈整體外移的群聚效應，因此選擇珠三角的東莞是1990年以前台商的最愛。然而這幾年來珠三角的投資環境在政府的寬鬆政策之下，引發一些投資的不規範，以及當地官員的行政操守透明度的疑慮，加之珠三角大面積的缺電，造成製造業的製造程序安排，無法按照原先既定的排程，因此這幾年來，東莞的幾個鎮區包括石碣、厚街、長安、樟木頭、清溪、虎門都在TEEMA的歷年調查報告中被列為「勉予推薦」或「暫不推薦」的城市。2007年《TEEMA調查報告》顯示5個受評的東莞城區列入「勉予推薦」的有東莞虎門(C12)，以及列入「暫不推薦」的有東莞厚街(D01)、東莞石碣(D02)、東莞市區(D05)、東莞長安(D11)。

表8-9　TEEMA 2000-2007中國大陸城市綜合實力「暫不推薦」最劣排名

排名	城　　市	省　市	區　域	年度	等級總分
❶	東莞市區	廣東省	華南地區	5	24
❷	惠　州	廣東省	華南地區	4	18
❸	東莞長安	廣東省	華南地區	3	23
❹	東莞其他	廣東省	華南地區	3	22
❺	東莞樟木頭	廣東省	華南地區	3	21
❻	泉　州	福建省	華南地區	3	10
❼	深圳龍崗	廣東省	華南地區	3	8
❽	東莞石碣	廣東省	華南地區	3	7
❾	泰　州	江蘇省	華東地區	2	15
❿	南　寧	廣西	西南地區	2	10
❿	哈爾濱	黑龍江省	東北地區	2	10

　　由於這幾年《TEEMA調查報告》的結果，讓很多台商企業到東莞投資家數的成長速度開始漸漸趨緩，其實這也是一個給當地政府改善投資環境的暮鼓晨鐘，希望藉由台商們心聲的反映，能夠讓當地政府體會到早期東莞的成長，是靠台商的大力投資以及胼手胝足、篳路藍縷、開疆闢土的結果，尤其最近東莞台商企業在企業成長、發展、擴廠之際，考量投資的地點，東莞已經不再是他們擴廠的首選，大部分的東莞台資企業會尋求到缺電現象較緩和的長三角、環渤海地區作為下一個階段佈局中國大陸的重要城市，甚至於有些東莞的台資企業基於全球佈局的考量，已經將企業移往勞動力成本較為便宜的越南、柬埔寨作為下一個加工的基地或製造的中心。

七、TEEMA 2007中國大陸57個地級城市綜合實力排行

　　2007《TEEMA調查報告》為探討中國大陸直轄市及副省級城市綜合實力排行，對88個城市進行城市的合併，共計有4個直轄市、13個副省級城市、2個地級市，其統計分析如表8-10所示。

表8-10 TEEMA 2007中國大陸57個地級城市綜合實力排名

排名	城市	省市	區域	❶城市競爭力 加權評分	排名	❷投資環境力 加權評分	排名	❸投資風險度 加權評分	排名	❹台商推薦度 加權評分	排名	城市綜合實力 綜合評分	排名
01	蘇州	江蘇省	華東地區	75.77	09	4.07	02	1.98	02	4.27	03	94.57	A01
02	無錫	江蘇省	華東地區	67.92	16	4.05	05	2.07	05	4.44	02	89.88	A02
03	杭州	浙江省	華東地區	81.57	06	3.88	08	2.10	07	4.13	06	85.58	A03
04	成都	四川省	西南地區	69.07	14	4.07	03	2.23	12	4.61	01	84.52	A04
05	青島	山東省	華北地區	73.63	12	3.59	20	2.18	10	3.88	21	83.49	A05
06	南昌	江西省	華中地區	40.17	35	4.06	04	1.99	03	4.02	11	82.67	A06
07	廊坊	河北省	華北地區	11.41	53	4.12	01	1.79	01	4.21	04	82.44	A07
08	大連	遼寧省	東北地區	75.18	11	3.43	29	2.60	29	3.72	26	79.31	A08
09	威海	山東省	華北地區	37.19	39	3.92	06	2.04	04	4.01	12	79.06	A09
10	南京	江蘇省	華東地區	81.38	07	3.79	11	2.21	11	4.07	08	77.81	A10
11	天津市	天津市	華北地區	85.95	05	3.76	13	2.26	13	4.01	14	76.80	A11
12	揚州	江蘇省	華東地區	30.18	45	3.89	07	2.07	06	4.00	16	76.61	A12
13	寧波	浙江省	華東地區	73.00	13	3.70	14	2.48	22	4.04	09	73.24	B01
14	濟南	山東省	華北地區	66.50	17	3.81	09	2.50	24	3.93	18	69.36	B02
15	廈門	福建省	華南地區	60.95	20	3.62	18	2.68	37	3.98	17	68.20	B03
16	徐州	江蘇省	華東地區	35.78	41	3.79	10	2.39	18	4.08	07	65.56	B04
17	煙台	山東省	華北地區	55.32	25	3.57	22	2.10	08	3.69	27	65.10	B05
18	嘉興	浙江省	華東地區	38.88	36	3.68	15	2.65	32	4.16	05	59.90	B06
19	桂林	廣西	西南地區	13.58	52	3.59	19	2.13	09	3.67	31	59.77	B07
20	昆明	雲南省	西南地區	51.40	28	3.51	21	2.33	15	3.51	35	59.39	B08
21	上海市	上海市	華東地區	95.77	01	3.51	24	2.74	39	3.90	20	57.46	B09
22	北京市	北京市	華北地區	93.39	03	3.28	35	2.68	36	3.46	38	57.23	B10
23	常州	江蘇省	華東地區	51.39	29	3.50	26	2.40	19	3.60	32	56.64	B11
24	中山	廣東省	華南地區	46.50	33	3.66	16	2.44	21	3.67	28	55.78	B12
25	紹興	浙江省	華東地區	43.72	34	3.48	27	2.27	14	3.61	30	55.48	B13
26	莆田	福建省	華南地區	10.18	54	3.54	23	2.38	17	4.00	15	55.40	B14
27	泉州	福建省	華南地區	38.22	37	3.47	28	2.43	20	3.91	19	54.72	B15
28	重慶市	重慶市	西南地區	61.93	18	3.31	31	2.57	27	3.83	23	52.31	B16

排名	城市	省市	區域	❶城市競爭力 加權評分	排名	❷投資環境力 加權評分	排名	❸投資風險度 加權評分	排名	❹台商推薦度 加權評分	排名	城市綜合實力 綜合評分	排名
29	長沙	湖南省	華中地區	53.90	27	3.28	33	2.52	25	3.78	25	47.30	C01
30	漳州	福建省	華南地區	15.60	51	3.65	17	2.94	48	4.01	13	46.67	C02
31	佛山	廣東省	華南地區	67.94	15	3.51	25	3.14	55	4.04	10	45.66	C03
32	廣州	廣東省	華南地區	93.60	02	3.12	43	2.93	46	3.21	49	44.43	C04
33	珠海	廣東省	華南地區	46.87	32	3.77	12	2.49	23	3.82	24	43.12	C05
34	石家庄	河北省	華北地區	49.77	30	3.28	32	2.61	30	3.27	44	39.83	C06
35	江門	廣東省	華南地區	28.88	46	3.28	34	2.62	31	3.63	29	38.76	C07
36	武漢	湖北省	華中地區	78.07	08	3.21	40	2.67	34	3.21	48	38.53	C08
37	福州	福建省	華南地區	57.95	22	3.22	38	2.90	45	3.45	39	33.49	C09
38	長春	吉林省	東北地區	61.13	19	3.03	48	2.67	33	3.32	41	30.82	C10
39	溫州	浙江省	華東地區	48.53	31	3.26	36	2.94	49	3.50	37	30.78	C11
40	鎮江	江蘇省	華東地區	36.08	40	3.42	30	2.36	16	3.50	36	29.54	C12
41	泰州	江蘇省	華東地區	20.17	50	3.23	37	2.79	42	3.53	34	29.39	C13
42	深圳	廣東省	華南地區	86.57	04	3.11	44	3.01	52	3.26	45	28.15	C14
43	合肥	安徽省	華中地區	37.48	38	3.11	46	2.68	35	3.22	47	27.24	C15
44	南通	江蘇省	華東地區	35.70	42	3.11	45	2.76	41	3.38	40	26.76	C16
45	鄭州	河南省	華中地區	54.57	26	2.86	53	2.59	28	2.97	54	26.01	C17
46	河源	廣東省	華南地區	3.19	57	3.21	39	2.74	38	3.31	42	25.41	C18
47	汕頭	廣東省	華南地區	21.47	49	2.94	50	2.53	26	3.04	52	25.09	C19
48	瀋陽	遼寧省	東北地區	75.41	10	2.93	51	2.87	44	3.11	50	24.24	D01
49	東莞	廣東省	華南地區	57.36	23	3.13	42	3.14	54	3.84	22	23.70	D02
50	宜昌	湖北省	華中地區	22.93	48	3.18	41	3.07	53	3.58	33	22.29	D03
51	岳陽	湖南省	華中地區	9.89	55	3.04	47	2.74	40	3.24	46	19.65	D04
52	哈爾濱	黑龍江省	東北地區	58.91	21	2.97	49	2.99	51	3.02	53	19.35	D05
53	南寧	廣西	西南地區	28.69	47	2.92	52	2.85	43	3.29	43	18.84	D06
54	西安	陝西省	西北地區	55.39	24	2.78	54	2.94	47	3.07	51	17.23	D07
55	惠州	廣東省	華南地區	35.70	43	2.78	55	2.97	50	2.64	56	11.89	D08
56	蘭州	甘肅省	西北地區	32.29	44	2.72	57	3.20	57	2.64	57	5.50	D09
57	北海	廣西	西南地區	5.84	56	2.73	56	3.20	56	2.87	55	2.67	D10

第9章　TEEMA 2007單項指標 10優城市排名分析

　　2007《TEEMA調查報告》除以「城市競爭力」、「投資環境力」、「投資風險度」、「台商推薦度」、「城市綜合實力」等5項主要構面進行城市排行之外，2007《TEEMA調查報告》亦針對台商關切的15項單項主題進行評估，其單項主題的內容如下：

　　1.當地政府行政透明度城市排行

　　2.當地對台商投資承諾實現度城市排行

　　3.當地政府解決台商經貿糾紛滿意度最優城市排行

　　4.當地台商人身安全程度最優城市排行

　　5.最適合從事內銷市場城市排行

　　6.最適宜服務業投資城市排行

　　7.最適宜IT製造業投資城市排行

　　8.當地台商企業獲利程度最優城市排行

　　9.當地金融環境自由化最優城市排行

　　10.當地政府歡迎台商投資的熱情度排行

　　11.最重視自主創新城市排行

　　12.最具誠信道德價值觀的城市排行

　　13.當地政府對台商智慧財產權保護最優城市排行

　　14.當地台商享受政府自主創新品牌最優城市排行

　　15.當地政府鼓勵台商企業自創品牌最優城市排行

　　《TEEMA調查報告》從2006年開始，即公布此一研究成果，單項主題排行已成為台商關切的重心所在，換言之，台商可以根據自身優勢，採取「衡外情，量己力」的策略思維，佈局屬意的中國大陸城市。為延續2006年《TEEMA調查報告》的單項主題排名精神，2007針對上述15項單項主題亦進行了前10大城市排名，茲整理如表9-1所示。

自創品牌贏商機—2007年中國大陸地區投資環境與風險調查

表9-1　TEEMA 2007中國大陸單項主題10大城市排名

單項主題排名	名	①	②	③	④	⑤	⑥	⑦	⑧	⑨	⑩
1 當地政府行政透明程度	城市	蘇州昆山	蘇州工業區	無錫江陰	廊坊	杭州蕭山	成都	揚州	蘇州新區	上海閔行	天津濱海區
	評分	4.38	4.29	4.26	4.22	4.19	4.04	3.93	3.92	3.90	3.88
2 對台商投資承諾實現程度	城市	蘇州昆山	無錫江陰	廊坊	蘇州工業區	杭州蕭山	成都	天津濱海區	南京江寧	上海閔行	蘇州新區
	評分	4.42	4.35	4.28	4.21	4.16	4.13	4.12	4.08	3.94	3.90
3 解決台商經貿糾紛程度	城市	蘇州昆山	無錫江陰	南昌	杭州蕭山	威海	蘇州工業區	天津濱海區	南京江寧	上海閔行	寧波北侖區
	評分	4.33	4.23	4.09	4.06	4.05	4.04	3.99	3.98	3.89	3.85
4 當地台商人身安全程度	城市	無錫江陰	蘇州昆山	廊坊	蘇州工業區	南昌	天津濱海區	杭州蕭山	南京江寧	成都	上海閔行
	評分	4.44	4.32	4.27	4.09	4.08	4.07	4.06	4.05	3.98	3.96
5 最適合從事內銷市場程度	城市	無錫江陰	杭州蕭山	成都	廊坊	上海閔行	無錫宜興	南京江寧	天津濱海區	廈門島內	杭州市區
	評分	4.29	4.28	4.19	4.06	4.05	4.03	3.96	3.94	3.88	3.83
6 最適宜服務業投資城市	城市	上海閔行	杭州市區	青島	成都	大連	南京江寧	南京江寧	濟南	寧波市區	廣州天河
	評分	4.15	4.13	4.05	4.03	4.00	3.94	3.91	3.86	3.84	3.81
7 最適宜IT製造業投資	城市	蘇州昆山	蘇州工業區	廊坊	無錫江陰	杭州蕭山	蘇州新區	天津濱海區	上海閔行	寧波北侖區	無錫市區
	評分	4.26	4.20	4.08	4.04	3.98	3.92	3.85	3.81	3.80	3.76
8 當地台商企業獲利程度	城市	蘇州昆山	寧波北侖	蘇州工業區	杭州蕭山	廊坊	成都	南京江寧	南昌	蘇州新區	揚州
	評分	4.42	4.32	4.25	4.24	4.15	4.12	4.06	4.05	4.01	3.90
9 當地金融環境之自由化	城市	蘇州昆山	蘇州工業區	杭州蕭山	南京江寧	揚州	天津濱海區	南京江寧	蘇州市區	無錫市區	青島
	評分	4.34	4.15	4.11	4.00	3.88	3.85	3.84	3.80	3.75	3.64
10 當地政府歡迎台商投資	城市	蘇州昆山	蘇州工業區	無錫江陰	成都	杭州蕭山	南昌	廊坊	成都	天津濱海區	南京江寧
	評分	4.44	4.40	4.35	4.21	4.17	4.12	4.09	4.02	4.01	3.94
11 最重視自主創新的城市	城市	蘇州工業區	蘇州新區	廊坊	杭州蕭山	杭州蕭山	成都	蘇州新區	成都	廈門島內	寧波北侖區
	評分	4.38	4.30	4.09	4.03	4.02	4.01	4.00	3.95	3.81	3.79
12 最具誠信道德與價值觀	城市	廊坊	蘇州昆山	蘇州工業區	無錫江陰	威海	青島	濟南	揚州	杭州蕭山	蘇州新區
	評分	4.38	4.25	4.02	3.94	3.92	3.85	3.78	3.77	3.74	3.72
13 對台商智慧財產權保護	城市	蘇州昆山	南京江寧	蘇州工業區	廊坊	南昌	揚州	蘇州新區	成都	天津濱海區	天津濱海區
	評分	4.25	4.24	4.13	4.10	3.87	3.83	3.81	3.78	3.77	3.76
14 台商享受當地自主創新獎勵	城市	蘇州昆山	蘇州工業區	寧波北侖區	杭州蕭山	南昌	中山	蘇州新區	廊坊	揚州	成都
	評分	4.32	4.30	4.19	4.11	3.87	4.08	4.03	4.00	3.95	3.90
15 政府鼓勵台商自創品牌	城市	蘇州工業區	蘇州昆山	濟南	蘇州新區	杭州蕭山	天津市區	成都	寧波北侖	上海嘉定	廈門島內
	評分	4.56	4.38	4.28	4.23	4.22	4.14	4.13	4.12	4.11	4.06

第二篇

自創品牌——
TEEMA 2007年度專題贏商機

第10章 中國大陸推動自創品牌政策與措施

一、中國大陸發展自創品牌現況分析

世界經濟已經進入全球化的品牌競爭時代，品牌弱國在日益慘烈的國際經濟競爭中，將越來越喪失盈利的基礎。沒有享譽世界的自創品牌，在國際分工中只能為外國知名品牌代工，在這種模式下絕大部分利潤流入擁有知名品牌的國外企業。歸納目前中國大陸品牌發展上的現況有：

現況一：製造貿易大國，品牌小國

中國大陸雖然已是世界貿易大國，但貨物出口的55%是加工貿易，具有自創品牌的產品出口不到10%，高新技術產品出口的90%來自外商投資企業。2006年8月在中國大陸舉行的自主創新品牌高峰會上，評出了中國大陸品牌建設10大功勳人物，但中國大陸「貼牌大國」的形象並沒有因為一些優秀自創品牌的出現而有所改變。

現況二：核心技術與知識產權的缺乏

改革開放以來，中國大陸一直認為以市場換技術，但是市場讓出去了，核心技術沒有進來，所以中國大陸開始提出了自主創新、自創品牌。近年來，雖然越來越多的中國大陸企業開始擁有自創品牌產品，但由於缺乏核心技術的知識產權，自創品牌的附加值仍然偏低，有無品牌差別不大，品牌僅僅為一個商標。全國擁有自主知識產權核心技術的企業，僅佔萬分之三，99%的企業沒有申請專利，60%的企業沒有自己的商標。因為缺少自主知識產權和自創品牌，在國際產業分工中只能獲得微小利潤，卻承擔著很高的經濟風險。「中國大陸製造」亟需在核心技術層面上提升自主創新能力。

現況三：自創品牌國際知名度低，壽命短，出口數量少

中國大陸品牌發展尚處於起步階段，知名品牌數量少，品牌生命周期短，自主創新能力弱。2006年由世界品牌實驗室評選世界品牌500強中，中國大陸僅有海爾、聯想、CCTV、長虹、中國移動和中鐵工程6個品牌入選。即使每年新增上萬個品牌，但能夠生存發展並形成較大影響力的品牌並不多。中國大陸企業的平均壽命僅7.3年，而品牌的生命力平均更是不足2年。據聯合國開發計畫署統計，目前參與國際市場的中國大陸企業中，擁有自創品牌的不到20%，自創品牌出口額在全國出口額中的比重不足10%。在中國大陸即使像「海爾」這樣的品牌，海外銷售額也不到10億美元，只占其銷售額的10%。

二、中國大陸揭示自創品牌背景探討

從全球市場形勢來看，中國大陸市場與國際市場的界線越來越模糊，中國大陸企業同跨國公司的競爭最終要歸結為品牌競爭。上個世紀80年代，龐大的中國大陸市場需求曾造就了一大批產品類企業，而今其中的許多企業已銷聲匿跡。因為這些企業無品牌追求、更無國際化訴求的必然結果。這說明，龐大的中國大陸市場規模如同一把雙刃劍：一方面，它具有激勵企業投資、再投資的作用，因此是產業國際競爭力的一大優勢；另一方面，它所帶來的豐富機會也可能導致企業喪失向外拓展的意願，因此成為不利於國際競爭的因素。海爾集團目前之所以能夠在國際市場上形成一定的品牌競爭力，就在於它一直堅持把品牌培育和國際化拓展作為並行不悖的2大目標。尤其加入WTO以來，中國大陸成為全世界矚目的市場焦點，世界品牌紛紛進駐，而其本身自創品牌則受到經濟全球化的巨大衝擊和挑戰，不少被引以為自豪的自創品牌在市場經濟的激烈競爭中敗下陣來，被淘汰出局。因此唯有利用本身市場優勢，建立品牌優勢，才有機會能與世界名牌一較高下。在中國大陸提倡自創品牌的背後，有以下幾個背景因素：

背景一：國家競爭力提升的壓力

在經濟全球化潮流中，技術、產品和服務可以跨越國界流動，但品牌屬於企業、屬於民族、屬於國家。沒有強勢的品牌自主權就無法在市場競爭中取得發言權。品牌是一國綜合國力和經濟實力的表現，如果沒有品牌作龍頭，就必然處在國際分工的尾端，沒有競爭力，在國際交換中流失大量的利益。

背景二：世界工廠的利潤微薄

中國大陸是公認的「世界工廠」，可是這個工廠每年為自己謀取的利潤在國際範圍內的利潤對比中根本不值得一提。「增產卻不增收，繁榮而不富裕」，當中國大陸企業為產品拚命宣傳時，賺的卻是生產線下游可憐的毛利，而憑藉不斷創新的技術優勢，國外大企業則輕鬆將利潤的最大部分收入囊中。

背景三：加入WTO成為國際市場的一分子

「品牌」在中國大陸成為熱門話題，這與經濟全球化、中國大陸加入WTO有關。2001年11月11日，中國大陸正式成為世界貿易組織的成員，中國大陸市場成為世界市場的一部分。在全球經濟一體化背景下，先進國家的成熟品牌紛紛進駐中國大陸，國際資本、商品、服務跨越國界，在全球範圍內尋找最佳市場，在加入WTO之後，更多的外國經營組織、產品紛紛而至。中國大陸國際名牌協會會長解艾蘭說，世界最有影響力的100個品牌中，80%都已經進入或者打算進入中國大陸市場，國際競爭要求中國大陸企業要積極參與。

背景四：中國大陸消費力的迅速提升

中國大陸從世界勞力工廠轉變為誘人的世界消費市場，最主要的原因就是中國大陸十幾年來快速的累積財富。最近中國大陸官方才公佈中國大陸2004年的國民生產毛額應該上調達16兆人民幣，相當於1兆9000億美元，這數字比之前公佈的多了2,650億美元，最主要的原因，就是過去沒有把服務消費計算在內。餐飲、服飾、裝潢等服務消費，都因為生活水準提升而增加，在新增的2650億美元中，93%是來自服務業。事實上中國大陸的生活消費實力，超出預期。

三、「十一五規劃」核心之兩自戰略：「自主創新」與「自創品牌」

中國大陸政府由於基於以上的背景壓力下，開始針對品牌提出相關政策方針。而隨著經濟與科技全球化的加速，自主創新能力已經成為中國大陸面對世界級企業競爭的關鍵因素。「兩會」以來，中國大陸政府把自主創新、自創品牌與自主創新能力建設、產業結構等，提升到國家發展與國際競爭的戰略高度。在2006年中國大陸政府首次把「自主創新」和「自創品牌」的兩自戰略，納入了國家中長期發展規劃的「十一五」規劃中。在「十一五」規劃中明確提出，5年內

要突出科學發展，突出自主創新，把知識產權提升到國家戰略的高度加以強調，全力開發具有自主知識產權的核心技術和知名品牌。從過去偏重於「招商引資、貼牌生產」轉向「招商引資、貼牌生產」與「自主創新、自創品牌」並重，未來要更加注重「自主創新、自創品牌」。

中國大陸中央經濟工作會議將「全面增強自主創新能力，不斷推進產業結構調整」作為2006年經濟工作的8項主要任務之一。自主創新和自創品牌兩者是相輔相成、互相促進的關係。自主創新是品牌生生不息、持續發展的動力源，自創品牌的發展則可以促進自主創新意識的增強與自主創新能力的提高。而品牌的創新，首先必須有技術的創新，技術創新是品牌創新的前提，離開了技術創新，品牌就不可能有創新。

中國大陸商務部在2006年10月公布了《商務發展第十一個五年規劃綱要》，為商務領域第一個中長期總體發展規劃，其中提出了「十一五」期間中國大陸商務領域將實現6大發展目標：一是基本形成統一開放的大市場，二是國內流通業實現快速發展，三是外貿增長方式實現重大轉變，四是服務貿易實現快速發展，五是外商投資效益明顯提高，六是「走出去」戰略實現重大發展。在以上6大目標下，企業自主品牌的重點將放在以下4個環節的推動：1.以自主創新為核心，以品牌、技術和行銷為重點，打造新的核心競爭力；2.傳統勞動密集型產品重點依託品牌戰略；3.企業要加快建立自主性國際行銷網絡；4.大力扶持民營企業自主開拓國際市場。

其目標為到2010年，自創知名品牌的國內市場比重超過60%；自創品牌出口占全國出口總額的比重超過20%；形成10個以上進入世界品牌500強的自創品牌，20家自創品牌出口額在5億美元以上的重點出口企業集團，50家自創品牌出口額5億美元以上的重點出口企業集團，200家自創品牌出口額在1億美元以上的大型企業。

為了貫徹中國大陸中央經濟工作會議提出的加快實施品牌戰略，推動外貿增長方式轉變的精神，中國大陸商務部採取樹立自創品牌典範、提供政策支持等措施，從2006年開始大力實施品牌戰略。在品牌戰略的實施過程中，主要實踐在「推進」與「營造」2個方面。所謂「推進」，就是指規劃制定明確的經濟發展目標和產業政策，加強對名牌企業的扶植，促進提升競爭能力的產業整合，推進

名牌產品和名牌企業在市場中發展壯大。所謂「營造」，主要是指品牌策略的順利實施需要政府努力營造適合品牌成長的環境和土壤，這不僅需要政府積極完善市場經濟體制，創造公正、良好的市場環境，還需要政府加快品牌事業的相關立法，在完善品牌評價與推廣體系的同時，加強對品牌的保護和對偽劣假冒品的取締。

四、「十一五規劃」期間自創品牌政策的主要目標與措施

中國大陸國家質檢總局為了貫徹16屆五中全會關於「儘快形成一批擁有自主知識產權和知名品牌、國際競爭力較強的優勢企業」的精神，落實10屆全國人大四次會議《政府工作報告》提出的「大力實施品牌戰略，鼓勵開發具有自主知識產權的知名品牌」的要求，推動國民經濟又快又好地發展，於2006年6月就進一步加快實施名牌戰略，提出關於十一五期間自創品牌政策的主要目標與措施，整理如表10-1、10-2。

表10-1 十一五期間自創品牌政策的主要目標

主要目標	內容
❶ 產品品質水準明顯提升	通過引導和鼓勵企業爭創名牌產品，促進企業提高產品品質和管理水準，力爭使全國有一批具優勢的產品品質達到國際先進水準，帶動全國品質總體水準和競爭力的提高。
❷ 自主創新能力明顯提升	形成一批自主創新能力強，科技含量高，在核心技術和關鍵技術上擁有自主知識產權的名牌產品。
❸ 優勢品牌的國際競爭力明顯提升	在輕工、紡織、機電、資訊、石化、航太、航空、船舶、材料等產業形成10個左右擁有自主知識產權、國際競爭力較強、品牌知名度較高、在國際市場佔有一定比重的世界級品牌。
❹ 名牌產品的帶動力明顯提升	通過培育具有集聚效應的中國大陸名牌產品，促進資源優化配置，推動企業做大做強，壯大特色產業集群，帶動經濟發展。
❺ 自主品牌出口的比重明顯提升	圍繞轉變對外貿易增長方式，優化出口產品結構，在有一定基礎的重點行業和關鍵領域，加大自創品牌出口的推進力度，培育100個向世界級品牌進軍的中國大陸自創品牌。初步改變中國大陸為製造大國、品牌弱國的現狀。

資料來源：(2006)中國國家質檢總局《關於進一步加快實施名牌戰略的意見》

表10-2　十一五期間自創品牌政策的主要措施

主要措施	內容
❶ 發揮企業主體作用，加強自創品牌建設	1.不斷提高自主創新能力。 2.切實加強品質管制。 3.加強人才培養。 4.加強品牌經營。
❷ 完善法規，加強政策引導和扶持	1.實施國家技術標準戰略。 2.建立品質獎勵制度。 3.建立品質誠信體系，提高名牌產品的品質信用。 4.加強技術服務，支援名牌產品生產企業擴大出口。 5.加強品牌建設研究，提高名牌產品國際競爭力。
❸ 努力營造有利於自創品牌成長發展環境	1.加大打擊假冒偽劣產品力度，營造有利於名牌成長的市場環境。 2.加大實施名牌戰略的宣傳力度，增強全社會品牌意識。 3.加大自主知識產權的開發和保護力度。
❹ 進一步加強對實施名牌戰略的組織領導	1.發揮中國大陸名牌戰略推進委員會的作用，加強對中國大陸名牌產品評價專業委員會的指導、監督和管理。 2.加大實施名牌戰略的宣傳力度，增強全社會品牌意識。 3.發揮社會力量，提高服務水準。

五、中國大陸自創品牌的評價認定

目前中國大陸關於發展品牌策略，並無統一的專責機構來執行，而是由各相關業務主管機關，依照自身工作重點來訂定，主要有以下幾種評選：

表10-3　中國大陸品牌評選活動與評選機構

名稱	級別	評選機構	層級
❶ 中國名牌產品	全國	國家質檢總局委託 中國名牌戰略推進委員會評定	國家機構
❷ 中國馳名商標	全國	國家工商行政管理總局	國家機構
❸ 國家免檢產品	全國	國家質檢總局	國家機構
❹ 省著名商標	省級	省工商行政管理局	國家機構
❺ 名牌產品	省級	省名牌戰略推進委員會(設在省質監局內)	國家機構
❻ 我最喜愛的中國品牌	全國	中央電視台、國家統計局	國家機構
❼ 中國最有價值品牌評估	全國	北京名牌資產評估有限公司	民營

中國大陸5種最常見且重要的商標榮譽為「中國名牌產品」、「中國馳名商標」、「國家免檢產品」、「省著名商標」和「(省)名牌產品」。根據中國品牌研究院推出的《五種常見商譽價值評估方法》中所研究，目前企業獲得「中國馳名商標」的當年，其商譽價值可達9至20億元人民幣；獲得「中國名牌產品」其商譽價值則在7至18億元人民幣之間；「國家免檢產品」的商譽價值則有5至13億元人民幣。但企業獲得相關商譽的價值並非是固定值，而是隨著企業的表現浮動調整。

中國名牌產品的評價是根據《中華人民共和國產品質量法》以及國務院制定的《質量振興綱要》和國家質量監督檢驗檢疫總局第12號令《中國名牌產品管理辦法》，國家質檢總局授權中國名牌戰略推進委員會統一組織實施中國名牌產品的評價工作，有效期3年。而中國名牌產品的內涵是指實物質量達到國際同類產品先進水平、在國內同類產品中處於領先地位、市場占有率和知名度居行業前列的產品，而且僅限於中國大陸境內企業的產品，不受理使用國外商標產品的申請。2006年，中國大陸名牌戰略推進委員會評出556個中國名牌產品、4個中國世界名牌產品。自2001年至今，一共評出中國名牌產品1,338個、中國世界名牌產品7個（海爾電冰箱、海爾洗衣機、華為程式控制交換機、振華集裝箱起重機、格力空調器、中興程式控制交換機、陽光精紡呢絨）。中國名牌產品的評定則主要是為授予企業一種榮譽，屬於國家獎勵機制的一部分。

中國馳名商標的認定是根據《中華人民共和國商標法》以及依據該法律制定的「商標法實施細則」和國家工商行政管理總局第5號令《關於馳名商標認定和保護規定》，企業的馳名商標必須向中國大陸國務院工商行政管理部門商標局提出申請，經認定後才為馳名商標並享有馳名商標的各項權利，主要是受司法和行政保護，為商標界的最高榮譽，獲選後將受到國際範圍的保護，沒有效期限制。其內涵是指在中國大陸為相關公眾廣為知曉並享有較高聲譽的商標。而認定對象既包括中國大陸境內企業的註冊商標，也包括外國企業在華註冊商標。在法律保護上，馳名商標是解決商標侵權糾紛中一種法律保護手段，它採用的是「個案認定」與被動保護的原則。已獲得馳名商標的產品如果遇到侵權糾紛，可將馳名商標作為受過保護的記錄，提交給中國大陸商標局進行仲裁。按《馳名商標認定和審議辦法》的規定，離開侵權糾紛，馳名商標對該企業沒有任何意義。

而國家免檢產品源自於2000年3月14日由原中國大陸國家品質技術監督局制定的《產品免於品質監督檢查管理辦法》，2001年12月國家質檢總局成立後對原來的免檢辦法進行修訂，並以國家質檢總局令第9號的形式重新發布。免檢是指對符合規定條件的產品免於政府部門實施的品質監察活動。如果一家企業某種產品獲得了免檢資格後，在免檢有效期內，其一為國家、省、市、縣各級政府部門均不得對其進行品質監督檢查，其二為在全國各個省均不得對其進行品質監督檢查，其三為無論是生產領域還是流通領域，均不得對其進行品質監督檢查。但是免檢產品並非處於失控狀態，其辦法中亦規定，消費者有權對免檢產品進行社會監督，當免檢產品出現品質問題時，消費者可以向生產企業所在地的品質技術監督部分申訴和舉報，質檢部門則可按照法律法規及有關規定進行處理。

中國大陸國家統計局通過消費者調查，評選出「我最喜愛的中國品牌」。2003年，中國10大工業協會還聯合授予中國大陸太空船神舟及其運載火箭神箭中國大陸第一世界名牌稱號。而起源於1995年的「中國最有價值品牌評估」是由北京名牌資產評估有限公司發起，是中國大陸最早對品牌進行評估的活動。

六、中國大陸自創品牌的獎勵機制

中國大陸商務部對自創品牌建設工作十分重視，除了加大宣傳力度外，還將採取一些具體措施促進品牌建設工作：

1.創立典範：商務部將會同有關部門，採取市場化的辦法，推出一批發展自創品牌的典範，充分發揮榜樣的作用，帶動品牌建設工作全面展開。

2.專項資金建設：中國大陸商務部和財政部拿出7億元人民幣，專項用於企業創建自主品牌建設，支持名牌企業參加知名展會、在目標市場投放廣告、設立行銷機構、完善售後服務體系以及拓展行銷管道。在研發和自主創新方面，商務部將對名牌企業開發設計新產品及在海外註冊商標、專利給予支持；發改委、財政部也將對名牌企業建立國家級企業技術中心、新產品研發、技術改造等採取同等優先政策。

3.名牌出口服務：商務部將為名牌企業在國外投資建立研發、生產、銷售和售後服務體系提供便利，這項工作同時也有利於加強與開發中國家的經貿關係，實現互利共贏。

4.在品牌的獎勵上：獲得各項品牌證照或榮譽，除了得以享受其規定的優惠權利外，各省、市、縣級政府為了促進地方企業發展品牌或吸引名牌企業到該地方發展，亦會根據其所得到的認證等級而獎勵。如國家等級的「中國馳名商標」、「中國名牌產品」、「國家免檢品牌」，以及商務部重點培育和發展的「出口名牌」，通常各級政府分別會有10~100萬元(人民幣)不等的獎金；省市級品牌認證則亦有1~10萬(人民幣)不等的獎金。

另外在《國家質檢總局關於進一步加快實施名牌戰略的意見》中也提出建立品質獎勵制度。對創建名牌成績突出、品質管制工作卓有成效的企業和個人給予表彰和獎勵；對產品品質長期穩定，品質管制體系運行有效，符合國家產業政策的名牌產品，實施國家免檢制度；鼓勵有條件的地方，實行名牌獎勵政策；支援企業內部建立品質獎勵制度。

第11章 台商佈局中國大陸自創品牌經驗分享

　　品牌是企業最重要的一項資產，同時也是其競爭優勢的基礎與盈餘的主要來源(Aaker，1991)。接下來的個案分析，本研究將以品牌權益評鑑模式來衡量該自創品牌。在探討品牌權益的衡量方式之前，實有必要先了解品牌權益的本質，其所指的本質即是構成品牌權益的構面來源，以做為後續建構品牌權益評鑑模式的基礎。以下為本研究參考各學者論點所提出的5項品牌權益構面：

構面一：品牌知名(brand awareness)

　　指在特定的產品類別中，消費者認識或回想到某一品牌屬於某一產品類別的能力，也就是一個品牌在消費者心中的強度。品牌知名度能使某一品牌進入消費者選購產品的考慮組合中，且為最重要的考慮評估關鍵，因為品牌知名度提供了一個實體承諾的訊號及熟悉感，而擁有高品牌知名度的公司則更容易推出新產品並進入新市場。

構面二：市場領導地位(market leadership)

　　指品牌影響市場的能力，以及市場占有率的支配力大小，這些力量的大小反映在企業是否有能力設定價格、掌握通路與阻止競爭者的入侵攻擊，而領導品牌也較具有穩定與別具價值的特質。

構面三：品質信譽(reputation of quality)

　　消費者對於產品整體品質的認知水準，或與其他品牌相較之下，消費者對該品牌之產品或服務所預期的滿意程度。通常擁有較高品質信譽的產品，較容易訂出高的售價，因此能促進公司利潤的成長或是提供公司較多的資源投入品牌的經營。而高品質信譽的產品較易受到消費者的愛戴，通路商也會較樂於陳列與擺設該品牌產品，因此品質信譽已成為許多企業的重要經營責任，並且成為公司永久競爭優勢的來源。

構面四：品牌關連性(brand relevance)

品牌關連性或稱為品牌印象，是指在消費者記憶中，任何與品牌有關連的事物，包括產品特色、顧客利益、使用方式、使用者、生活形態、產品類別、競爭者和國家等。而品牌關連性的價值在於可幫助消費者處理資訊，並明確為該品牌產品定位，也可以在消費者心中創造出正面的態度或感覺。

構面五：品牌忠誠(brand loyalty)

指一個顧客對某一品牌依戀的程度，可反映出當某一品牌在價格上或產品特性上有所改變時，顧客將移轉至其他品牌的可能性。對於企業來說，擁有品牌忠誠度不但可以降低行銷成本、獲取貨架空間，還可透過既有的顧客基礎建立知名度並提供保證；此外當競爭者推出更優異的產品時，擁有品牌忠誠度的企業也較有時間進行產品的改善。

一、案例一：友訊科技自創品牌D-Link個案分析

再好的年代，也有不賺錢的公司，再差的景氣，也仍有欣欣向榮的產業，網路通訊設備就是一例。友訊科技發展20年來，產品遍及美、歐、亞、非、大洋洲五大洲，除了北美市場位居前2名外，其他市場則都是穩居龍頭地位。

自創品牌策略

友訊科技在經營之初即將目標放在品牌經營上，隨著產品品質穩定、市場占有率提高後，友訊也開始經營代工。當初即是在接收到IBM的訂單後，才跨入代工業務，隨著代工事業蒸蒸日上，當代工比率達到營收的40%時，自有品牌與代工客戶的衝突就開始了。2003年8月，友訊另外成立子公司明泰科技，挾著過去友訊的技術與資源，專營OEM、ODM的代工事業。也由於品牌、代工完整分割，友訊並沒有其他電子業同業常出現的品牌、代工兄弟互相殘殺的問題。

而在品牌經營方面，友訊採取的步驟分別是：國際化、在地化、全球化，雖然這3個步驟花了友訊10年的時間與許多成本，卻成功地使友訊的品牌價值高達新台幣72億元且名列10大台灣國際品牌的第9名。

1.國際化：友訊品牌10年計畫的第一階段是國際化擴張，這10年來友訊已在歐洲地區設立17個分公司，全球則有87個辦公室據點分布在100個國家。為了全

球市場的品牌佈局，友訊在全球100個國家登記「D-Link」品牌的註冊商標。這100個國家的品牌註冊就花了友訊6年時間，一共花費300萬美元的成本。在這個過程中，友訊也碰過不少挑戰。例如，有一個巴西台商看到友訊在全球大張旗鼓打品牌，就搶在巴西註冊了「D-Link」的商標，最後友訊花了20萬美元才將「D-Link」品牌給買了回來。

2.在地化：3年後，友訊進入了第2階段的國際市場在地化時期。以友訊設立最多分公司的歐洲市場為例，就是因為歐洲民族、國家眾多，各地風俗民情也不盡相同，沒有一體適用的市場操作方式，如何落實國際市場的在地化就成了第2重要的任務。

3.全球化：現在友訊品牌全球化的核心策略是將世界各國當地的資源與優勢整合，由國家來區分，最終目標是符合全世界的需求。國界的分別在這個時候已經很小了，台灣是總部的角色，財務中心卻是坐落在瑞士，研發中心則以全球時區為基準，分為3個據點，以600個研發工程師連接成日不落國的持續性服務。

品牌權益績效

1.品牌知名度：2006年，友訊科技獲得台灣10大國際品牌第10名的佳績，這已經是友訊連續第3年的獲獎。其實從而現在貿協推動BIT(Branding In Taiwan)，友訊的國際品牌成就更是值得讓其他品牌經營業者參考。

2.市場領導地位：友訊科技發展20年來，產品遍及美、歐、亞、非、大洋洲5大洲，除了北美市場位居前2名外，其他市場則都是穩居龍頭地位。

3.品質信譽：貿協早期推動MIT(Made In Taiwan)的理念時，友訊就一直是模範生，已經舉辦過12屆的台灣精品獎，友訊不僅年年都入選獲獎，更贏得多次的最高榮譽金質獎。

4.品牌關連性：「Everything Over IP」是D-Link的最大願景，是讓世界各地的人都能透過網路產生更密切的連結，也就是說，「只要有網路的地方，D-Link就不會缺席」。

5.品牌忠誠度：日前由NOVA公佈的2006年理想通路品牌，其中無線網路裝置一項，連續3年仍舊由友訊蟬聯。其中在消費者調查的最佳知名度與指名購買品牌部分，友訊分別以25.40%與24.97%穩居王座。友訊奪冠的原因，在於其具

有國際全球化的知名度，並且專注於網通產品，旗下產品線齊全且專業，可為消費者提供完整的解決方案。

表11-1　友訊科技殊榮

時　間	事　蹟
1995年	榮獲德國CeBIT最佳通訊產品獎及外貿協會「優良設計產品」
1999年	獲美國富比世雜誌評選為全球200家最佳小型企業
2001年	印度子公司在印度證券交易所成功上市，正式掛牌交易
2002年	獲美國商業週刊(Business Week)評選為全球100大資訊科技公司
2004年	榮獲「台灣10大國際品牌」，品牌價值為新台幣72億元
2006年	榮獲中國時報主辦台灣企業獎之「國際成就獎」

佈局中國大陸自創品牌關鍵因素分析

1.充分授權，彈性靈活：友訊一開始即以「本土化」做為經營方針，相較於一般電子產品廠商僅透過經銷商進入，友訊則直接在當地設置辦公室，力求深耕當地市場。因此，除了大中華地區都是用華人外，其他任何國家的友訊分公司都是用當地員工，尤其在決定當地辦公室負責人時，更堅持讓本地人當家作主。友訊也不願意用獵人頭(Head Hunter)公司介紹的人，寧願慢慢打聽，從相關廠商探聽合適的人才。

2.產品線齊全、掌握市場脈動：相較於其它產業，網通產品的生命周期並不長久，產品在面世不久後，除了要面對其他競爭者的挑戰外，更要面臨新技術的威脅。對此友訊所採取的策略是將「產品線」做齊，包括了目前市面上消費者端的所有網路通訊產品，無論是傳統的有線到最新型的無線產品等，友訊皆未遺漏任何的通訊產品。而隨著產品從企業端逐漸轉向消費端，友訊也採行全方位的通路策略，從系統整合商、經銷商、零售商，更擴大到服務的供應商(如電信局)。

二、案例二：華碩電腦自創品牌ASUS個案分析

以生產電腦主機板起家的華碩電腦，憑藉著對於技術與品質的堅持，逐漸發

展成為全球主機板產業的龍頭霸主。爾後在巨獅策略的引領之下,華碩陸續跨足生產個人電腦相關產品,並成功地建立自有品牌ASUS的知名度。

根據Interbrand的品牌鑑價,ASUS已連續4年在台灣10大國際品牌中排名第2,品牌價值更高達10.81億美元。面臨後個人電腦時代的挑戰,華碩決定將更多注意力放在發展ASUS自有品牌上,致力於從電腦廠商蛻變成為4C資訊(Computer、Communication、Consumer、Control Automation)科技整合大廠。

自創品牌策略

策略一:代工與品牌間的微妙平衡

華碩與明基類似,都是自有品牌與代工業務並存的公司;然而華碩與明基不一樣的地方在於,明基積極推廣品牌,企圖建立品牌的地位,而華碩則是選擇性推廣品牌,試圖在代工和品牌之間取得平衡。觀察華碩的成長過程可以發現,華碩不曾因為品牌經營而導致嚴重虧損,也很少因為品牌經營而被代工客戶抽單。代工與品牌間的微妙平衡,讓華碩的營收不斷成長;然而為了華碩的長遠發展,董事長施崇棠還是希望能將自有品牌與代工業務進行切割。

策略二:技術為本

ASUS品牌的成功主要憑藉華碩多年來扎實的「基本功」,無論是主機板、筆記型電腦或手機等產品的推出,總是扎扎實實地投入研發與生產。透過專業機構與消費者的好評,華碩成功地建立起「華碩品質,堅若磐石」的品牌形象。

策略三:加強工業設計能力

為了加速品牌成長,過去較為保守、內斂的華碩開始加強工業設計(Industrial Design)能力,讓更多的流行時尚感與華碩連結。例如2005年,華碩摘下德國iF工業設計金獎,不但是首次有台灣設計師獲此殊榮,也是躍入世界主流競爭的證明。

策略四:防呆式、零預算的品牌管理運作

負責全球品牌管理的業務行銷部門,分為產品形象規劃、網路行銷及事件行銷3個小組;小組的運作,主要是以6項標準差、個案研討等作法,來做防呆式的學習。在品牌花費上,則採取「零預算」的概念,必須要先提出行銷計畫才行;核可後到執行之前,仍必須根據環境變化狀況來提出費用的請購單,以避免發生

消化預算的情況。

策略五：巨獅理論

華碩很早就提出所謂的「巨獅理論」，也就是藉由主機板的巨獅，帶動其他相關產品成為小獅，最後成為大獅。2005年，華碩3大產品線出貨量均創下歷年新高水準，顯示巨獅化策略持續發酵，主機板出貨量達5,000餘萬片，較前年成長逾20%，筆記型電腦總出貨量將近400萬台，也較前年成長28.5%。全年集團合併營收為3,500餘億元，更較前年成長38%。

品牌權益績效

2006年上半年華碩自有品牌筆記型電腦在台灣的市占率已超過40%，在2006年全世界所售出的桌上型電腦當中，每3台就有一台使用華碩主機板。年營業額超過5,400億台幣(約165億美金)，並預期2007年營業額可達到7,500億台幣(約230億美金)。而在中國大陸市場2006年上半年的成長率也高達80%水準，市場排名已推升至4-5名左右，根據下半年的可能表現預估，不但年度出貨目標將順利完成，更重要的是大陸市場「保五爭四」的目標也將正式實現。

華碩電腦以秉持一貫的高品質科技創新而聞名，不斷的超越極限和創新之外，華碩的工程師群也在很多方面下苦心，像是電磁波干擾、散熱模組、噪音測試等許多容易被忽略的小細節，都是為了要讓客戶真心滿意。例如華碩筆記型電腦是全球第一家通過 TCO'99 國際防電磁波認證的筆記型電腦製造商。

另外，華碩在 2006 年贏得 2168 個獎項，而且連續 9 年在 BusinessWeek 的「InfoTech100」皆榜上有名。世界規模最大的硬體評鑑網站 Tom's Hardware Guide更將華碩電腦選為「最佳主機板和顯示卡製造商」。除此之外，華碩電腦更獲得台灣經濟部深具權威的「國家精品獎」，在在印證「華碩品質，堅若磐石」。

三、案例三：趨勢科技自創品牌個案分析

很多亞洲公司在進行國際化的時候所面臨的一個巨大的衝突，因為你面對的人皮膚顏色不一樣，宗教信仰、成長背景、語言、思考邏輯也不一樣，因而在這種背景下，必須回歸到一個最根本的東西—企業最終的價值，對趨勢科技而言就

是要有創新的激情和績效導向的經營模式。

自創品牌策略

在經過趨勢科技10多年來不斷創新以自有品牌行銷全世界，一路篳路藍縷，一步一腳印的經營品牌有成，可以說是台灣企業智慧結晶的成功經驗。品牌塑造之路，並非一朝一夕可成，在品牌成功的背後，是蘊含產品研發、服務品質與技術創新的不斷累積所得到的成果。趨勢科技在品牌塑造與推動的路上，期望能更上一層樓，並在國際市場上建立更輝煌豐碩的成績。而趨勢科技靠著以下策略來創造品牌：

策略一：自建渠道

三位創始人（張明正、陳怡蓁、陳怡華）通過不斷追問企業的長遠目標，最終達成共識：即使再苦再累，也要有自己的方向，不能把生存命運交給別人掌控；在英特爾的大樹下靠ODM賺錢，是屬於「家天下」的格局，而公司未來必須從「家天下」變成「公天下」，結果放棄ODM，開始自己掌握品牌。

策略二：積極拓展海外分公司，設立區域總部

趨勢科技在亞太區8個國家和地區共設有13個辦事處，包括澳洲、中國大陸、香港、印度、韓國、馬來西亞、新加坡和台灣，並致力鞏固在亞洲各市場的領導地位，同時亦快速拓展海外市場，在以伺服器為基礎的防毒方案範疇躍身成為全球頂尖的供應商。隨著資訊保安問題日漸備受關注，開創了無比的商機。

策略三：全球化運營機制的建立和整合，以及全球化品牌形象推廣

在亞洲地區已極具品牌知名度之後，朝向進軍國際，行銷全世界的目標邁進，積極推動品牌型塑Go Red計畫，從上而下，由內而外，從全球品牌廣告宣傳、產品包裝、到內部文件，無不以發展主動式病毒防禦策略提供客戶最佳企業安全防護服務為要，並以代表步步為營，致毒先機的棋盤象徵企業精神指標。在歷時一年餘的Go Red企業品牌重塑計畫的推動下，趨勢科技已經成功完成品牌形塑，並顯示在客戶滿意度提高與全球營運績效的提升上，榮獲「台灣10大國際品牌之首」的殊榮，更是印證趨勢科技在企業品牌塑造的努力與豐碩成果。

品牌權益績效

1.品牌知名度：趨勢科技一直以來都是已發展自有品牌，並朝向進軍國際，行銷全世界的目標邁進，在亞洲地區已極具品牌知名度，而去年更是積極推動品牌形塑Go Red計畫，從上而下，由內而外，從全球品牌廣告宣傳，產品包裝，到內部文件，無不以發展主動式病毒防禦策略提供客戶最佳企業安全防護服務為要，並以代表步步為營，致毒先機的棋盤象徵企業精神指標。在歷時一年餘的Go Red企業品牌重塑計畫的推動下，趨勢科技已經成功完成品牌形塑，並顯示在客戶滿意度提高與全球營運績效的提升上，而這一次榮獲由政府和國際知名品牌顧問公司舉辦的台灣10大國際品牌之首的殊榮，更是印證趨勢科技在企業品牌塑造的努力與豐碩成果。

2.市場領導地位：1999年美國國防部對一份分析台海安全情勢白皮書中即明確指出，「趨勢科技在電腦病毒的研究及網路防護產品上，執業界牛耳，同時在病毒辨識上居領導地位」，顯見趨勢科技在全球電腦安全捍衛上無可比擬的地位。趨勢科技自詡為一家自PC、network server至Internet gateway的全方位電腦防毒領導廠商，近年更以Server端相關技術成為全球防毒軟體領導品牌，獲得國內外公證單位和媒體一致好評。

3.品質信譽：同時PC-cillin自從由台灣PCMagazine主辦，結合工商時報、NOVA資訊廣場協辦，總投票人數逼近5萬人的「資訊品牌風雲產品」票選活動以來，趨勢科技已連續數年來贏得榜首殊榮，顯見其多年來致力於耕耘防毒產品與服務的良好形象，已深植於消費者心中。

4.品牌關連性：趨勢科技非僅開發消費者端之防毒軟體，還積極提升客戶服務績效與素質，其卓越的服務績效榮獲由Accenture及天下雜誌主辦的2002年「卓越服務獎」。

5.品牌忠誠度：趨勢科技成立以來，營業額平均每年成長率逾80％，顧客滿意度也持續升高中。

佈局中國大陸自創品牌關鍵因素分析

因素一：創新技術及服務品質，深獲肯定

趨勢科技在1990年率先推出病毒防治套裝軟體－PC-cillin病毒免疫系統，並以自有品牌行銷世界40餘國，其間相繼推出10多種不同語文的版本，打開該公司在世界各地知名度，目前趨勢科技非僅開發消費者端之防毒軟體，近來已成功轉型為企業服務顧問導向公司，積極提升客戶服務績效與素質，其卓越的服務績效榮獲由Accenture及天下雜誌主辦的2002年「卓越服務獎」。

近年來趨勢科技更鎖定網路防毒服務，以「Internet Security Service-網路安全服務」為其主要經營方向，積極為使用者打造一道過濾Internet資訊的病毒防火牆(VirusWall)。其專業領導地位，早已獲得IT產業公證單位Forrester Research和Gartner Group的多次肯定。

由於全球已由過去勞力密集、資本密集進展到知識密集的新經濟形態，而趨勢科技以Internet技術所創造的高產能及市場價值，不僅成為新經濟模式的標竿，更明顯代表網路安全在網路世界的重要性。

因素二：品牌行銷卓然有成

趨勢科技不僅成功在日本店頭市場與美國那斯達克上櫃，同時也因擁有Internet技術，獲得評選為全日本市場最具發展潛力公司；主要是源自於「系統化的創新能力(Systemic Innovation)」，從個人電腦防毒程式發展至伺服器平台，再跨入網際網路、群組軟體的防毒技術，趨勢科技自始至終掌握核心技術而一以貫之，並以原有技術為底，縮短新產品研發時程，才能一直領先競爭者，保有系列產品的一致性。

在品牌行銷方面，趨勢科技表現更為卓越，2003年「十大台灣國際品牌價值調查」由經濟部國際貿易局委辦，外貿協會、《數位時代》雙週刊與國際知名品牌顧問公司Interbrand共同策劃調查，過程非常嚴謹。而歷經3個月冗長與嚴格的評審過程後，趨勢科技在超過1,000知名企業中脫穎而出，獲評選為台灣十大國際品牌之首，深具意義。更重要的是，在品牌價值逐漸成為全球個別企業競爭力的表徵，政府和企業機構莫不致力於推動台灣進入品牌世紀的今日，這項品牌調查結果不啻是成功提升台灣企業品牌知名度最好的典範，更是推動企業政府加速發展自有品牌，進軍國際的動力。

因素三：積極鼓勵創新研發

趨勢科技張董事長明正之經營理念為「I used to be a loser, so I have nothing to

lose」，積極鼓勵員工創新研發，嘗試各種錯誤，亦在所不辭，即使最後錯了，了不起回歸原點，從頭開始。且該公司另具一項特色即從業員工相當年輕，平均年齡不到30歲，皆能積極接受外界之資訊，勇於吸取新觀念，不僅企劃行銷概念新穎，研發人員創新作為亦不落人後；同時趨勢科技10餘年來，從來不擔心硬體設備折舊、廠房搬遷等問題，因為其僅有的寶貴資產，就是永遠不折舊的軟體創意頭腦。

為培育軟體研發人才，創設Trend Micro趨勢科技網路軟體教育基金會，每年分別在台灣與中國大陸各舉辦一場程式設計大賽，吸引為數眾多之學子參與競賽。該活動深受台灣與中國大陸學子之矚目，幾乎兩岸各地知名大學之資訊、數理相關科系學生或研究生皆爭相報名組隊參賽，向為華人科技界之盛事，各方媒體不約而同報導與分析，其宣傳效益之宏大非單純的廣告促銷所可比擬，創造趨勢科技知名度與形象之大可用無遠弗屆形容，未來將繼續擴大辦理。

四、案例四：多普達自創品牌Dopod個案分析

多普達結合了世界級的製造品質、微軟作業系統的強大效能、世界頂尖的設計理念，呈現出不同系列，涵蓋工作、生活、娛樂等滿足人類最高夢想的的數位精品。Dopod自詡為「台灣第一、歐亞同步、世界接軌」的智慧型手持設備第一品牌。

自創品牌策略

品牌創立初期，必須尋求消費者對品牌的認同；但是，建立長期的品牌地位，就須確定產品技術、資金、研發、人力能夠持續投入。多普達認為，3年是基本檢驗期，關鍵在於能否持續，能否看到成長的軌跡，如此，才可能找到生存利基或發展優勢。

策略一：設計鮮明的企業識別體系

新企業識別體系是由5個圈及3個點組合而成，以嶄新的品牌行銷策略，邁向國際化品牌道路，新的企業識別體系代表多普達將整合既有的成果與資源，以堅強的產品技術為後盾，加上創新且符合市場需求的應用內容，以及完整的銷售佈局，為消費者帶來嶄新的行動通訊體驗。

策略二：與世界知名大廠合作

多普達採用微軟的Smart Phone平台，使用者可以在智慧型手機使用微軟作業系統的行事曆、Outlook等功能，並交由宏達電提供其產品。

策略三：透過最佳的經營團隊來經營品牌

多普達資深的經營團隊，分別來自IBM和微軟等國際知名資訊品牌。IBM是資訊界藍色的巨人；微軟是資訊應用軟體的大帝國；Apple結合藝術與科技的實力，全球無人能比，Dopod的團隊都是業界最佳的玩家，Dopod集結重兵，將以技術為體，以豐沛的創意經營全新的品牌。

品牌權益績效

1.品牌知名度：站在來自全球各地的媒體面前，微軟(Microsoft)總裁比爾‧蓋茲拿著宏達電代工的最新智慧型手機(多普達)，比爾‧蓋茲免費充當廣告代言人，把台灣高階手機代工實力推向國際舞台，大大提升其品牌知名度。

2.市場領導地位：自2004年以來，Dopod International於亞洲地區所建立之Dopod品牌已成為智慧手機的代名詞。多普達力爭在智慧手機領域做到3個第一，即市場占有率第一，企業成長第一，成為智慧手機的第一品牌。到2007年，實現銷量100萬台的目標。

3.品質信譽：構成自有品牌要素最關鍵的就是產品品質，多普達在與客戶接洽時，只要說智慧型手機是由微軟、宏達電提供，其他不用多說什麼，客戶就會馬上下單。

4.品牌關連性：多普達的新企業識別體是由5個圈及3個點組合而成「○○○○○」，象徵多普達重視「品牌」、「技術」、「產品」、「內容」及「服務」的品牌精神，同時延續多普達一貫的紅色色調，彰顯多普達品牌的熱情，而全球一致的品牌形象，可以簡單、明確的強化全球消費者對於品牌的認同與聯想，以延伸既有產品創新之價值。

5.品牌忠誠度：微軟作業系統的靈活度可以協助多普達開發各式行動裝置與應用，同時提升使用者的多媒體經驗，在微軟操作系統上移動辦公、上網也相對比較方便，這些都成為多普達的優勢，因而提升產品品質並提高客戶忠誠度。

佈局中國大陸自創品牌關鍵因素分析

1.創新體系打造「靈魂」：在「3C融合」的基礎上，升級到「4C融合」的創新格局，即電腦(Computer)、通訊(Communication)、消費電子(Consumer Electronics)內容和服務(Content)。不論是產品創新、技術創新、通路創新或是制度創新都兼而重之。

2.追求價值高於價格：將產品定位高端商務市場。不去瓜分趨於萎縮的低價市場；不生產技術含量低質劣價的產品。而是專注於高端的智慧手機；將客戶群定位於高端消費的商務人士、時尚消費群體以及行業領域的客戶。

3.智慧手機的附加價值：以「手機電腦專家」為基本訴求目標，滿足PC人群對DIY的需求，對語音簡訊、二維碼識別、遊戲娛樂、GPS全球定位和搜尋等功能，已經成為現代商務和時尚人士不可或缺的智慧「秘書」。

4.通路策略：建立了豐富健康的管道，有國代、省代、直供、連鎖管道，運營商供應管道，有競爭力的直銷管道等。同時我們還將開創新的管道模式，如異業結盟、推行產品包銷等。

5.站在巨人的肩膀上：多普達的重要策略合作夥伴為宏達電(HTC)，而作業系統則是來自微軟Microsoft，多普達與宏達電、微軟在全球市場的長期合作關係，已形成競爭實力，多普達雖然是新創品牌，但多普達的起跑點，可說是站在2個巨人肩膀上。

6.極積拓展據點：為提供消費者更好的產品及服務，多普達積極拓展海外市場，以擴大市場利基。自2004年成立以來，多普達在短短兩年時間即累積豐碩的經驗與資源，成功打入香港、新加坡、馬來西亞、泰國、印尼、紐澳及印度等市場，並計畫於今年下半年繼續拓展俄羅斯等新興市場，完成在今年底於全球設立100個經銷據點的目標。

五、台商佈局中國大陸自創品牌關鍵因素分析

長期以來，台灣廠商專注於委託製造(OEM)，尤其以電子資訊業為主的高科技產業和國際大廠的合作，將生產及營運、管理效率發揮到淋漓盡致。不過，隨著資訊業的成長趨緩，美國大廠也不斷地精簡成本，使得台灣的代工利潤日趨微

薄；其次，中國大陸經濟快速崛起，已無法避免其做為全球製造業代工基地的潮流。因此，台灣廠商開始正視「自創品牌」、「建立通路」的必要性，尤其是廠商多年來累積的製造實力、產品品質及資金，加上中國大陸的廣大市場，提供台灣另一個打破內銷市場太小、不易發展品牌宿命的機會。以下將整理歸納這些年以來台商在中國大陸自創品牌所面臨的成功和失敗因素：

因素一：得通路者得天下

俗話說得好，「開店要找人聚地，貨品流通靠管道」，通路的重要性可見一斑。由於中國大陸地域相當廣大，台商在進入中國大陸自創品牌之時，若無法將產品第一時間送至顧客面前挑選，便使自身輸在起跑點上。然而，在擁有完善的通路體系之下，該品牌之產品能在最快的時間、最正確的地點供給顧客使用，進而創造效用。

通路建置的方式有很多種，企業可以透過併購通路品牌來進行建置，如康師傅透過投資「樂購」大賣場來為其品牌進行佈局；而與康師傅共享「北有康師傅，南有徐福記」之名的南霸天徐福記，則是利用透過與大型超商賣場進行重點合作，將品牌與產品推銷至消費者並輔以與經銷商合作，補強原有直營據點的不足，使得從西藏到廣州的大賣場，都能看到徐福記的產品。

然而，通路就如同「兩面刃」，雖然許多在中國大陸自創品牌成功的經驗顯示通路的建設是個關鍵，但若太過急於擴張通路據點，便有可能如燦坤一樣造成人事及實體通路成本過高，而瀕臨失敗。因此，台商在進入中國大陸進行自創品牌時，必須仔細評估怎樣的通路建置模式較合適於自身所處的地域及產業，並衡量本身之資金調度能力，在輔以一具有階段性的策略規劃，方能打造一完善的通路體系，以在中國大陸發光發熱。

因素二：創新格局，變中求勝

管理大師Peter Drucker說過「不創新，即死亡」。創新對於台商進入中國大陸自創品牌來說，是個不可或缺的驅動力，透過新穎的經營理念、模式甚至思維，更能幫助品牌在中國大陸這個地大物博的新興市場中脫穎而出。然而，創新是無所不在的，無論是產品創新、技術創新、研發創新還是新事業模式創新等，都能有助於企業在自創品牌的過程中，因為創新因子的激勵來不斷成長茁壯。

舉例來說，鴻海自創出全球獨門的電子化零元件、模組機光電垂直整合服務

商業模式「eCMMS」，並以這樣的模式開創鴻海霸業。台南企業更自行研發成功類似於日本的「縫製懸吊生產系統」，使產能提高。永和豆漿則透過不斷研發健康的大漢文化美食，創造中國文化的驕傲。這樣種種的成功經驗都顯示出創新的重要性，即使在多次嘗試創新的過程中失敗，只要有一次成功，其所帶來的效益將無遠弗屆。

因素三：全球化思維，在地化行動

「Think globally, act locally」是現在企業必須具備的思維邏輯，在國際化經營的思維下，雖然中國大陸的文化風情與台灣相近，但是各地區的民俗風情仍頗有差異；企業若能因應各地的需求，將更能使自有品牌在同業中拔得頭籌，獲得良好的品牌知名度。

賽博數碼廣場便抓住了這樣的理念，賽博把在中國大陸的每個省都當作一個新的國度，針對不同地方需求來決定所提供的產品及服務。例如，上海淮海店手機商品佔三分之一面積，但在手機和電腦市場切割清楚的武漢則有不同的經營方式。友訊科技更將品牌經營區分成3個步驟：分別是國際化、在地化及全球化，雖然這3個步驟花了友訊10年的時間與許多成本，卻成功地使友訊的品牌價值高達新台幣72億元且名列10大台灣國際品牌的第9名。而Miss sofi則透過雇用在地設計人才下手，將產品設計在地化，成功搶佔中國大陸消費市場。因此，「全球化思維，在地化行動」對於台商進入中國大陸自創品牌的幫助與影響是超乎想像的。

因素四：以精準之品牌定位，迎合不同顧客的心

中國大陸的人口約12億人口，其中必然有相當多樣化的顧客需求，然而台商在進入中國大陸自創品牌時，若能透過廣大的產品線或多品牌策略來進行定位及區隔，勢必能做到「分合出擊、一網打盡」的效益。

如技嘉科技不僅僅經營原有的PC領域，更進一步跨足液晶螢幕、光碟機等自有品牌PC周邊產品領域，讓技嘉科技的品牌產品線經營更為豐富後，透過擴大產品線來進行品牌定位並滿足各類顧客的需求。達芙妮更利用多品牌策略來鎖定不同的客層，透過如此細分的策略，除了有助於品牌向下扎根外，也能進化品牌價值。另外，一茶一坐將自身品牌定位為「大家的客廳」，而與永和豆漿的「家庭廚房」區分開來，並精準的分析主要消費客群及金額，使得一茶一坐得以

成功地在中國大陸開拓疆界。

因素五：打響品牌知名度

品牌知名度是品牌創立初期能否順利存活的關鍵因素，意即好的產品如果缺乏品牌知名度的加持，消費者終究不屑一顧，成功則更是遙不可及的夢想。尤其是在資訊爆炸的今日，消費者接觸訊息、處理接受訊息的方式非常多元，除了傳統的大眾傳媒(電視、報紙、電臺、期刊雜誌、多媒體、戶外等等)之外，還有快速崛起的網絡、事件行銷等方式。正因如此，對於有意自創品牌的企業，其首要目標便是如何選擇正確的管道來成功地打響品牌知名度。

因此在品牌已確定目標消費者後，充分研究其生活習性、信息獲取管道，以及他們處理接受這些訊息的習性，將有助於企業提高品牌知名度且制定相關的訊息傳播策略。也唯有當完成一個清楚明瞭的品牌訊息傳播策略後，才能保證消費者對品牌訊息的有效接觸，進而成功地打響品牌知名度。

例如達芙妮率先於中國大陸鞋展中引進「舞台秀」模式來介紹新鞋款式與流行走勢。在當時開放市場剛剛起步的大陸，聲光效果十足的舞台秀成功地吸引了當地消費者的好奇心，很快地便打響達芙妮的品牌知名度。好又多則是透過創造話題性來提高品牌知名度，在首家店開張時，好又多包了一架南航的波音777飛機，從香港把海外參加開幕的業界人士都拉了來，場面十分浩大。於是好又多天河店寫下這樣的紀錄：開業首天的營業額近500萬元，有些貨架一天補了3次貨。

因素六：提升品牌價值

隨著品牌知名度的建立與企業規模坐大後，企業品牌建設的重心必須開始轉移至打造良好的品牌美譽度。因為品牌知名度反映的是品牌被消費者記住或識別的程度；品牌美譽度則是能一步反映出消費者對品牌價值的認定程度。中國大陸國際品牌研究院客座教授李海龍便曾指出如果一個品牌在顧客心目中的美譽度很差，即使它是一個高知名度品牌，也將會逐漸地被顧客們拋棄。今日，品牌知名度已不再是消費者選擇品牌的唯一依據，唯有在產品品質上出類拔萃的品牌才能獲得消費者的青睞。

良好的產品品質與研發能力，不但是自創品牌的關鍵因素，更是台商的核心競爭能力。因為台灣企業不像歐美日很多知名國際品牌擁有悠久的傳統與歷史，這些品牌在消費者心目中有強烈的情感資產，所以台灣品牌在國外市場不易從事

感性訴求，因此特別強調研發與產品品質和品牌帶給消費者的實質價值，將會是一個事半功倍的方法。

因素七：塑造獨一無二的品牌信仰

丹麥學者Jesper Kunde曾言消費者不只是簡單地購買產品，同時也在選擇一種觀念和態度。當面臨不斷增加且日益多樣化的選擇時，消費者的購買傾向就變得更加深受其品牌信仰之影響。蘋果電腦、LV、Gucci...等知名品牌便是成功地建立起消費者的品牌忠誠度，進而塑造獨一無二的品牌信仰。

達芙妮以提供「三包」服務：包修、包換、包賠來提高顧客忠誠度；麗嬰房不僅教育員工「以客為尊」的服務理念外，也設計了「顧客免費服務專線」，隨時讓顧客反映需求及意見。而為了長期經營忠實的顧客，除了定期寄送金象會刊，更不定期舉辦會員親子聯誼活動，與顧客間建立良好的互動之關係。

因素八：融合時尚美學的設計元素

宏碁創辦人施振榮曾指出全世界最便宜的創新，就是工業設計。因此在講求創新的時代裡確實更應該去做，畢竟設計是一項最不容易被取代的品牌價值，許多品牌甚至因此而成為產品的代名詞。

然而台商過去經常設計出消費者「需要，但不一定想要」的產品，同時在產品上建置了過多功能進去，形成產品的過度設計。因此未來台商若想用工業設計帶動自有品牌，光是投入更多資源並不夠，更需要的是走出傳統的製造思維，從傾聽市場消費者的聲音開始，進而去改造整個設計思惟。

例如Miss Sofi除了台灣的設計團隊之外，還有西班牙、義大利的設計師參與設計工作。設計團隊成員們會在每年歐洲材料展時，全體至義大利開會、挑材料，再加上每年觀摩2次歐洲時尚展，國際化工作環境與團隊，使Miss Sofi每雙鞋子都讓女性愛不釋手。

第**12**章 台商佈局中國大陸自創品牌糾紛案例啟示

一、案例一：阿里山等「地名搶註」糾紛案例

案例背景說明

根據媒體報導，包括阿里山、梨山、凍頂、杉林溪、日月潭、玉山、溪頭等7處台灣著名風景區及主要茶產區，已在中國大陸被中國大陸及台灣業者，在指定茶葉商品上申請註冊商標。此一消息引起台灣茶農的憂心，台灣「阿里山」等優質茶葉，除有被冒牌貨侵蝕而損其譽名外，尚可能遭商標註冊人以行政查處或司法程序被控商標侵權。

糾紛過程、解決方式與結果

「阿里山」等地名在中國大陸被申請為註冊商標後，民意代表、相關主管機關或業務主管機關或專家學者紛紛獻策，大致有：

1. 海基會去函海協會要求轉知中國大陸相關單位盡速撤銷不當註冊。
2. 循世界貿易組織（WTO）爭端解決機制處理該地名商標的問題。
3. 由業者以利害關係人向商標評審委員會提出撤銷案。
4. 向商標註冊人道德勸說，請其自行向中國大陸商標局註銷該註冊商標。

然而，因本案尚非達到WTO爭端解決機制啟動之條件，也非商標局得依職權主動撤銷之範圍，縱使由茶葉公會提出撤銷，也必須就阿里山茶已屬中國大陸商標法所謂「地理標誌」負舉證責任，確非易事。即使就台商註冊地名商標，但以其至今未真正主張其商標權，是被動的保護自身權益，不宜單純認為其惡意搶註。

為此，經濟部智慧財產局除了先與農委會合作協商，取得在遭中國大陸搶註之商標取得授權書，讓台灣業者未來能無償使用中國大陸商標外，也積極委託民間商標代理人，列出50多項台灣農特產品地名，一方面瞭解是否已經在中國大陸遭到搶註，另一方面也積極協助業者赴中國大陸申請註冊商標，進行「反搶註」。

案例啟示

對於類似的案件，依照中國大陸《商標法》規定，台灣業者要維護自身權益的作法有二：一是透過申請商標註冊取得保護；二是以地理標誌申請證明商標或集體商標註冊以取得保護。若循第一種申請商標方式，由於商標採屬地主義，台灣業者首先必須對中國大陸已經搶註之商標提出異議或評定，程序曠日廢時，恐緩不濟急，且影響最終裁定結果之變數太多；而台灣業者提出申請之商標，也必須符合商標識別性之要求，也就是必須避免以單純地名之文字當作商標圖樣，以免申請過程遭到駁回，或者就算是取得商標保護，以單純地名做為商標侵權主張恐有困難。

若循第2種具有地理標誌性質的證明商標或集體商標取得保護，依中國大陸之規定，除了必須說明：1.該地理標誌所標示商品之特定質量、信譽或其他特徵；2.該商品之特定質量、信譽或其他特徵與該地理標誌所標示地區的自然因素或人文因素間之關係；3.該地理標誌所標示之地區範圍；若是證明商標，還必須證明；4.所具有或其委託之機構具有專業技術人員、專業檢測設備，以及具有監督該證明商標所證明之特定商品品質之能力。

除了上述4點之外，若地理標誌申請人為中國大陸地區人民，還必須檢附管轄該地理標誌所標示地區之人民政府或行業主管部門之批准文件；若地理標誌申請人為外國人或外國企業，則應提供該地理標誌以其名義在其原屬國受法律保護之證明文件。

換言之，若台灣業者採取第2種作法以農產品產地名稱申請註冊，直接到中國大陸申請集體商標，台灣業者必須先劃定區域整合出地區範圍，還要提出農產品與該地區自然因素或人文因素之間的關係之研究調查資料，對台灣業者有相當的困難度。因此，如果台灣業者能在台灣先行通過證明標章之審查與註冊，之

後再直接將這些資料提送中國大陸，則可提升該標章的公信率與獲准率，作業上也較為簡便。（以上參考資料與法規來源為：連邦智權新知，2006年5月、賴文平，中國大陸台商簡訊第159期，2006年3月）

二、案例二：金門高粱「地名註冊」糾紛案例

案例背景說明

　　金門高粱酒商標註冊過程之所以一波三折，主要是由於兩岸隔離過久，台灣菸酒公營及專賣制度，異於中國大陸內地現制，而中國大陸商標單位對於台灣地區向來習慣以地名作為公司名以及作為酒品商標名稱亦有所不解。由於兩岸商標事務主管部門尚未建立有效的交流管道，使得「金門高粱酒」商標遲遲無法獲得商標審定。

糾紛過程、解決方式與結果

　　為了保護知名品牌，同時亦為展開產品在中國大陸的市場佈局，金門酒廠實業股份有限公司（以下簡稱金酒）從1999年7月7日起就開始申請註冊「金門高粱酒」商標。金門縣副縣長楊忠全、金門酒廠總經理王毅民等一行人，還密切聯繫國務院台灣事務辦公室及相關商標單位，積極溝通，特別申請批准金門高粱酒在中國大陸註冊，最後終於獲得中國大陸商標局的接納與認可，認定金門高粱酒商標，雖然同行政區劃名稱相同，但通過長期有效的使用，在海峽兩岸獲得一定市場知名度，成為「具有顯著性」的馳名商標。

　　有人說，聞名於兩岸的「金門高粱酒」商標註冊成功，充分顯示了中國大陸知識產權保護的日益完善和對台商利益的保護。金門酒廠（廈門）貿易有限公司執行經理翁延齡表示，原來有一些廠家生產假冒的金門高粱酒，困擾了發展。在取得商標註冊證後，金酒公司在中國大陸的權利有了合法保障，未來就可以在工商管理部門的協助下有效「打假」，進一步保護消費者的權益。

案例啟示

　　台灣白酒市場已經趨於飽和，開拓中國大陸市場勢在必行，「金門高粱酒」

能順利取得商標註冊，除了有效打假，將有助於在中國大陸推動相關的行銷計畫。「金門高粱酒」最終雖然順利在中國大陸註冊成功；但兩岸政府單位在商標法規上的認知紛歧，仍使得眾多的台灣地方名產在進軍中國大陸時，遇上了不少問題，例如品牌遭到搶註、帶有地區性名稱品牌無法順利註冊...等。未來仍有待相關單位進一步地溝通協調，避免類似的情形再次發生。（以上參考資料與法規來源為：中國人民網，2005年11月）

三、案例三：ellevilles「網址搶註」糾紛案例

案例背景說明

　　林先生於1998年到中國大陸投資設廠，2002年一手創建的品牌「ellevilles」被評為上海市著名商標。2003年，公司計畫開展電子商務，打算用品牌的名稱註冊一個域名。誰知域名註冊代理商查詢發現，www.ellevilles.com以及www.ellevilles.com.cn都已經在2002年底被一名住在蘇州的楊女註冊，但網域都沒有實際使用。原來，楊女在2002年看見上海市工商局的公告，發現林先生並未將商標註冊成域名，就搶先註冊，專等著他上門來，把域名高價賣出。林先生搞不懂：明明是用我的商標註冊的域名，為什麼還要我付錢？再註冊一個域名吧，心有不甘，辛辛苦苦創造的品牌，為什麼要讓給別人？另外註冊一個域名，沒有知名度，還得重新宣傳，多不值得。他該怎麼辦呢？

糾紛過程、解決方式與結果

　　根據中國大陸最高人民法院2001年6月26日頒布，2001年7月24日執行的《關於審理涉及計算機網絡域名民事糾紛案件適用法律若干問題的解釋》，對於涉及計算機網絡域名註冊、使用等行為的民事糾紛，當事人可以向侵權行為地或者被告住所地的中級人民法院提出訴訟。根據這份解釋，無論是以.cn結尾的在中國互連網絡信息中心登記的域名，還是以.com等結尾的國際通用頂級域名爭議，中國大陸的法院都可以受理。

　　根據中國大陸中國互連網絡信息中心（CNNIC）2002年9月30日頒布並執行的《中國互連網絡信息中心域名爭議解決辦法》、《中國互連網絡信息中心域名

第十二章　台商佈局中國大陸自創品牌糾紛案例啟示

129

爭議解決辦法程序規則》，任何機構或者個人認為他人已經註冊且以.cn結尾的域名與該機構或者個人的合法權益發生衝突的，都可以向CNNIC認證的域名爭議解決機構-中國國際經濟貿易仲裁委員會（CIETAC）提出投訴。

同時，CIETAC也於2002年3月開始，與香港國際仲裁中心聯合成立「亞洲域名爭議解決中心」，並獲得美國互連網絡名稱和代碼分配公司（ICANN）的授權，成為全球第四家可以手機國際通用頂級域名爭議的解決機構。因此，林先生關於兩項域名的爭議，都可以向CIETAC提出仲裁申請或者向楊女士所在地的中級人民法院提出訴訟。

一般而言，無論是仲裁還是訴訟，會根據以下情況，認定被投訴人是否對爭議域名有正當權利：1.投訴人請求保護的民事權益是否合法有效；2.爭議域名或其主要部分是否構成對投訴人馳名商標的複製、模仿、翻譯或音譯；或者與投訴人的註冊商標、域名等相同或近似，足以造成相關公眾的誤認；3.被投訴人對爭議域名或其主要部分是否享有權益，是否有註冊、使用該域名的正當理由；4.被投訴人對該域名的註冊、使用具有惡意。

所謂「惡意」是指：1.為商業目的將他人馳名商標註冊為域名；2.為商業目的註冊、使用與他人的註冊商標、域名等相同或近似的域名，故意造成與他人提供的產品、服務或者原告網站的混淆，誤導網絡用戶訪問其網站或其他在線站點的；3.曾要約高價出售、出租或者以其他方式轉讓該域名獲取不正當利益者；4.註冊域名後自己並不使用也未準備使用，而有意阻止權利人註冊該域名者。

案例啟示

網絡在現代商業領域內，扮演著越來越重要的地位。而域名在網絡中具有唯一性、區別性，整個網絡體系中只能存在一個獨特的域名，域名具備很強的識別功能。因此，及早將自己創設的商標、企業名稱等註冊成為域名，對於現代企業的業務開展至關重要，以致搶註域名的事件屢有發生。法律專業的建議是，一旦發現域名被搶註，不要和侵權人妥協，而是採取法律手段，不但可以維護自己的正當權利，同時也能打擊侵權人，建立起誠實信用的交易體系。（以上參考資料與法規來源為：台商張老師朱偉雄、高穎律師，2003年）

第**13**章 台商佈局中國大陸自創品牌面臨法律問題

一、台商在中國大陸商標爭議面向

(一)ＷＴＯ就智慧財產權協定所設立之若干原則

　　當今國際間智慧財產權國際保護組織中，規模最大、成效最好的、最具有執行力的，首推隸屬於聯合國專門機構之一的「世界智慧財產權組織」（World Intellectual Property Organization，簡稱為WIPO）。該組織的前身是由負責管理「保護工業產權巴黎公約」和「保護文學藝術作品伯恩公約」的聯合國際局演化而來。WIPO係於1970年5月26日生效，1974年12月17日正式成為聯合國的專門機構之一，總部設在日內瓦。WIPO直接管理20個聯盟或條約，已成為世界智慧財產權方面各國際條約的行政執行機構。但由於國際商事日益發達，商品及服務之流通經常跨越數個領域，而一國之智慧財產權之制度確實在相當程度上會構成貿易障礙或貿易扭曲現象，本質上為一貿易問題。而且現有的智慧財產權保護相關公約如巴黎公約、伯恩公約無法提供有效保護，亦無可靠有效的爭端解決程序，反之，關稅暨貿易總協定（General Agreement on Tariffs and Trade，簡稱GATT）有其傳統之爭端解決程序，其結論之達成除由第三者之爭端解決小組作成建議性之判斷外，尚須倚賴諮商及GATT會員國之共識加以解決，而其爭端解決機制較現有其他國際組織更具效力，且能有效解決。因此，1986年烏拉圭回合宣言終將智慧財產權保護之問題納入GATT談判，其談判之結論將智慧財產權作為貿易體制之一環。

　　瞭解前述與貿易有關之智慧財產權協定（Trade Related Aspect of Intellectual Property Rights，簡稱TRIPs）所制定之背景後，很明顯的TRIPS所制約之目的並

非在於取代現有智慧財產權各國際公約，而在於強化及爭端機制之解決，尤其貿易自由化為各國修改智慧財產權法制的最高指導的精神。

由於，TRIPs之設計並非取代而在強化，因此，除了GATT所揭示的貿易自由化精神外，其他現有之各項智慧財產權國際公約原有之原則，均構成TRIPS之原則或規範事項。其基本原則如下：

1. 國民待遇原則（National Treatment）

國民待遇原則係指各成員國必須在法律上給予其他成員國的國民以本國國民能夠享受到的同等待遇。依TRIPs第2條規定，除巴黎公約、伯恩公約、羅馬公約、積體電路智慧財產權條約，已規定的例外之外，各成員在智慧財產權保護上，對其他成員之國民提供的待遇，不得低於其本國國民。

2. 最惠國待遇原則（Most-Favored-Nation Treatment，簡稱MFN）

依TRIPs第4條：一締約方給予任何另一國的利益、優惠、特權，豁免應立即和無條件給予其他成員國的國民，例如中國大陸與美國在1992年就藥品提供行政保護之優惠所達成協議之後，歐洲共同體、德、日亦提出享有與美國相同待遇時，中國大陸則不能拒絕。

3. 透明度原則

這是在TRIPs中第63條所規定的原則，該原則事實上是來自於GATT第10條所規定的貿易原則。要求各締約方就與智慧財產權相關生效的法律、法規、最終的司法判決、行政裁定和一般內部規定，都應使所有締約國容易取得及熟習。該透明度原則之目的在於防止締約方之間出現歧視性行為，及便於有關單位取得相應的法律、法規保護。

4. 最終的司法審查及終審原則

TRIPs明確認為對於智慧財產權有關程序的行政終局決定，均應受司法或準司法機構的審查，或者有機會提交司法機構復審。TRIPs第32條規定，對於發明專利的撤銷或無效的決定，應提供機會給予司法審查。

5. 強化智慧財產權保護及執法手段

TRIPs具體規定了有關智慧財產權執法的民事、行政及救濟程序，包括了禁制令頒布、損害賠償、沒收或銷毀，並加強暫時措施與邊境措施等執法程序。這些強化智慧財產權的執法保護，在有關的公約或條例中尚屬首見。

6. 其他保護之具體要求

立體標記得作為商標註冊，對馳名商標、地理標示、工業設計、未公開資料、積體電路佈局之保護等事項。

(二)台商在中國大陸商標爭議點

2001年台灣與中國大陸同時正式成為WTO的成員，自此WTO的協定及相關法律文件對兩岸同樣具有法律的拘束力，兩岸在各自國內法必須制定出一套能夠符合TRIPs所確立的最低標準政策或修改法律。因此兩岸各自依其立法程序先後修定了專利法、商標法、著作權法及相關法律。要檢視WTO成員是否履行遵守TRIPs之義務，只需就其現行政策、法律與TRIPs之規範加以比對即可。

台灣與中國大陸是否認真而忠實的實現其承諾，TRIPs理事會當然得加以監督，成員國也可以要求諮商，不待本文逐一加以檢視。由於，兩岸的特殊關係，雖然都是WTO的成員，在智慧財產權領域內，尤其是實務操作上，是否真正履行了TRIPs所設立的各項規定，雖然可以自不同角度予以判斷，但是，本文僅就台商在中國大陸發生重要爭議點加以觀察。

1. 國家名稱相同或近似

中國大陸《商標法》第10條第1款第1項「同中華人民共和國的國家名稱、國旗、國徽、軍旗、勳章相同或者近似的，以及同中央國家機關所在地特定地點的名稱或者標誌性建築物的名稱、圖形相同的」不得作為商標使用。在實務上，中國大陸《商標法》第10條不但禁止註冊，更是不得使用，未註冊而使用者，得依中國大陸《商標法》第48條之規定，由地方工商行政管理部門予以制止，限期改正，並可以予以通報或者處以罰款。中國大陸在審查實務上認為「國家名稱」包括全稱、簡稱和縮寫，例如「中國」、「中華」「CHN」、「P.R.C」、「CHINA」。但有下列情形之一者除外：(1)描述的是客觀存在的事物，不會使公眾誤認者，例如「中國鼎」、「中國龍」(2)商標含有與中國大陸國家名稱相同或近似的文字，但其整體是報紙、期刊、雜誌名稱或依法登記的企業單位名稱者。例如「Air China中國國際航空公司」、「中國消費者報」、「中國人民大學」(3)中國大陸申請人所申請的商標，含有國名但與其他顯著特徵的商標相互獨立，國名僅是表示申請人所屬國者，例如「中國長城」。

由於兩岸社會體制不同，台灣早期國營事業都以「中國」、「中華」為法人特取名稱，而且《商標法》也明文禁止註冊。事實上，大多數的國家都允許其國人以所屬的國名申請商標註冊；現今存在的問題是，外國人不太可能以帶有「中國」、「中華」國名申請商標註冊，而兩岸以「中國」、「中華」為企業名稱或商標使用者不乏其例。中國大陸在考慮某些中國大陸商標因長久使用而具有顯著性，故予以註冊，如「中華香煙」、「中華牙膏」、「中華鉛筆」、「中華牌炭絲繩」、「中華牌桂花陳酒」、「中華書局」，近日又有註冊第3814044號「中國人壽保險(集團)公司」、第4080598號「中國建築技術集團」。然而帶有「中華」、「中國」商標的台灣申請人，迄今未曾有核准案例，即使該商標已長久使用而具有顯著性者仍無法獲得註冊。

2. 有關「優先權原則」之適用

所謂優先權原則（Right of Priority），是指任何一個成員國的申請人首次在一成員國提出商標、專利申請案後，可以在特定的期限內（發明及新型專利為12個月、商標為6個月），若再向其他成員國提出申請尋求保護時，則可以將第一次的申請日做為日後提出申請的有效申請日。優先權制度其設計的目的，在於讓申請人在第一次提出申請後有充裕的時間做準備以及考慮要在哪些國家申請，而不必擔心在此考慮或作業期間被他人搶先在其他國家申請註冊。

有關優先權原則最早規定於「保護工業產權巴黎公約」（Paris Convention for the Protection of Industrial Property）第4條。此條款並為所有成員國必須遵守的共同準則，也是對於成員國國內法提出的最低要求；不允許保留或針對特定成員國排除適用。

TRIPs雖然沒有明文規定優先權原則為所有成員國所必須共同遵守的字眼，但是在第一部份「總則及基本條款」中，明文規定「保護工業產權巴黎公約」的第1條至第12條及第19條，也是所有WTO成員國所必須遵守的原則。換言之，WTO所有成員國都必須適用優先權原則不得對特定成員國加以排除，否則有違WTO的無歧視精神及違背了TRIPs第4條的「最惠國待遇原則」。台灣縱然非巴黎公約成員國，但仍得要求優先權原則之適用。

中國大陸對於台灣商標申請人主張優先權，堅持認為兩岸共同加入WTO與要求優先權沒有直接關係，認為可以要求優先權的基礎必須是巴黎公約的成員

國或兩國互相簽署了優先權互惠條約。而這2個基礎條件台灣都不具備，因此，不能向中國大陸主張優先權原則的適用。台灣政府卻認為兩岸都是WTO的成員國，互相有權利也有義務遵守WTO的TRIPs相關規定，如果中國大陸執意加以排除，勢必依WTO所設定的爭端解決機制加以申請及處理。

3. 地名（Place names）商標的問題

以地名作為商標，尤其對於特別是公眾知曉的地理名稱，大多數國家是不允許作為商標註冊，並視該地名商標的屬性而決定不准予註冊的理由。以地名作為商品之產地或服務營業地，則屬「描述性」不准註冊，若以地名作為商品虛偽產地或虛偽營業地表示，則屬「虛偽性」不准其註冊，以地名作為商標或服務其目的在於欺罔消費大眾，則屬「欺罔性」不准註冊，或以地名商標不具有顯著性而不准其註冊。

台灣就地名申請商標註冊者，在實務案例中有以地名因不具商標顯著性而不准註冊，例如：英國（指定使用於肉食罐頭商品）、台南（指定使用於電視機商品）、巴塞隆納（指定使用於衣服商品）、米蘭（指定使用於手錶）。有以地名為商品之說明而依《商標法》第23條第1項第2款不准註冊者，例如：西螺（指定使用於醬油）、南京（指定使用於板鴨）、溫州（指定使用於餃子皮）、草湖（指定使用於冰淇淋）、巴黎（指定使用於香水）、凍頂（指定使用於烏龍茶）。亦有以該地名核准予註冊，將使公眾誤認、誤信其商品產地之虞者，則依《商標法》第23條第1項第11款不准其註冊，例如：主管機關曾以「仰韶」係河南省澠池縣之村名，該村以發現新石器時代之石器、骨針、彩陶聞名於世，若將「仰韶」指定使用在地磚、磁磚，有使公眾對其出產地產生誤信而不准註冊。但也有地名准予註冊之案例，例如：羅馬（指定使用於磁磚）；或者該地名之意義業已轉換，而非單純指地理來源之表示，亦非種類名稱或商品性質之描述，一般消費者亦不會有產地誤認、誤信之虞，則應准予註冊，例如：(1)地理名稱經長久使用而且有第二層意義時，則應准予註冊，例如青島啤酒。(2)表彰商品特定供應來源者。例如中國石油、金門高粱酒。(3)其他依一般相關大眾之觀點，商品名稱中之地理名詞已然轉換，而非單純為地理來源表徵，例如富士電梯。

中國大陸對於縣級以上行政區劃名稱及公眾知曉的外國地名，在1986年加入巴黎公約前並無明文要求不得以地名為商標，僅在1988年1月13日發布實施的

「商標法實施細則」第6條規定「縣級以上（含縣級）行政區劃名稱和公眾知曉的外國地名，不得作為商標。但是，地名具有其他涵義的除外；已經註冊的使用地名的商標繼續有效」。由於此不得註冊條款規定於實施細則，在執行上不夠徹底，也無法實際禁止使用，所以，在1993年將其改列於《商標法》第8條第2款，2001年《商標法》修正時仍列於第10條第2款「縣級以上行政區劃的地名或者公眾知曉的外國地名，不得作為商標。但是，地名具有其他涵義或者作為集體商標、證明商標組成部分的除外；已經註冊使用地名商標繼續有效」。

所謂「地名具有其他涵義」，中國大陸在審查實務上是指下列2種情形：(1)地名本身具有其他強烈的涵義，商標文字雖與地名相同，但其文字本身的意義強於地名的指向，即構成商標的詞組早已經是獨立存在使用已久的，涵義也明確，則允許註冊。「太和」為安徽省一縣名，而「太和」一詞在辭海中有多種解釋，其中第一解釋為「中國哲學術語」，原出「易、乾、象辭」：「保合太和、及利貞」，即願普天下之人平和安舒。「太和」作為商標的上述涵義已強於作為行政區劃的「太和」縣名。在案例中：隆昌、鳳凰、長壽、和平、燈塔、仙桃、雙江，也都具有其他涵義而准予註冊。(2)地名商標因長期使用而具有第2層含義時，換言之，一種原不具顯著性的商標或一地名，因長期使用而消費者已經認為一商標，表徵商品的出處及來源，例如「青島」啤酒、「長安」汽車、「瀘州」老窖酒。對於通過長期使用取得的顯著性及適法性，都必須由申請人負舉證的責任。

依上述原則，「台灣啤酒」已因長期使用而具有顯著性，理應獲准註冊，但涉其他因素以致遲未能獲准註冊，有違國民待遇原則及透明度。

4. 地理標示

所謂地理標示（Geographical Indication），依TRIPs第22條第1項之規定，是指該產品源自於某一會員國領域，或自該領域中之一地區或地點，而該產品的品質、名聲或其他特性主要來自於該地理來源者。台灣目前對於符合上述地理標示要件者，則依「地理標示申請證明標章註冊作業要點」，以證明標章方式加以保護；中國大陸則依《商標法》第16條及實施細則之規定，以證明商標或集體商標申請註冊，來加以保護。台灣至今，具有地理標示性質之證明標章為註冊第84號及第85號「池上米」證明標章；而中國大陸至今(2006年11月)受理申請案

有647件，審定核准者為210件，如「安溪鐵觀音」、「景德鎮瓷器」、「紹興黃酒」。

依TRIPs第23條對葡萄酒及烈酒地理標示提供額外的保護，且各成員國應提供各種法律手段，防止將地理標示用於並非來源於該地理標示所表示的地名的烈酒，由於此一規定，造成台灣埔里所產著名的「紹興黃酒」，被認為是仿冒中國大陸的「紹興黃酒」，而退出日本市場。台灣雖然可依TRIPs第24條第6項以「紹興黃酒」已成為表述商品或者服務的通用名稱的通用術語，可繼續在台灣使用也沒有義務提供給中國大陸的「紹興黃酒」予以地理標示的保護，但仍然無法阻擋其他成員國給中國大陸的「紹興黃酒」之保護，又如「哈密瓜」是中國大陸地理標誌，台灣的哈密瓜水果如果進口到中國大陸恐有商標侵權之虞。

5. 台灣知名農、特產品地名在中國大陸遭註冊問題

日前報載，包括阿里山、梨山、凍頂、杉林溪、日月潭、玉山、溪頭等台灣著名風景區或主要茶產地名，已在中國大陸被申請為註冊商標之事件，而引起農民及相關單位的重視。上述知名農、特產品之地名，由於種種因素，尚未依「地理標示申請證明標章註冊作業要點」之規定申請為證明商標。因此，是否得依TRIPs地理標示相關規定要求中國大陸提供保護，或者依中國大陸《商標法》第16條及第41條第2項予以撤銷註冊，尚有爭論。但是反觀這些農、特產地在台灣為一說明性文字也是不爭的事實，任憑其在中國大陸註冊為商標將造成商業糾紛亦有違公平性，因此，中國大陸依中國大陸《商標法》第10條第1項第8款「有害於社會主義道德風尚或者有其他不良影響的」《商標法》第11條第1項第3款不具有顯著特徵及第41條第1項由商標局依職權撤銷該註冊商標，才能妥適解決上述農特產品地名遭註冊為商標的爭議。

(三)結論

兩岸在經貿交流下所衍生的商標爭議，有些爭議可以依照WTO爭端解決機制，成員之間對於貿易有所爭端時必須透過下列程序加以進行，也就是協商（Consultations）、斡旋和調解（Good Offices, Conciliation and Mediation）、專家小組（Panels）、上訴復審機構（Standing Appellate Body's Review），最後則允許交叉報復（Compensation and Cross Retaliation）。世界貿易組織是政府間的

國際組織，其爭端機制的啟動進行，只允許成員國政府，對於私人間的爭議、私人與政府間的爭議，私人不能以其自己身份向爭端解決機構提出申訴。因此，台商在台灣所申請的商標或專利轉而向中國大陸主張優先權被拒絕時，則可以透過台灣政府向中國大陸提出磋商的要求，所以，優先權原則爭議，可能是兩岸最符合啟動爭端解決機制的案例。

但有些爭議純屬「國內法」之執行，雖不違背TRIPs的條約，但是就台商而言也是不合理，如「八二三」、「Formosa」商標被認為有不良影響而拒絕註冊。台灣廠商赴中國大陸地區申請商標註冊，自西元1989年起至2004年底止計有90,114件，而中國大陸廠商來台申請註冊者，自1993年至2005年底，僅2,591件。按申請件數統計台灣到中國大陸申請件數為中國大陸來台申請的40倍。台灣商品輸出或在中國大陸內銷，基本上暢通無阻，而中國大陸目前仍有2,000多項商品禁止進口到台灣，在情勢上兩岸對商標爭議之發生當然呈現迫切性，要求保護也有所傾斜。爭端機制的啟動有嚴格條件，而兩岸協商機制海基會、海協會早已名存實亡，簽訂類似智慧財產權保護協議，又受制於主權之爭而遙遙無期，所以透過民間、學術另行建立互解、互讓的溝通平台，更顯得重要及急迫。

二、自創品牌的合法性基礎

案例：劉某是一位具有強烈上進的年輕人，經過一番考慮後決定自行創業，因此，籌組了一家公司。劉某為了長遠的經營，所以委託一家廣告設計公司，為他的商品進行「企業形象的識別設計」。最重要的是幫產品取一個易記又合法的商標。在商標名稱的選定過程中，劉某應注意哪些事項？

評析：商標是企業的財富，如何運用商標權利發展生產、開拓市場，是每一個企業必須研究的重要課題。然而創造一個成功的品牌，絕非是偶然的，從商標名稱的選定到商標的管理以至於如何保護商標權利，都必須經過一套嚴格的科學程序及周密的法律思維，其中，尤其以商標的選定最為重要。「商標的選定」包括了幾個階段：商標名稱的擬定、符合市場原則、商標合法性的確認。

(一)商標名稱的擬定

一項商品的命名通常都是在商品研發過程的後期階段，商品的命名大都是由研發部門及經銷部門或者由廣告公司，依據新產品的特殊性列出數十個甚至幾百個新名稱以供參考。命名的來源可以從公司本身員工或是最常見的由消費者提供的有獎選拔，最後則由核心小組就這些可供參考的名稱，進行審核及篩選，只保留了一定數量的名稱進行市場原則的測試及合法性的確認。

(二)符合市場原則

市場原則是指設計商標應考慮市場因素。因為商標是要在市場上使用的，除了合法性的確認外，就是要考慮在市場上是否為消費者樂於接受、樂於購買，所以要研判消費者心理因素、銷售地區、國家的習俗或是國際化，甚至同一文字在其他銷售地區是否有其他涵義。例如「乖乖」用於餅乾、「包大人」用於成人紙尿褲、「ＪＯＹ」用於香水、「信義」用於房屋仲介，都是符合市場原則的。又如「大象」在有些國家是不受喜歡、「孔雀」有的國家認為是不吉祥的鳥、「櫻花」對有些地區則具有強烈的民族主義。

(三)商標合法性的確認

每個國家都會依國際慣例及本身特殊因素，定出一些禁用條款，凡是不符合法律規定的，一律不准註冊。因此，商標的選定必須考慮到其合法性。商標合法性包含下列幾點：

1. 商標是否具有顯著性

所謂「顯著性」，係指商標本身具有與眾不同之特性，能引起消費者之注意，且依一般生活經驗加以衡酌其外觀、稱呼及觀念，與其所指定使用商品間之關係，足以與他人相區別。例如「KODAK 柯達」、「ACER宏碁」、「HCG 和成」。另外實務上一般認為下列不具有顯著性：

(1) 印刷體表示的一個或兩個英文字母，例如單獨由A或C或ＡＢ組成的商標。

(2) 單純的由阿拉伯數字所組成的，例如「NO19」。

(3) 單一顏色沒有區別作用的。

(4) 僅以普通方式極其簡單的幾何圖形或線段組成的，例如一條直線「—」、幾何圖形「△」「□」。

(5) 極複雜圖形或太多文字組合的，例如以清明上河圖為商標。

(6) 廣告、宣傳、或展覽會上常用詞彙，例如「美觀大方」、「FLY THE FRIENDLY SKIES OF UNITED」。

(7) 地名商標，特別是公眾知曉的地理名稱，例如「巴黎」、「紐約」、「北京」。

(8) 常見之姓氏，例如「陳氏」、「老李」。

(9) 成語、祝福用語、形容片語、或口頭禪，例如「恭禧發財」。

(10) 歷史人物，例如「劉備」、「孔明」。

(11) 電影或小說或文藝之著作物名稱，例如「終極警探」、「西遊記」、「腦筋急轉彎」。

2. 是否為描述性商標？

　　一個標記是否能註冊取得商標權，首先要取決該商標固有的屬性。商標通常依其顯著性之強弱被分為4種，從最具有保護性到完全不具有保護性的商標。第一種為獨創性商標或臆造文字(COINED WORDS)。第2種任意選定的或幻想性商標(ARBITRARY AND FANCIFUL MARKS)。第3種暗示性的商標(SUGGESTIVE MARKS)。第4種描述性商標(DESCRIPTIVE MARKS)。第一種、第2種為強勢商標，可註冊絕無疑問。而第3、第4種因屬於弱勢商標及通用標章，因此在申請註冊時，商標常因此等因素而被核駁。

　　暗示性商標，用於暗示或提示商品的屬性或具某一特點，但是以間接暗示、自我標榜方式表現，因此不能算作是描述性的，例如香水的商標「ＪＯＹ」、捕蟲器的商標「ROACH MOTEL」，餐飲的「頂呱呱」、化粧品的「自然美」以及食品的「味王」、「味全」。暗示性商標有利於商品的推展，但在使用上卻要冒一定的風險。在某些國家被認為是暗示性的商標在其他國家就可能被判為描述性或誇大宣傳不實而得不到保護。在商標領域內暗示性商標（可受保護的）與描述性商標（不受保護的）相比是個非常有用的概念，但是2者間的界線也是最難判斷，常因審查員本身的主客觀因素，而有不同的看法。

　　描述性商標從法律意義上講並不是商標，而只能算是描述某一商品名稱、

質量、品質、屬性、來源或其某一構成及特點的文字。從法律角度講，任何人都可隨意的使用這些文字，因此，與商標註冊的獨佔性相矛盾，若賦予獨佔，商業活動勢必困難重重。在某些個別的國家，只要一種商品的商標被判定為具有描述性，它就不能作為商標，而能為任何人隨意使用。這些商標在大多數其他國家也被判定為描述性的，但具體判定方式卻各不相同，再者劃分暗示性商標與描述性商標的界線也不相同，往往在某一國家被判為描述性的詞句在另一國家卻成了暗示性的而受到保護，例如在講英語的國家中，美國對描述性的判定標準就不像其他英語國家那麼嚴格，即使同一地區對某一名詞之使用究竟為描述性之普通使用或是商標之使用，仍然發生重大爭議，如宏碁「國民電腦」之糾紛案即為一例。由於商標具有強烈的區域屬性，同一商標在一區域可能具有顯著性，但在另一區域可能是通用名詞。例如「VASELINE凡士林」在西德、瑞士是通用名詞，在美國都還是一個有效商標，「THEKMOS 暖瓶」在英國是產品說明，但在比利時則是一個商標。拖拉機在中國大陸使用「鐵牛」是一個絕妙的好商標，但在台灣用閩南語稱呼「鐵牛」就是拖拉機的商品名稱，正如閩南語的「鐵馬」就是指「自行車」。又例如「吉甫」用於車子、「竹葉青」用於酒，在中國大陸是可以註冊，但在台灣是不可以。「頂呱呱」「WONDERFUL 」「羅馬」在台灣是可以註冊，但在中國大陸反而不行。「MERIT 」一詞用在香菸上，美國可以註冊，但在英國卻被拒絕註冊。因為美國法認為「MERIT 」是暗示性，而英國卻認為是一種描述性的。

3. 是否同他人註冊或審定在先的商標相衝突？

　　當一個商標的市場原則及合法性都給予充分考慮之後，不代表這個商標就可以投入市場。最重要的是該商標可否避免與他人註冊或審定在先的商標相衝突，因此，對於擬使用的商標必須事先予以檢索。有些國家對於商標註冊申請的審查，必須嚴格的審查是否與註冊在先的商標相同或近似，例如：西班牙、中國大陸、英國、日本及台灣。而德國對於註冊在先的商標卻不查詢，也不會根據在先權利而駁回在後申請案，只有在異議階段中由在先權利人提出異議。甚至有些國家連審查制度都沒有，對所有申請註冊的商標統統置予註冊簿中，其後如有發生爭議，則由法院審理解決。如義大利及荷比盧3國，不管採用何種審查制度，為使商標能註冊並且避免仿冒糾紛，事先的商標檢索是無可避免的。

如果檢索報告顯示有一大堆近似的商標，公司就應該慎重考慮該商標名稱是否可能獲得註冊，甚至於註冊之後僅得到範圍很小的保護。由於註冊商標越來越多，要完全避免相同或近似是非常不容易，如果還要考慮全世界重要的國家，那就更艱難了。因此，無可避免的會牽涉到商標買賣移轉，或是許可使用的問題。歐美很多國家大都允許，只要在先權利人願出具同意書，則允許在後商標可以繼續註冊，但是亞洲一些國家不太接受或根本不接受同意書的做法，例如台灣。如果在某些情況下無法取得同意書，申請人可以進行市場調查，如果調查結果顯示該商標並未實際使用的話，便可著手撤銷該商標，例如喧騰一時的「黑松」商標在中國大陸遭他人搶先註冊，最後也以他人3年未使用而撤銷該商標。

三、商標權取得的方式

案例：住在淡水的老金，由於其手藝好，加上用料實在，所以其所製作的鐵蛋非常受到歡迎。一般遊客到淡水觀夕陽吃海鮮時，都會到老金所開的店去買一包鐵蛋作為紀念品，並帶回去分享親朋好友。在口耳相傳下，到淡水玩的人都會指名購買「老金鐵蛋」。老金的徒弟小李，由於不滿老金所給的待遇，於是離開了老東家後，就在老金的對面，也開了一家食品店，賣起了「老金鐵蛋」與老金打對台。老金一氣之下跑去跟小李理論，要小李不得使用「老金鐵蛋」，「老金」商標是我老金首先使用的；但是，小李置之不理。沒多久，整條街都賣起了「老金鐵蛋」。老金的生意大受影響，一氣之下將招牌改為「正老金鐵蛋」，希望消費者知道他才是第一家的開山祖師。然而，隔天之後，那條街又多了「正宗老金鐵蛋」、「正牌老金鐵蛋」、「第一老金鐵蛋」。從此以後，再也沒聽到老金的叫罵聲。

評析

(一)註冊主義與使用主義

世界各國商標法律制度，對於商標專用權之取得，基本上採用2種制度，一是註冊主義，二是使用主義。

所謂註冊主義，即商標必須向國家主管機關，依一定之程序提申請，經核准註冊後，方能取得商標專用權，受到法律保護。因此，即使使用在先、但未依法提出申請註冊者，則不能享有商標專用權，也得不到法律之保障，例如台灣、中國大陸、日本，皆採取註冊主義。

所謂使用主義，僅依據在一項商品上有使用商標的事實，即使不註冊，商標所有人亦可取得商標專用權。這是一種承認商標權與商標使用同時產生效力的制度，如美國、菲律賓。所以在美國聯邦與各州管理機關所實行的兩級商標註冊制度，只是對已經確實存在的商標，給予「承認」的作用，並非「授予」其專用權。所以在此等國家註冊的前提是，該商標確實已經在貿易中使用。

(二)兩種制度之沿革

在商標註冊制度未出現以前，使用商標的行為是可以受到保護。但是他人只要標明商品出處來源、消費者也可以區別的情形下，即使使用相同的商標也被允許的。換言之，並非保護商標的獨占使用。

到了19世紀在英國，從「冒充訴訟」的觀念中逐漸分離出「侵權訴訟」的概念。使商標使用人可以獲得更廣泛救濟，認為只要有使用的事實即有商標專用權，而且其效力類似所有權的性質，具有絕對的效力。

其後「使用主義」的法律制度，再與註冊主義相結合起來，發展出有使用商標的事實，亦即商標使用人雖然具有商標專用權，但仍須透過註冊制度，以推定其商標專用權已成立。由於使用主義在客觀上難以認識商標專用權之成立，使用前又不能確保有商標專用權之缺點。於是，由使用主義發展到註冊主義，商標要經註冊踐行一定之程序才能發生商標專用權的效果。

上述商標制度的沿革主要是在工業發達國家的沿革，例如英、美等國，所以該等國家大多保留了使用主義之精神。但是在開發中國家或對於公平交易法基礎

理論欠缺之國家，大多直接採用註冊主義。

(三)註冊主義與使用主義的優缺點

商標權成立的事實，應該是公開、客觀的，並使一般人容易查詢。因此僅以主觀上有取得權利的意願還是不夠的，必須以客觀的事實或行為來表示這種意願。在採行註冊主義制度的國家，因有客觀的事實，而成立商標專用權。而使用主義，僅依有使用的事實就有商標專用權。但何者才為「使用」？使用於「何時」？判斷上是非常困難的。因此經過一定的註冊程序，是一項比較容易判斷的客觀事實。

商標專用權究應歸誰所有，應從客觀的事實加以判斷是比較妥當的，因此一般採用註冊主義制度的國家，原則上會一併採用「申請在先」的原則。因此採取註冊主義兼採申請在先原則的制度，其權利歸屬就相當明確；若採使用主義，權利之歸屬則要先看究竟是誰首先使用，然而這種判斷，實際上是有爭議的。即使，配合註冊及既存的「認證」制度，仍不能避免上述缺點。所以相信自己是權利所有人而使用該商標，但仍然可能發生在該權利成立後，又因他人主張在先使用而被推翻。

然而，註冊主義，也並非無缺點。因申請註冊之商標不以有使用為前提，因此，有些不準備使用的商標也可提出申請以致商標申請案過多，而真正想使用該商標的人，卻因他人註冊在先，以致無法申請註冊。所以，有些國家採用申請商標註冊時，應當在商標註冊申請書上載明申請人的營業種類，將申請註冊商標與其指定商品進行對照，以確認申請人有無使用該商標的意願或從申請人的資格加以限制。

(四)台灣商標法所採用的制度及特點

1. 先申請原則：

2人以上在不同日期就相同或類似商品上提出2件以上相同或近似商標申請註冊時，則應准許提出商標申請在先的人取得商標專用權。《商標法》第18條，2人以上於同日以相同或近似之商標，於同一或類似之商品或服務各別申請註冊，有致相關消費者混淆誤認之虞，而不能辨別時間先後者，由各申請人協議定之；

不能達成協議時，以抽籤方式定之。

2. 註冊主義：

台灣商標專用權之取得，在法律上以依法註冊為前提，不經註冊，即不能專用。既然無專用權，他人使用即不受干涉。即使是創用該商標的人也沒有排除他人使用的權利，除非有公平交易法第20條之適用。假設該商標所表彰之商品大為暢銷，很快就會有人跟進仿冒，屆時將無法禁止他人使用。因此先使用而不註冊或後註冊，會有下列風險：

(1) 被人搶先申請註冊。原商標創用人反而不能使用、又有被告仿冒之可能；或是在日後申請註冊時，由於該商標跟進使用的人太多，而有商標法第五條第23條第一項第3款之適用而喪失其顯著性，因而不能取得註冊。

(2) 侵犯他人的商標，被利害關係人告狀，官司纏身。

(3) 日後申請註冊時，才發現有人已經以相同或近似之商標申請註冊在先，而不准予註冊。屆時所有品名、廣告要重新製作，損失慘重。

3. 審查主義：

商標專用權之取得，應經主管機關就形式及實質條件加以審究，符合法定要件者，即予註冊公告；若不符合者，則予核駁，此種制度即為審查主義。台灣商標法採實質審查主義。商標主管機關對於商標註冊之申請，應指定審查員審查之。審查員就商標申請案分2階段審查，即形式審查及實體審查。

4. 任意註冊原則：

申請註冊與否，全由企業自己決定，國家不加以強制干涉。反之；企業所使用的商標都必須依法註冊，否則不得使用；未經註冊而使用，即屬違法，此即所謂的「強制註冊」。台灣商標法採任意註冊原則，申請註冊與否任由使用人決定。不申請註冊的商標，也可以在市面上使用，只是無法取得專用權與受到法律之保障而已。

5. 屬地原則：

屬地原則是國際工業財產權法的一項基本原則，即法律適用及權利效力之範圍，僅在制定該法律的領域內得到承認與保障。因此，商標專用權也是如此，其成立、移轉、效力，一切必須依照所授予權利之國家的法律，而且僅限於在該國領域內有效。因此一個商標如果欲在外國取得保護時，須分別向各該外國提出

註冊申請，按照各該外國法律規定取得商標權。台灣亦採用此原則，在經濟部智慧財產局申請註冊的商標，在中華民國領域內有絕對的專用權之效力，即使該商標另有他人在外國登記，只要在台灣未經過已註冊之商標專用權人之同意，則不得在台灣領域內使用。同理，只有在台灣申請註冊之商標，僅在台灣領域內有效力，如果欲在他國取得專用權，則必須在他國另行登記註冊。

「老金鐵蛋」一例，在台灣各地經常可見，真正創用該商標的人，由於沒有將該商標即時提出申請註冊，等到大家都模仿抄襲使用時，已經喪失壟斷使用的商機。平白將大好江山拱手讓人，不可不慎。(此專題內容由勤業國際專利商標聯合事務所所長賴文平撰寫，並獲其慨然同意提供，為本報告增色)

第**14**章 台商在中國大陸運作商標的法律建議

　　中國大陸的市場廣袤，讓心存不義的「台商」或是「陸商」，願意利用法律的註冊申請在先原則，將已在台灣出名的商標搶先到中國大陸來註冊；之後或者是自己做起生意，或者是高價賣給後來到中國大陸發展的台灣商標權人。

　　台商到中國大陸創業已經從單純資本競爭進入了智慧並重的階段，商標由於其所內涵的市場價值，越來越受到老闆們的重視，在企業的資產規劃中，商標已處在十分重要的地位。綜觀近幾年來兩岸的發展，尤其是大批台商將台灣的工藝技術移師中國大陸後，傳統的品牌優勢將發揮先聲奪人之功效。像在台灣家喻戶曉的「金門」高粱、「開喜」烏龍茶等，都成功地在中國大陸商標局獲准註冊，從而可以在中國大陸享有專用權利。

　　不過，更多的可能是，有些不法台商利用先到中國大陸熟悉法令的機會，搶先將自己原來供職老闆的商標或者合作夥伴的商標，以自己的名義在中國大陸註冊，攫取其他台商辛辛苦苦創下的品牌利益。為此，本文將給台商朋友推薦一些中國大陸商標法令中關於註冊和反搶註的規範，以期幫助中國大陸台商正確運用法律，運作自己的商標品牌策略。

一、積極申請註冊商標

　　與美國、英國等國家的「使用制」不同，中國大陸採用的是「註冊制」商標保護體制。也就是說，要在中國大陸地域範圍內，持有某一商標並享有排除其他人使用的專用權，必須經過向中國大陸商標局申請註冊、取得「註冊權證」，才能確立自己之註冊商標權人的地位。為此，在中國大陸申請註冊商標，大致要做好以下準備：

（一）商標設計

商標設計應突顯以下優勢：1、獨創性，即商標的設計要有新意。一方面要符合「顯著性」的要求，另一方面有創意的商標容易擴大商品的知名度，迅速占領市場。2、商標的名稱應避免與商品的功能聯在一起。3、商標的設計要突顯出主題，合理佈局。

（二）商標查詢

商標查詢，是商標註冊申請人在申請註冊商標前，為了瞭解是否存在與其申請註冊商標可能構成衝突的申請在先之商標權利，進行有關商標資訊的查詢。

一件商標從申請到核准註冊歷時長久，如果商標註冊申請被駁回，一方面損失「商標註冊費」，另一方面重新申請註冊商標還需要更長時間，而且再次申請能否被核准註冊，仍然處於未知狀態。因此，申請人在申請註冊商標前最好進行商標查詢，瞭解申請在先之商標權利情況。

筆者在為台商實踐操作中，也往往建議客戶先行查詢，以免將來正式進入商標申請程序，既耗時耗財最終卻又落空。幸好所有客戶都能接受筆者的建議，在委託筆者之事務所申請商標的事項中，都先行委託查詢政府相關系統，瞭解是否有相同相似的商標已經註冊。

（三）提交商標註冊申請

台商在決定申請註冊商標的時候，可以根據自己的需要考慮以不同的「主體」作為權利人。依照中國大陸修改後的商標法令，「個人」也可以成為商標權人。因此，台商既可以用「境外的離岸公司」作為權利人，也可以用「自己個人」作為權利人，或者以其「在中國大陸設立的公司」作為權利人。當然，除非在中國大陸設立的是獨資公司，筆者不建議用中國大陸新建的公司作為商標權利人，避免將來與合資方、合作方產生糾紛。

一類商品註冊一個商標，如果跨類，算作兩個商標申請案。在確定商標權人之後，就要依照中國大陸商標局公布的《商品分類表》確定申請類別。如果申請註冊商標的名稱在「分類表」中找不到，可以根據類似商品進行原則上的劃分。

若分類表中沒有類似的，則必須將商品的主要原料、用途等填寫清楚。

另外，在商標註冊申請過程中還應注意以下2個問題：第一，中國大陸商標註冊採用「申請在先原則」，這裏所說的「申請在先」是以申請日為準的，即申請日在前的便是申請在先，申請日在後的便是申請在後。而商標註冊的申請日期，是「以商標局收到申請文件日期為準」，所以準備申請商標的台商若將所有申請材料準備好後，應盡快向「商標局」提出申請。

第二，根據優先原則，申請人在任何一個巴黎公約成員國（中國大陸即是成員國之一）商標註冊的第一次申請日期，在規定的6個月內可以作為在其他成員國的申請日期。也就是說，如果台商於2005年10月9日才在韓國遞交某個商標的申請，那麼他以同樣的商標於2005年12月25日到中國大陸申請商標時，可以將10月9日作為他的商標申請日。

二、反搶註之策略

中國大陸的市場廣袤，占據中國大陸市場意味著全球4分之1的人口將成為自己的潛在客戶。這樣的商機，讓那些心存不義的「台商」或是「陸商」，願意利用法律的註冊申請在先原則，將已在台灣出名的商標搶先到中國大陸來註冊；之後或者是自己做起生意，或者是高價賣給後來到中國大陸發展的台灣商標權人。

對於這種不厚道的行為，顯然光靠道德譴責是不夠的。修正後的商標法規範，給絕對的申請在先原則放開了一個門道-允許「異議」與「撤銷」。賦予那些自己的商標被搶註的當事人以提出「異議」和在該商標註冊後「5年」內提出撤銷搶註商標的權利，使惡意搶註者不能得逞。像「新東陽」「掬水軒」、「蜻蜓」、「味丹」、「康乃馨」、「黑松」、「歐香」、「長壽」等曾被中國大陸或香港或台灣的企業搶先註冊，台灣企業紛紛依中國大陸《商標法》「註冊不當理由」申請撤銷。

（一）商標異議

商標異議，對經商標局初步審定並公告的某一商標，自初步審定公告之日起3個月期限的異議期內，依據中國大陸《商標法》提出反對意見，要求撤銷的行為。採取異議的方法反搶註，往往要求資訊靈敏，經常關注中國大陸商標局的商

標公告，只有這樣才能在3個月的時間內及時提出。

在異議期內，任何機關、團體、企業、事業或者個人，均可以對初步審定的商標提出異議，他們既可以是利害關係人，也可以是任何第三人。也就是說，即便不是那個被搶註了商標的人，而只是他的親戚、朋友，也有權趕在異議期內向商標局提交「異議書」。

在異議書中應寫明：1、被異議商標的名稱、初步審定編號、類別、指定使用商品、《商標公告》期號和公告日期；2、引證的註冊商標或初步審定商標的名稱、核定使用商品、類別、註冊或者審定號；3、詳細陳述提出異議的理由。

（二）撤銷他人的註冊商標

實際上，要想在初審公告期間就阻卻不良商人的申請企圖，是頗為困難的。多數的情況是，自己的商標已經被別人搶註、獲得了「註冊權證」，並在中國大陸開始轟轟烈烈地宣傳使用之後，才察覺到。此時人家手裏有官方政府頒發的證書，便名正言順起來；自己反倒是有點無名無分，卻要討個公道。

好在中國大陸《商標法》給了個說法，如果是「以欺騙手段或者其他不正當手段取得註冊」，將被認定為商標註冊不當，而被商標局撤銷已經註冊的商標。具體而言，所謂的騙取註冊或者不當手段取得註冊，大體分解成這些行為：1、商標註冊人虛構、隱瞞事實真相或者偽造申請書件及有關文件進行註冊；2、違反誠實信用原則，以複製、模仿、翻譯等方式，將他人已為公眾熟知的商標進行註冊；3、以虛假的地理標誌註冊；4、未經授權，代理人以其名義將被代理人的商標進行註冊；5、侵犯他人合法的在先權利進行註冊的，如商標註冊侵犯他人肖像權、姓名權；6、以其他不正當手段取得註冊。

在台商與陸商的交易往來中，多見的是原先一直委託某家陸商作為自己產品的獨家代理，後來產生問題終結代理，遭致陸商搶註報復。還有諸如曾在台灣一起共事的夥伴，後來單飛並到中國大陸創業，在中國大陸設廠申請註冊了台灣的商標，像「掬水軒」商標的搶註人為一中國大陸企業，後經台灣掬水軒公司鍥而不捨的調查，終於發現這家中國大陸企業具有台資的背景，中國大陸商標評審會終以該台資企業已使用近40多年的「掬水軒」為理由，撤銷了搶註的商標。

不過需要特別注意的是，雖然撤銷已經註冊的商標，不像商標異議那樣只有

3個月的時間，但也不是說可以隨便什麼時候申請撤銷都行。法律為了穩定社會秩序和固定權利，給了「5年」的時限。

也就是說，如果在搶註商標已經註冊之後5年內，被搶註人仍未主張撤銷的話，就視為其放棄權利；從此將失去撤銷搶註商標的機會，並進而失去其在中國大陸繼續使用該商標的權利。因為法律上就將搶註人當成是真正的商標權人看待，被搶註人還能不能在中國大陸使用該商標，自然是要看搶註人的臉色了；那真是事是人非，造化弄人了。

因此，「上什麼山，唱什麼歌」。不能細細瞭解投資當地的法令規範、風俗人情，是很難創業更難拓展的。「商標」作為智慧財產權的一種，也需要有智慧的人才能好好利用，發揮它的商機價值。面對被不良之人偷走的商標，也是可以用智慧使其「完璧歸趙」。(此專題內容由永然聯合法律事務所所長李永然律師、上海永然投資諮詢有限公司陶立峰執行顧問共同撰寫，並獲其慨然同意提供，為本報告增色)

第**15**章 大陸註冊商標與其他知識產權衝突的避免及權利衝突——從上島咖啡商標權案談起

一、前言：

　　「上島」這個源自臺灣而崛起於大陸的知名咖啡西餐品牌，近兩年來，因「上海上島咖啡食品有限公司」和「杭州上島咖啡食品有限公司」之間對"上島"商標權之爭，在兩岸商界和法律界引起了廣泛的關注。經過多次峰迴路轉，隨著2005年7月北京市高級人民法院終審判決的落錘，最終大陸國家工商總局商標評審委員會於2004年7月作出的撤銷裁定書，得到了法院生效判決的確認，原註冊商標權的權利人上海上島公司喪失了對「上島及圖」註冊商標在商品類商標上的使用權。對於「上島」商標事件，我們暫且撇開上島咖啡企業原創始股東之間的矛盾和鬥爭不談。我們的聚焦點在於上海上島公司作為「上島及圖」註冊商標所有人，緣何會失去了商標權？並且想透過此問題的追根溯源，對大陸《商標法》有關之知識產權法律作一介紹，並著重就此事件中涉及的商標權與著作權兩項不同類型的知識產權之間的權利衝突問題，引申出商標權如何避免發生與其他類型知識產權發生權利衝突以及在發生權利衝突情況下的保護問題。

二、台商對大陸《商標法》的基本認識：

　　首先，在對「上島」商標案件進行探討之前，為了方便對其中涉及到的法律問題的理解，我們將先就大陸商標權法律作一個概況介紹。

　　大陸的商標立法始於1982年，其中經過了1993年和2001年兩次重大修正，現行的是2001年修正的《商標法》。

根據大陸《商標法》，商標有註冊商標和非註冊商標之分。

非註冊商標只要不違背大陸《商標法》的禁止性規定，也可以作為商品和服務的識別標識使用，但是，這樣的商標可以得到的保護遠遠比不上註冊商標，一旦打開知名度，最終往往會落得被他人搶註，為他人作嫁衣。雖然，大陸在1982年即有《商標法》的立法，但在20世紀的八、九十年代，許多國企均無註冊商標之概念，許多大陸國內的知名商標並沒有申請為註冊商標，結果發生很多被大陸國內外其他企業和個人搶先在大陸商標局申請為註冊商標，後來或者花鉅款買回，或者無奈之下放棄而另起爐灶。其情勢與Internet方興之際，名人姓名被紛紛搶註為功能變數名稱之風相仿。鑑於此一前車之鑑，台商在大陸投資成立企業，使用商標，還是向商標局申請為註冊商標為宜，這樣才能得到比較充分的法律保護。

註冊商標，是指經商標局核准註冊的商標，商標註冊人享有商標專用權，受法律保護。註冊商標有效期為「10年」，自核准註冊之日起計算，有限期滿，需要繼續使用的，可以申請續展註冊，不過，應當在期滿前6個月內提出申請；在此期間未能提出申請的，可以給予6個月的寬展期。寬展期滿仍未提出申請的，登出其註冊商標。每次續展註冊的有效期為10年。註冊商標根據使用的物件可以分為商品商標和服務商標，在向商標局申請註冊時，申請人根據自己商標使用物件和使用範圍，按照大陸「國家工商總局商標局」發佈的《類似商品和服務區分表》來選定自己商標的註冊範圍。像上海上島公司原來擁有的「上島及圖」註冊商標就分別註冊了對應類別的商品商標和服務商標。目前為止，被大陸國家工商總局商標評審委員會裁定撤銷，並經法院確認的，是「上島及圖」商標在商品類上註冊的商標，故就目前而言，上海上島仍保有「上島及圖」商標在服務類上的註冊商標專用權。當然，有成功判例在前，杭州上島如以相同理由再向商標評審委員會再提出撤銷上海上島服務類上的註冊商標的申請，則上海上島的服務商標也是前途堪虞。

成為註冊商標權利人的途徑有二：1、透過自行申請註冊而取得，即「原始取得」；2、透過與已擁有註冊商標的權利人簽訂「商標轉讓合同」，轉讓經商標局核准後由商標局予以公告，受讓人自公告之日起享有商標專用權。像上海上島公司擁有的「上島及圖」商標並非其原始取得，而是從國內一公司受讓取得。

三、「上島」商標權之爭的案情概況：

其次，在對大陸商標法律有了一個基礎的瞭解之後，那麼接下來，我們要正是切入上島事件的關鍵問題，緣何上海上島公司通過合法商標轉讓合同受讓取得並已經商標局核准後予以公告的註冊商標最終被商標評審委員會裁定為撤銷，並得到法院的確認？

商標評審委員會作出此裁定的依據是，上海上島公司的「上島及圖」註冊商標侵犯了「上島及圖」著作權人的在先權利，故依據大陸《商標法》規定予以撤銷註冊商標。

「上島圖案」係由台商陳文敏於1985年在臺灣創作的美術作品，並在台向台灣經濟部智慧財產局對「上島及圖」進行了商標註冊。因此，站在大陸知識產權法律的角度來看，在臺灣，「上島及圖」作品的著作權人和註冊商標權人是一體的，均是陳文敏。

到了大陸，根據大陸《關於出版臺灣同胞作品版權問題的暫行規定》第一項的規定，「臺灣同胞對其創作的作品，依我國現行有關法律、規章，享有與大陸作者同樣的版權。」大陸的《著作權法》規定，著作權屬於創作作品的作者；如無相反證明，在作品上署名的公民、法人或者其他組織為作者。因此，陳文敏作為「上島及圖」作品的作者，對該作品享有著作權人。然，「上島及圖」作為一個在臺灣註冊的商標，不能在大陸直接被認定為註冊商標，須另行按照大陸《商標法》及相應之法律法規的規定，向商標局申請商標註冊，經核准註冊後獲得註冊商標專用權。但是，在大陸，陳文敏享有著作權的「上島及圖」的註冊商標申請人不是著作權人本人，而是在1997年時被天津廣泰公司申請註冊為商品類商標並於次年得到商標局的核准。後該註冊商標被轉讓給了海南上島農業開發公司，海南上島公司又用「上島及圖」申請註冊了服務類商標。之後，海南上島將這兩類商標一併轉讓給了上海上島公司。由此，在「上島及圖」上同時並存著兩種不同類型的知識產權：著作權和商標權，並且，出現了權利人分立的狀況。從權利成立的時間上可以分出先後順序，陳文敏的著作權成立在前，上海上島公司的大陸註冊商標權成立在後。

根據大陸《商標法》第31條之規定：申請商標註冊不得損害他人現有的在先權利，也不得以不正當手段搶先註冊他人已經使用並有一定影響的商標。同時第41

條規定：已經註冊的商標，違反本法第13條、第15條、第16條、第31條規定的，自商標註冊之日起「5年」內，商標所有人或者利害關係人可以請求「商標評審委員會」裁定撤銷該註冊商標。對惡意註冊的，馳名商標所有人不受5年的時間限制。這也是上海上島公司最終喪失了註冊商標權的關鍵原因。

四、台商在大陸設立企業，申請註冊商標的應注意事項：

因此，在大陸設立的企業，要申請註冊商標，須注意以下3點：

1、如果自行商標設計的，需要避免使用的識別標誌造成對他人在先著作權的侵權。

2、如果委託他人進行商標設計的，為將來發生權利的衝突，應該在委託協定中明確約定創作的商標的著作權歸委託方也就是未來的商標權人所有。

3、如果要使用他人有著作權的作品作為商品或服務的識別標誌來註冊商標，那就需要徵得著作權人的同意，與著作權人簽訂「許可使用合同」。「上島商標」屬於這種情況，但是，作為商標權人缺乏的就是與著作權人之間的這個許可使用的關鍵性步驟和合同。

從上島企業的合到分，外人其實也不難推知，當初的上島商標註冊應該是得到了陳文敏的首肯的，因為他還曾經是海南上島的總經理，但是，由於各方都沒有意識到將來會走到分立和矛盾的一步，所以，各任商標權利人均沒有意識到上島商標上的這個權利瑕疵，最終到了這樣的結局。這個教訓是每個要以他人著作權作品作為商標註冊的申請人、以及要受讓他人註冊商標的人都需要引以為戒的。

五、商標權與其他知識產權的權利衝突：

商標作為區分商品或者服務的可視性標誌，包括文字、圖形、字母、數位、標誌和顏色組合，以及上述要素的組合。由於商標的這一外在特性，除了可能與著作權發生權利衝突外，還有可能與「外觀設計專利權」、「企業名稱權」、「功能變數名稱權」、「網站名稱權」等其他知識產權發生權利衝突。在前面，我們主要針對上島商標案中引出的商標權與著作權兩者之間的權利衝突及商標權保護中應注意的問題進行了探討。在此，我們將繼續討論，大陸註冊商標權人如何針對可能發生的權利衝突進行防範，如何對於其他權利人對自己商標權的侵犯

進行保護？

對於知識產權權利衝突問題，大陸最高人民法院《關於全國部分法院知識產權審判工作座談會紀要》對於如何處理此類問題有較為完整的論述。根據該紀要，人民法院受理的知識產權糾紛案件或者其他民事糾紛案件中，凡涉及權利衝突的，一般應當由當事人按照有關知識產權的撤銷或者無效程序，請求有關授權部門先解決權利衝突問題後，再處理知識產權的侵權糾紛或者其他民事糾紛案件。經過撤銷或者無效程序未能解決權利衝突的，或者自當事人請求之日起3個月內有關授權部門未作出處理結果且又無正當理由的，人民法院應當按照大陸《民法通則》規定的誠實信用原則和保護公民、法人的合法的民事權益原則，依法保護在先授予的權利人或在先使用人享有繼續使用的合法的民事權益。

該紀要可歸結為有3大原則：第1、保護在先權利的原則；第2、對於有爭議的權利通過知識產權的撤銷或者無效行政程序解決的原則；第3、在行政程序無法解決或無正當理由遲延解決的情況下，人民法院的補充救濟原則。

在這些原則下，作為商標權人來講，可以進行權利衝突的事先預防，方法同在之前著作權部分的闡述，簡言之，就是避免侵犯他人在先權利，在先權利須經權利人許可方可使用。

對於透過行政程序解決衝突、進行保護方面，主要有以下行政法律規章的規定和約束：

1、對於註冊商標與企業名稱衝突的解決：

根據大陸《國家工商行政管理局關於解決商標與企業名稱中若干問題的意見》：

第6條：處理商標與企業名稱的混淆，應當適用維護公平競爭和保護在先合法權利人利益的原則。

第7條：處理商標與企業名稱混淆的案件，應當符合下列條件：

(一)商標與企業名稱產生混淆，損害在先權利人的合法權益；

(二)商標已註冊和企業名稱已登記；

(三)自商標註冊之日或者企業名稱登記之日起5年內提出請求(含已提出請求但尚未處理的)，但惡意註冊或者惡意登記的不受此限。

第8條：商標註冊人或者企業名稱所有人認為自己的權益受到損害的，可以

書面形式向國家工商行政管理局或者省級工商行政管理局投訴，並附送其權益被損害的相關證據材料。

第9條：商標與企業名稱混淆的案件，發生在同一省級行政區域內的，由省級工商行政管理局處理；跨省級行政區域的，由國家工商行政管理局處理。

對要求保護商標專用權的案件，由省級以上工商行政管理局的企業登記部門承辦；對應當變更企業名稱的，承辦部門會同商標管理部門根據企業名稱登記管理的有關規定作出處理後，交由該企業名稱核准機關執行，並報國家工商行政管理局商標局和企業註冊局備案。

對要求保護企業名稱權的案件，由省級以上工商行政管理局的商標管理部門承辦；對應當撤銷註冊商標的，由承辦部門提出意見後報請國家工商行政管理局商標局決定，國家工商行政管理局商標局會同企業註冊局根據大陸《商標法》及大陸《商標法實施細則》的有關規定予以處理。

第10條：違反商標管理和企業名稱登記管理有關規定使用商標或者企業名稱為生混淆的，由有管轄權的工商行政管理機關依法予以查處。

2、對於註冊商標與外觀設計專利衝突的解決：

根據大陸《國家工商行政管理局關於處理商標專用權與外觀設計專利權權利衝突問題的意見》，商標權與外觀設計專利權利的取得應遵守誠實信用原則，不得侵害他人的在先權利。外觀設計專利權的取得侵犯他人已註冊商標的，商標專用權人可以透過「專利局」或者「專利復審委員會」，依照撤銷專利或宣佈專利無效法律程序取消專利權。反之亦然，註冊商標侵犯他人在先取得的外觀設計專利權的，可以透過商標局或商標評審委員會，依照商標註冊不當法律程序撤銷已註冊商標；對於以外觀設計專利權對抗他人商標專用權的，若商標的初步審定公告日期先於外觀設計專利申請日期，在該外觀設計專利被撤銷或宣佈無效之前工商行政管理機關可以依照《商標法》，及時對商標侵權案件進行處理。

3、註冊商標與大陸域名權（指在中國互聯網絡信息中心（CNNIC）註冊的域名）之間衝突的解決：

根據《中國互聯網絡域名註冊暫行管理辦法》，第10條規定，三級域名不得使用他人在中國註冊過的企業名稱或者商標名稱；第19條規定，申請人應保證其選定的域名的註冊不侵害任何第三方的利益；第23條規定，當某個三級域名與在

中國境內註冊的商標或者企業名稱相同，並且註冊域名不為註冊商標或者企業名稱持有方擁有時，若註冊商標或者企業名稱持有方提出異議，在確認其擁有註冊商標或者企業名稱權之日起，域名管理單位為域名持有方保留30日域名服務，30日後域名服務自動停止。

根據《中文域名爭議解決辦法（試行）》第6條規定，任何認為註冊域名侵害其商標權的商標權人，均有權向爭議解決機構提出投訴，請求依據該辦法作出裁決，以保護和實現其權利。根據上述規定，被侵害人通過行政或司法手段維護自己的合法權利。

4、註冊商標權與網站名稱之間衝突的解決：

根據大陸《網站名稱註冊管理暫行辦法》，第8條規定，對於已經註冊登記的不適宜的註冊網站名稱，任何單位和個人可以申請註冊機關予以糾正；第10條、第28條規定，網站名稱含有可能對公眾造成欺騙或者使公眾誤解的內容和文字的，註冊機關可撤銷其註冊網站名稱；第30條規定，網站所有者使用和其他權利所有人所有的商標、字型大小、功能變數名稱、企業名稱等相同或近似的註冊網站名稱，並從事與權利人相類似經營，造成他人誤認的，由註冊機關責令其改正不正當行為，情節嚴重的可撤銷其註冊網站名稱，可同時根據有關法律規定對其予以處罰。根據此規定，受害人可以透過行政手段處理被侵權問題。

六、結語：

商標之於商品或服務就如同姓名之於人，其重要性不容小覷。應該講，商標是最容易體現經濟價值的知識產權，在愈來愈激烈的市場競爭中，商標這一無形資產的價值越來越為市場經營主體所認識和重視。「上島商標案」會給台商大陸投資中的商標保護問題帶來一定的標示，主要在於商標權的保護並不是單一《商標法》領域的問題，而是跨各類型知識產權的綜合問題，商標的保護，除了防止他人侵犯的正面保護外，還應該注意不侵犯其他知識產權權利的逆向保護。對於商標權的保護提出了更高的要求。我們也希望能藉本文提供各台商對大陸商標法律的瞭解、對大陸台商企業自身商標權及其他無形資產保護的認識有所裨益（本文作者李永然律師為永然聯合法律事務所所長、趙繼周律師為上海永然投資諮詢公司執行顧問，本專欄其他文章參見永然法網www.law119.com.tw）。

第三篇

台商心聲——
TEEMA 2007報告總結與建言

第16章 TEEMA 2007報告「發現」與「趨勢」

2007《TEEMA調查報告》從投資中國大陸台商2,565份有效調查問卷的統計分析，加上對中國大陸重要台商協會會長及其協會重要幹部深度訪談，並參考相關全球研究中國大陸經貿發展重要論著及相關權威研究機構年度中國大陸專題研究報告，2007《TEEMA調查報告》歸納出台商企業在中國大陸投資10項重要投資趨勢，茲分述如下：

趨勢一：中國大陸城市之「投資環境力」、「投資風險度」持續呈現雙漲現象

TEEMA 2006調查報告其中有一重要發現，那就是2006中國大陸台商對80個列入評比的城市投資環境力評價(3.41)比2005年(3.32)高出0.09，顯示中國大陸投資環境2006年比2005年優，換言之，就投資的角度而言是具有高度的吸引力，以及未來機會占有率。但是從投資風險度剖析發現2006年中國大陸台商對80個列入評比的城市投資風險度評價(2.50)比2005年(2.40)高出0.10；TEEMA 2007調查報告依然發現，那就是2007中國大陸台商對88個列入評比的城市投資環境力評價(3.54)比2006年(3.41)高出0.13，顯示中國大陸投資環境2007年比2006年優，換言之，就投資的角度而言是具有高度的吸引力，以及未來機會占有率。但是從投資風險度剖析發現2007年中國大陸台商對88個列入評比的城市投資風險度評價(2.53)比2006年(2.50)高出0.03，顯示中國大陸投資風險度變差，換言之，就是從投資的角度2007比2006投資風險增加了。這個現象是TEEMA從2000到2005前6年的調查報告中從未見過之現象。一般而言，應該是投資環境力與投資風險度成反比，環境力越好，風險度越低才對，但連續2年的「雙漲現象」顯示中國大陸投資雖然充滿機會，但相對的風險也提高了。未來台商佈局中國大陸必須謹慎為

自創品牌贏商機——2007年中國大陸地區投資環境與風險調查

之，不能再用「常識」、「膽識」進中國大陸，而必須秉持「知識」、「共識」逐鹿中原。

趨勢二：中國大陸城市綜合實力推薦等級越優穩定性越高

依據2006-2007《TEEMA調查報告》兩年度同時列入【A】級「極力推薦」等級的城市共有15個，佔2007年【A】級城市的71.43%，列入【B】級「值得推薦」的城市共有14個，佔2007年【B】級城市的51.85%，顯示【A】級、【B】級，其穩定度都超過半數。2年度列入【C】級「免予推薦」的城市有11個，佔2007年【C】級城市42.31%，最後，2年度均列入【D】級「暫不推薦」的城市共有5個，佔2007年【D】級城市35.71%，從上述的百分比中，有一重要的發現，那就是連續2年進入同一等級的城市比例是呈遞減，換言之，優秀的城市就繼續保持卓越的地位，而位居落後的城市，則秉持檢討改善，力爭上游的心態，因此才使得【D】級「暫不推薦」的城市的比例在下降。這顯示2000-2007《TEEMA調查報告》之排名，已經得到台商及中國大陸各地方政府的重視，根據此一排名進行重要的投資決策，以及改善當地的投資環境，換言之，推薦的等級越高，其城市不同年度列在同一等級的穩定度就越高，這是一個值得台商關切的重點，台商企業為追求中國大陸投資的永續經營及可持續發展，選擇優質城市佈局乃是致勝之首要條件。

趨勢三：台商在中國大陸面臨的經貿糾紛案例呈現倍數成長，值得台商警惕

依據2006年《TEEMA調查報告》所調查的台商在中國大陸面對的經貿糾紛總數為1,142案，而2007年《TEEMA調查報告》高達3,316案，經貿糾紛案例增加，這是一個極為驚人的數字，表示隨著中國大陸經濟快速的成長導策連串政策調整及法規變動，以及投資風險的不斷增加，台商所面對的經貿糾紛問題的增加，或可因連、宋訪大陸後，台商問題獲重視，台商糾紛訴願提出增多，這是值得台商在中國大陸投資過程必須特別謹慎應對。從2006年到2007年，台商在中國大陸投資所面對的經貿糾紛類型中，成長比率最快的前5大糾紛類型分別為：1.買賣糾紛；2.貿易糾紛；3.醫療保健糾紛；4.關務糾紛；5.商標糾紛。此成長趨

勢值得在中國大陸投資的台商特別注意，以免發生上述諸類的經貿糾紛。隨著中國大陸的經濟發展，國際的研究機構認為中國大陸正進入所謂的從人均1,000美金，過渡到3000美金的「經濟躁動期」，因此，「紅眼症」與「白眼症」的現象會高化、貧富所得差距會持續擴大、政府官員的腐化程度會加劇、社會暴力刑事案件會趨於增加，這些相對的都會增加台商在中國大陸經營的風險，因此台商企業應該特別注意與當地企業之間的經貿往來風險的控制，以確保過去在中國大陸投資的成果。

趨勢四：台商佈局全球中國大陸已非唯一考量而越南漸成為部署重鎮

　　2007《TEEMA調查報告》中，有關現已在中國大陸投資的台商企業，未來最想佈局的城市竟然發現有高達2.14%有填答此問題的台商，未來投資的城市竟然填寫越南。此一訊息是2006年《TEEMA調查報告》所沒有的現象，從這現象中顯示，台商在中國大陸的佈局策略隨著中國大陸沿海地區城市的「六荒環境」：民工荒、水電荒、原料荒、融資荒、人才荒、土地荒所導致的投資成本的增加，讓台資企業思索未來佈局時，考量另外的投資地點，此一統計數字值得中國大陸各地方官員必須謹慎考慮的重要訊息。唯有當地官員更重視台商的投資保護權益、更重視台商投資環境的優化、更重視解決台商經貿糾紛的誠意，才能夠使台商未來在佈局下一個投資地點之際，仍以中國大陸為最重要的考慮地點。

趨勢五：台商佈局中國大陸極為重視當地政府是否強調智慧財產權保護

　　隨著中國大陸經濟的發展，傳統製造業台商慢慢朝高科技的角度邁進，諸如鴻海過去的代工思維，現在亦強調自創品牌，以代工鞋子起家的裕元集團亦朝高科技園區以高科技產業進軍，因此都顯示台商佈局中國大陸已從「高轉低」、「外轉內」的趨勢，此時高科技的台商重視的是當地政府是否有重視知識產權的保護，以台商最密集的投資區的昆山，在《TEEMA調查報告》2004年排名為A08，2005、2006年都為A03，而2007年更上升至A02，顯示昆山在台商的推薦度中都是屬於極力推薦的城市，這與昆山這幾年來強調知識產權在昆山發展經濟的重要地位有絕對的關係，因為昆山提出從「昆山製造」向「昆山創造」的轉型

思路，並提出自主創新、自創品牌、自我創業的「三自創新」戰略，特別重視對外資投資的智慧財產權保護，十一五規劃期間特別提出《昆山市知識產權戰略規劃綱要（2006-2010）》，此外，於2007年6月18日更是正式掛牌成立「昆山市人民法院知識產權審判庭」，讓昆山的知識產權保護正式走向專業審判的道路，此對於長三角密集的高科技台商而言，是一個極為重視的投資評估條件，深信昆山此一舉措，將形成示範之效果，引發其他中國大陸城市的效法。

趨勢六：台商經略中國大陸依舊是「長三角」優於「環渤海」及「珠三角」

　　盱衡台商經略中國大陸佈局路徑，由昔日的「舊三」經濟區：「珠三角」、「長三角」、「環渤海」，理應配合中國大陸區域經濟發展的梯度戰略，往「新三」經濟區：「西部大開發」、「振興老東北」、「中部崛起」發展，但2007年列入《TEEMA調查報告》的極力推薦的21個A級城市，有13個城市屬於長三角的華東地區，而以華北跟東北為核心的環渤海灣地區今年總計有3個城市列入極力推薦，即天津濱海開發區(A05)、大連(A15)、和北京亦庄開發區(A19)。換言之，列入極力推薦的城市還是以長三角為重心，尤其具有「全球電子巢」美譽的「蘇、錫、常、鎮、寧」的高科技產業帶，更是台商極力推薦的重點城市。其中大蘇州地區 就包含了：蘇州工業區(A01)、蘇州昆山(A02)和蘇州新區(A07)三個縣級市區進入極力推薦城市之名單。尤其2007《TEEMA調查報告》發現，在環渤海地區的城市之中，以山東4個城市都進入「極力推薦」或「值得推薦」的等級之中，分別是：青島(A11)、威海(A17)、濟南(B03)、煙台(B10)，顯示山東半島城市群發展計畫已得到台商投資的認同。而河北廊坊(A13)位於全球所謂的「黃金科技帶」，即從北京中關村、北京亦庄開發區經廊坊、石家庄到京津塘高速公路的天津濱海區，此一走廊已成為全球未來投資環渤海地區重要的黃金科技走廊，顯示未來「環渤海經濟圈」以及「黃金科技走廊」的投資潛力。因此，在目前台商的區域佈局策略而言，依舊是「長三角」優於「環渤海」，再優於「珠三角」。

趨勢七：台商投資中國大陸「高新開發區」及「經濟開發區」成為 重要投資區位

2007年列入《TEEMA調查報告》的極力推薦的21個A級城市，有7個城市屬於「經濟開發區」或「高新技術開發區」的城市概念，顯示台商投資中國大陸重視的是產業群聚效應(cluster effect)、完整的產業價值鏈配套以及快速的供應鏈(supply chain)，因此在極力推薦投資城市中屬於「經濟開發區」或「高新技術開發區」的城市有蘇州工業區(A01)、蘇州昆山(A02)、天津濱海開發區(A05)、寧波北侖區(A06)、蘇州高新區(A07)、上海閔行(A08)、北京亦庄開發區(A19)。所以顯示未來台商投資中國大陸的趨勢不再是一個大城市投資的概念，而是重視在完整的「經濟開發區」或「高新技術開發區」的明確產業屬性定位。此外，中國大陸政府對於「高新開發區」及「經濟開發區」都有特殊的優惠政策，如何妥善整合優惠政策，發揮自身優勢，將是台商佈局這些區域重要的考量因素。

趨勢八：台商應掌握中國大陸「自主創新」與「自創品牌」的政策 發展契機

依TEEMA 2007調查顯示，台商企業已漸漸從利用中國大陸低廉勞動力的製造佈局，往服務業領域發展，包括醫院、飯店、連鎖店等業態，而上海、青島、北京、大連、成都、杭州、廣州、南京、昆明、蘇州已成為台商投資中國大陸服務業未來佈局的最佳前10大城市。而中國大陸「十一五」規劃，特別強調「自主創新」與「自創品牌」，因此台商佈局中國大陸應朝兩「自」戰略積極佈局，以創造持久競爭優勢。尤其是2007《TEEMA調查報告》的年度專題是「自創品牌」，從台商在中國大陸成功的一些自創品牌案例，包括：康師傅的Master Kan、神通的Mio、巨大的Giant、台南企業的Tony Wear，多普達的Dopod，都已經成為中國大陸家喻戶曉的品牌，由於中國大陸具有十三億人口的廣大市場，所以台商應以中國大陸作為建構品牌的腹地，藉由品牌的形象累積，形成將來佈局全球品牌的重要練兵場，換言之，台商應秉持新的思維，那就是：「企業不能只看現在的市場占有率(market share)，應重視未來的機會占有率(opportunity share)」。

趨勢九：台商佈局中國大陸應強調「產業特色」與「投資城市」的優勢配合度

　　中國大陸招商策略已由「招商引資」向「招商選資」的思維邁進，對於「高耗能、高污染、高勞動力」以及「低附加價值、低技術層次、低產業關連」的企業已不再利用優惠措施，吸引其到中國大陸內地投資，早期中國大陸藉由外資解決就業問題、增加地方稅收、引進部分技術，但是隨著經濟發展過熱所引起的環境破壞、生態衝擊、能源高耗等問題，已經使得中國大陸政府開始警覺到重視綠色GDP、重視生態保護的重要，基於此中國大陸各城市紛紛建立城市的獨特競爭優勢，以吸引台商的投資，形成城市差異化策略。依2007《TEEMA調查報告》顯示，昆明因為發揮自身城市優勢，定位在「旅遊城市」、「生態城市」，因此使得其2007《TEEMA調查報告》名列城市綜合實力排名的第35位，亦是2006-2007《TEEMA調查報告》中排名成長最迅速的第5名的城市。中國大陸各主要的城市已開始根據自身的條件及區位的優勢，進行城市的定位。因此，台商企業在佈局中國大陸之際，必須秉持「衡外情」：機會(opportunity)與威脅(threat)；「量己力」：優勢(strength)與劣勢(weakness)的SWOT分析原則，考量該城市的投資環境機會與威脅，衡量自身企業內部的優勢與劣勢，找出最佳的投資組合策略(portfolio strategy)，為未來在中國大陸佈局，做出最具有前瞻視野與競爭優勢的規劃，所以未來台商佈局中國大陸不應該用一般性的原則進行投資，應該是根據自己本身的產業特性選擇最佳的投資地點，諸如：軟體外包就應該選擇廈門或大連；強調服務業連鎖就應該選擇上海、青島、北京、大連；若是高科技產業的佈局，則必須考量產業供應鏈及產業群聚完整的蘇州、昆山。

趨勢十：台商尚未重視「西部開發」、「振興東北」與「中部崛起」三板塊

　　中國大陸經濟發展的板塊推移從「珠三角」、「長三角」、「環渤海」到「西部大開發」、「振興老東北」與「中部崛起」，實施全面發展戰略，但從TEEMA長期城市綜合實力調查顯示，歷年來列入極力推薦的城市大多以長三角城市群為主，中國大陸政府提出經濟帶發展計畫當年度，都會吸引台商企業或外

資企業的投資熱潮，但可能是因為當地政府官員的開放思維尚未形成、當地經濟條件與地理區位尚未成熟、相關配套措施尚未完備，以至於在往後推動的過程，台商的肯定評價不高，這可能就是期望與實際之間的落差，所造成的情緒上的評價下降主要的理由，以「西部大開發」主要的城市而言，依2007《TEEMA調查報告》與2006年推薦的等級差異不大，諸如：重慶市區(C03→B25)、西安(C21→D10)、成都(A16→A09)；若以「中部崛起」主要的城市而言，依2007《TEEMA調查報告》與2006年推薦等級亦是差異不高，城市多為同一個級距，諸如：武漢武昌(B20→C10)、武漢漢口(B27→C09)、武漢漢陽(C14→C11)、合肥(C12→C22)、長沙(C13→C01)；此外就「振興老東北」主要的城市而言，哈爾濱只列入「勉予推薦」之列，而遼寧的瀋陽(C15→D03)呈現推薦名次下滑的現象，大連(A19→A15)雖然排名上升，但上升幅度不大，綜合上述分析之顯示，雖然中國大陸政府積極推動區域平衡發展策略，但是這些屬於「西部大開發」、「振興老東北」與「中部崛起」並未獲得台商持續的青睞。

第17章 TEEMA 2007報告「結論」與「總評」

2007《TEEMA調查報告》延續過去8年的成果，以「兩力兩度」模式為核心，兩力指「城市競爭力」與「投資環境力」，兩度則是指「投資風險度」與「台商推薦度」。在研究方法、問卷與抽樣設計等方面，本研究盡量維持與前8年之研究相同，以使8年之研究成果有共同的比較基礎。2007《TEEMA調查報告》研究之主要研究結果分述如下：

結論一：就「樣本基本資料」分析而言

2007《TEEMA調查報告》針對已經赴中國大陸投資的台灣企業母公司進行問卷調查，在回卷中城市回卷達15份以上者始列入2007《TEEMA調查報告》城市評估之列，2007年列入評估的城市有88個，總計有效回卷數為2,565份，有關的基本資料如後：

1.就地區別回卷而言：以(1)華東地區最多(45.15%)、其次為(2)華南地區(28.93%)；(3)華北地區(9.63%)。

2.就產業類型而言：在2007年的回卷中以(1)電子電器(28.00%)最多，其次為：(2)機械製造(11.60%)；(3) 精密器械(8.50%)；(4) 金屬材料(7.10%)；(5) 塑膠製品(6.90%)。

3.就投資區位而言：於2,565份樣本中，投資區位分別為：(1)經濟開發區(36.40%)；(2)一般市區(24.00%)；(3)經濟特區(8.80%)；(4)高新技術區(11.80%)；(5)保稅區(5.30%)。

4.就企業未來投資規劃而言：(1)「擴大對中國大陸投資生產」問卷的比率高達63.74%；(2)「台灣母公司繼續生產營造」的選項2007年為34.78%；(3)「希望回台投資」的比率，由2004(4.10%)、2005(2.70%)、2006(1.97%)，2007(1.83%)，此趨勢逐年下降，實值台灣政府深思。

5.就兩岸三地產銷分工模式而言：台商充分利用兩岸三地得經營優勢，進行

最適的分工專業化，兩岸三地的產銷分工為：(1)台灣地區以行銷(53.30%)、接單(51.40%)和研發(49.20%)為主；(2)大陸地區以生產(68.70%)和出口(51.50%)為重；(3)香港或第三地則以接單(22.40%)及財務調度(19.50%)為產銷價值鏈的重心。

結論二：就「台商未來佈局」評估結果

2007《TEEMA調查報告》為瞭解台商未來在中國大陸投資所面臨的升級、轉型、擴張、成長有關的策略佈局，依2007年的評估結果如下：

1. 就整體台商未來佈局城市而言：前10大城市依序是：(1)上海、(2)昆山、(3)蘇州、(4)北京；(5)成都；(6)廈門；(7)天津；(8)青島；(9)寧波；(10)杭州

2. 就高科技產業的台商未來佈局而言：前10大城市依序是：(1)蘇州；(2) 昆山；(3)上海；(4)寧波；(5)廈門；(6)成都；(7)北京；(8)廣州；(9)中山；(10)無錫

3. 就傳統產業的台商未來佈局而言：前10大城市依序是：(1)昆山；(2)蘇州；(3)上海；(4)天津；(5)深圳；(6)成都；(7)北京；(8)廈門；(9)杭州；(10)寧波

4. 就服務產業台商未來佈局而言：前10代城市依序是：(1)上海；(2)青島；(3)北京；(4)大連；(5)成都；(6)杭州；(7)廣州；(8)南京；(9) 昆明；(10)蘇州

結論三：就「城市競爭力」評估結果

2007《TEEMA調查報告》以中國大陸政府公布的城市統計次級資料，依據「基礎條件」、「財政條件」、「投資條件」、「經濟條件」以及「就業條件」5構面，共計16項指標評估當地的「城市競爭力」，經過研究分析顯示，TEEMA 2007中國大陸「城市競爭力」結果為：

1. 前10優城市分別是：(1)上海市；(2)廣州；(3)北京市；(4)深圳；(5)天津市；(6)杭州；(7)南京；(8)武漢；(9)蘇州；(10)瀋陽

2. 前10劣城市分別為：(1)河源；(2)北海；(3)岳陽；(4)莆田；(5)廊坊；(6)桂林；(7)漳州；(8)泰州；(9)汕頭；(10)宜昌

3. 就7大經濟區域的競爭力排行則分別是：(1)華北地區；(2)華東地區；(3)華中地區；(4)華南地區；(5)東北地區；(6)西南地區；(7)西北地區

4. 就2007年投資環境力前10優的指標分別為：(1) 當地人民的生活條件及人均收入相較於一般水平；(2) 當地的海、陸、空交通運輸便利程度；(3) 民眾及政府歡迎台商投資設廠態度；(4) 該城市未來具有經濟發展潛力的程度；(5) 當地的未來總體發展及建設規劃的完善程度；(6) 當地的通訊設備、資訊設施、網路建設完善程度；(7) 當地的生態與地理環境符合企業發展的條件；(8) 當地政府改善

自創品牌贏商機—2007年中國大陸地區投資環境與風險調查

外商投資環境的積極態度；(9) 當地的市場未來發展潛力優異程度；(10) 當地的商業經濟發展相較於一般水平。

5. 就2007年投資環境力前10劣的指標分別為：(1)當地政府積極查處偽劣仿冒商品；(2)當地社會風氣及民眾的價值觀程度；(3)當地民眾的誠信與道德觀程度；(4)當地的專業及技術人才供應充裕程度；(5)當地民眾的生活素質及文化水平的程度；(6)當地的各級官員操守清廉程度；(7)污水、廢棄物處理設備完善程度；(8)當地政府對台商智慧財產權保護的程度；(9) 當地的汙水、廢棄物處理設施完善程度；(10)當地的政府與執法機構秉持公正的執法態度。

6. 2007比2006投資環境力進步前10優指標分別為：(1)當地人民生活條件及人均收入相較於一般水平；(2)當地的基層勞力供應充裕程度；(3)當地水電、燃料等能源充沛的程度；(4)該城市未來具有經濟發展潛力的程度；(5)當地的學校、教育、研究機構的質與量完備的程度；(6)當地政府改善投資環境積極程度；(7)當地的市場未來發展潛力優異程度；(8)行政命令與國家法令的一致性程度與當地的經營成本、廠房與相關設施成本合理程度；(10) 當地的商業及經濟發展程度與有利於形成上、下游產業供應鏈完整程度。

結論四：就「投資環境力」評估結果

2007《TEEMA調查報告》以「自然環境」、「基礎建設」、「公共設施」、「社會環境」、「法制環境」、「經濟環境」、以及「經營環境」7構面，共計47項指標，評估台商對當地城市的「投資環境力」，經過研究分析顯示，TEEMA 2007中國大陸城市「投資環境力」結果為：

1. 前10優城市分別是：(1)蘇州工業區；(2)蘇州昆山；(3)無錫江陰；(4) 杭州蕭山；(5)廊坊；(6)無錫宜興；(7)寧波北侖；(8)成都；(9)南昌；(10)蘇州新區。

2. 前10劣城市分別為：(1)蘭州；(2)北海；(3)惠州；(4)西安；(5)深圳龍崗；(6)鄭州；(7)東莞長安；(8)南寧；(9)瀋陽；(10)汕頭。

3. 7大經濟區域的「投資環境力」排行分別是：(1)華東地區；(2)華北地區；(3)西南地區；(4)華南地區；(5)華中地區；(6)東北地區；(7)西北地區。

結論五：就「投資風險度」評估結果

2007《TEEMA調查報告》以「社會風險」、「法制風險」、「經濟風險」以及「經營風險」4構面，共計31項指標，評估台商對當地城市的「投資風險度」，經過研究分析顯示，TEEMA 2007中國大陸城市「投資風險度」結果為：

1. **前10優城市分別是**：(1)蘇州昆山；(2)廊坊；(3)蘇州工業區；(4)南京江寧；(5)南昌；(6)杭州蕭山；(7)寧波北侖；(8)青島；(9)天津濱海區；(10)威海。

2. **前10劣城市分別為**：(1)東莞市區；(2)鎮江；(3)北海；(4)蘭州；(5)福州市區；(6)佛山；(7)東莞厚街；(8)東莞石碣；(9)深圳龍崗；(10)宜昌。

3. **大陸7大經濟區域的「投資風險度」排行則分別是**：(1)華北地區；(2)華東地區；(3)西南地區；(4)華中地區；(5)東北地區；(6)華南地區；(7)西北地區。

4. **就2007年投資風險度前10優的指標分別為**：(1)「當地物流、運輸、通路狀況不易掌握的風險」；(2)「當地政府違反對台商合法取得土地使用權承諾風險」；(3)「當地人身財產安全受到威脅的風險」、「當地跨省運輸不當收費頻繁的風險」、「當地政府干預台商企業經營運作的風險」；(6)「當地官員對法令、合同、規範執行不一致的風險與當地經常發生社會治安不良、秩序不穩的風險」；(8)「當地發生勞資或經貿糾紛不易排解的風險」；(9)「當地常以刑事方式處理經濟案件的風險」；(10)「當地政府調解、仲裁糾紛對台商不公平程度的風險」與「地政府對台商優惠政策無法兌現的風險」。

5. **就2007年投資風險度前10劣的指標分別為**：(1)「當地員工缺乏忠誠度造成人員流動率頻繁的風險」；(2)「當地外匯嚴格管制及利潤匯出不易的風險」；(3)「當地員工缺乏忠誠度造成人員流動率頻繁風險」；(4)「當地企業信用不佳欠債追索不易的風險」；(5)「當地適任人才及員工招募不易的風險」；(6)「當地水電、燃氣、能源供應不穩定的風險」；(7)「當地經營企業維持人際網絡成本過高風險」、「政府收費、攤派、罰款項目繁多的風險」；(9)「台商藉由當地銀行體系籌措取得資金困難」；(10)「貨物通關受當地海關行政阻擾的風險」。

6. **2007比2006投資風險度風險下降前5名的指標依序為**：(1)「當地的地方稅賦政策變動頻繁的風險」、(2)「當地物流、運輸、通路狀況不易掌握的風險」；(3)「當地跨省運輸不當收費頻繁的風險」；(4)「當地政府干預台商企業經營運作的風險」；(5)「當地適任人才及員工招募不易的風險」。

結論六：就「台商推薦度」評估結果

2007《TEEMA調查報告》以「城市競爭力」、「投資環境力」、「投資風險度」、「城市發展潛力」、「投資效益」、「國際接軌程度」、「台商權益保護」、「政府行政效率」、「內銷市場前景」以及「整體生活品質」10項指標評估台商對當地城市的評價，以建構「台商推薦度」這一項構念(construct)，經過

研究分析顯示：

1. **台商推薦度前10優城市分別是**：(1)蘇州工業區；(2)杭州市區；(3)成都；(4)無錫江陰；(5)蘇州昆山；(6)杭州蕭山；(7)寧波市區；(8)北京亦庄；(9)蘇州新區；(10)大連。

2. **台商推薦度前10劣城市則為**：(1)蘭州；(2)惠州；(3)哈爾濱；(4)汕頭；(5)西安；(6)武漢漢陽；(7)瀋陽；(8)東莞長安；(9)廣州市區；(10) 深圳寶安。

結論七：就「城市綜合實力」評估結果

2007《TEEMA調查報告》報告秉持TEEMA「兩力兩度」的評估模式，依次級資料評估而得的「城市競爭力」以及依初級調查資料統計分析而得到的「投資環境力」、「投資風險度」以及「台商推薦度」，針對這「兩力兩度」構面，分別依15%、40%、30%、15%的權重進行計算，獲致「城市綜合實力」的評價，並依此評價顯示：

1. **2007年中國大陸列入評比的88個城市劃分為**：「極力推薦」、「值得推薦」、「勉予推薦」以及「暫不推薦」4等級，2007年列入「極力推薦」的有21個城市；「值得推薦」的有27個城市；「勉予推薦」等級的有26個城市，而2007年列入「暫不推薦」的城市共計有14個城市。

2. **中國大陸2007年「城市綜合實力」前10優的城市為**：(1)蘇州工業區；(2)蘇州昆山；(3)杭州蕭山；(4)無錫江陰；(5)天津濱海區；(6)寧波北侖；(7蘇州新區；(8)上海閔行；(9)成都；(10)南京江寧。

3. **2007年「城市綜合實力」排名最後的前10名分別為**：(1)北海；(2)蘭州；(3)惠州；(4)東莞長安；(5)西安；(6)南寧；(7)哈爾濱；(8)岳陽；(9)深圳龍崗；(10)東莞市區。

結論八：提出「行政透明度」等10項10優城市供廠商投資參考

2007《TEEMA調查報告》為配合中國大陸提出「十一五」規劃，特別將十一五規劃的核心：自主創新、智慧財產權保護以及誠信道德觀，以單項綜合實力的方式進行評估與排行，茲將城市排行分析如後：

1.**就當地政府行政透明度前10優城市排行依序是**：(1)蘇州昆山；(2)蘇州工業區；(3)無錫江陰；(4)廊坊；(5)杭州蕭山；(6)成都；(7)揚州；(8)蘇州新區；(9)上海閔行；(10)天津濱海區。

2.**就當地政府對台商投資承諾實現度前10優城市排行依序是**：(1)蘇州昆

山；(2)無錫江陰；(3)廊坊；(4)蘇州工業區；(5)杭州蕭山；(6)成都；(7)天津濱海區；(8) 南京江寧區；(9)上海閔行；(10)蘇州新區。

　　3.就最具有誠信道德、價值觀的前10優城市排名，依序為：(1)廊坊；(2) 蘇州昆山；(3)蘇州工業區；(4)無錫江陰；(5)威海；(6)青島；(7)濟南；(8)揚州；(9)杭州蕭山；(10)蘇州新區。

　　4.就當地政府最重視自主創新前10優城市是：(1)蘇州工業區；(2)蘇州昆山；(3)濟南；(4)蘇州新區；(5)杭州蕭山；(6)天津市區；(7)成都；(8)寧波北崙；(9)上海嘉定；(10)廈門島內。

　　5.就當地台商享受政府自主創新獎勵程度最豐前10優城市排行依次為：(1)蘇州昆山；(2)蘇州工業區；(3)寧波北崙；(4)杭州蕭山；(5)南昌；(6)中山；(7)蘇州新區；(8)廊坊；(9)揚州；(10)成都。

　　6.就當地政府對台商智慧財產權保護前10優城市排行為：(1)蘇州昆山；(2)南京江寧區；(3)蘇州工業區；(4)廊坊；(5)南昌；(6)揚州；(7)蘇州新區；(8)成都；(9)杭州蕭山；(10)天津濱海區。

　　7.就當地政府鼓勵台商自創品牌前10優城市排行為：(1)蘇州工業區；(2)蘇州昆山；(3)濟南；(4)蘇州新區；(5)杭州蕭山；(6)天津市；(7)成都；(8) 寧波北崙區；(9)上海嘉定；(10)廈門島內。

表17-1　TEEMA 2007中國大陸城市綜合實力推薦等級彙整表

推薦等級	TEEMA2007調查88個城市
【A】 極力推薦	蘇州工業區、天津濱海區、成都、廊坊、威海、寧波市區、蘇州昆山、寧波北崙、南京江寧、蘇州市區、無錫宜興、杭州蕭山、蘇州新區、青島、大連、北京亦庄、無錫江陰、上海閔行、南昌、杭州市區、揚州。
【B】 值得推薦	廣州天河、寧波餘姚、徐州、桂林、紹興、蘇州太倉、重慶、南京市區、廈門島外、煙台、昆明、莆田、上海松江、上海市區、天津市區、無錫市區、蘇州張家港、常州、泉州、上海嘉定、蘇州常熟、濟南、廈門島內、嘉興、中山、寧波奉化、上海浦東。
【C】 勉予推薦	長沙、珠海、武漢漢口、福州馬尾、深圳寶安、深圳市區、河源、漳州、北京市區、武漢武昌、長春、鎮江、合肥、汕頭、蘇州吳江、石家庄、武漢漢陽、溫州、泰州、南通、佛山、江門、東莞虎門、福州市區、廣州市區、鄭州。
【D】 暫不推薦	東莞厚街、東莞市區、南寧、蘭州、東莞石碣、深圳龍崗、西安、北海、潘陽、岳陽、東莞長安、宜昌、哈爾濱、惠州。

第**18**章　TEEMA 2007報告 「建言」與「心聲」

2007《TEEMA調查報告》針對列入調查評估的88個城市，在「城市競爭力」、「投資環境力」、「投資風險度」、「台商推薦度」、「城市綜合實力」與「城市綜合實力推薦等級」等6項綜合性構面評估結果之後，2007《TEEMA調查報告》為充分反映報告分析所顯示的重要意涵，分別針對：1.目前在中國大陸投資的台商企業或準備赴中國大陸逐鹿中原的台商企業；2.研擬台商企業對中國大陸投資政策的台灣當局3.制定招商政策，積極吸引台商企業赴中國大陸投資的大陸當局，提出2007《TEEMA調查報告》的建言與心聲。

一、2007《TEEMA調查報告》對台商之建言

建言一：台商應積極掌握中國大陸服務業與連鎖業崛起的「新機會」

隨著新一輪的中國大陸經濟發展，傳統的「三來一補」加工製造模式已經漸漸在中國大陸失去競爭優勢，而中國大陸政府研擬的產業發展政策正積極從「中國製造」轉向「中國創造」，從「製造中國」蛻變成「智造中國」。此外，根據全球相關研究機構的調查報告顯示，在許多跨國企業CEO的眼中，最值得佈局「研發中心」、「服務外包中心」的地點，其首選都是在中國大陸與印度這兩個國家，因此，台商如何掌握中國大陸服務業的發展趨勢，朝製造服務業、智慧型服務業、加值型服務業、連鎖加盟型服務業轉型，將能為台商在中國大陸佈局創造「第二條成長曲線」(the second growth curve)。

建言二：台商應積極掌握「自主創新」與「自創品牌」的兩自戰略「新契機」

2006-2010是中國大陸的「十一五規劃」期間，十一五規劃的核心乃是在於「兩自戰略」，即「自主創新」與「自創品牌」，也就是「微笑曲線」的兩端，中國大陸科技研發人才是全球企業爭相網羅的對象，台商應該本於兩岸的文化優勢、地緣優勢，採取高科技人才「先佔卡位」策略(preemptive strategy)，積極在中國大陸科研城市設立自主創新研發基地，掌握關鍵技術人才，此外，中國大陸廣大的市場潛力，是台資企業自創品牌最佳的練兵場，只有台資企業品牌能夠先得到中國大陸13億人口的認同，才能夠打造成全球知名的品牌。因此，台商企業應該充分掌握中國大陸所提「十一五規劃」的「自主創新」與「自創品牌」發展之新契機。

建言三：台商應積極掌握中國大陸經濟板塊推移帶來的「新佈局」

中國大陸自從改革開放以來，經濟區域的發展採取的是「梯度發展」策略，從早期的五大經濟特區：深圳、珠海、廈門、汕頭、海南特區，到如今提出上海浦東新區、天津濱海開發區、成都與重慶綜合改革試驗區等「新特區」，此一政策變化的背後，就是新的投資地點的浮現，因此，台商如何掌握中國大陸「新特區」的發展機遇，先行戰略佈局，如此才會有「首動利益」。而根據台商征戰中國大陸的路徑，清晰窺見其路徑是由「珠三角」、「長三角」到「環渤海」，根據2007《TEEMA調查報告》顯示，環渤海的城市已成為下一個階段台商佈局的重點經濟板塊，然而「環渤海」經濟區域因地緣的關係向來是日商、韓商青睞的投資區域，因此，台商必須用「平台經濟」的力量，用「整合綜效」的優勢，採取「聯合艦隊」的作戰方式，加速佈局「環渤海」所屬的優質城市。

建言四：台商應積極掌握兩岸產業分工優勢與兩岸產業藍海的「新價值」

從2007《TEEMA調查報告》顯示，台商在中、港、台之「兩岸三地」分工佈局形態明確，台灣主要負責的是「行銷、接單、研發」，中國大陸主要是「生

產、出口」，香港則是「財務調度、押匯」，這種產銷分工模式在《TEEMA調查報告》歷年來的研究中，已經是逾趨明朗化，因此，台商如何充分利用兩岸三地分工優勢，積極扮演資源整合者的角色，發揮「優勢互補、資源分享」的地緣綜效，將為台商創造經營利基(niche)。因為「台灣人比大陸同胞更瞭解國際經貿；又比外國人更瞭解中國大陸發展趨勢」，基於此，台灣在經貿領域的定位應該是：「引導全世界企業進入中國大陸的重要通道(Gateway to China)」。過去創造亞洲經濟奇蹟的歷程中，日本扮演「雁群理論」的「排頭雁」，而今隨著中國大陸的崛起，台商應該發揮兩岸整合優勢，將台灣過去國際化經驗以及多年來建構的國際經營網絡，移植並整合到中國大陸的發展優勢中，在未來的亞洲經濟繁榮過程，台灣必可扮演「羊群理論」的「領頭羊」角色。如此，台灣國際地位才能夠受到肯定，台商在全球經濟舞台的主導權才能夠得到發揮。

建言五：台商應積極掌握中國大陸新一輪經濟發展脈動妥擬轉型佈局「新策略」

隨著中國大陸新一輪的經濟結構調整以及中國大陸政府確定「又好又快」的經濟發展主旋律，台商在中國大陸的未來經營策略必須重新檢討與調整，在經營模式上必須尋求轉型與升級，在經營心態上必須摒棄「候鳥投資」的「打帶跑策略」(hit-and-run strategy)，否則，台商企業將因為僵固的經營模式而產生組織慣性，進而失去下一階段的競爭優勢，且台商經營者的心態也會產生「小富即安、小績即滿、小有即奢」的自滿現象，進而失去原有積極進取的企業家精神。企業經營是一條漫長發展的歷程，永續發展是企業唯一的定律，台商在中國大陸發展長期以來主要是從事以加工或代工為主的製造業，在中國大陸經濟發生新一輪的變革之際，尤其2008北京奧運會、2010上海世博會、2010廣州亞運會，都是給台商在中國大陸佈局帶來極大的機會與契機，而隨著中國大陸資本市場的蓬勃發展，台商如何佈局中國大陸內需市場，朝向零售、連鎖、加盟等服務業，將是未來台商轉型的重要方向，這幾年來台商積極尋求跨行業發展，特別是向服務產業發展，典型的案例如：富士康、滬士電子朝房地產開發，旺旺食品、裕元工業與台達電子朝旅館與餐飲業發展，頂新康師傅投資倉儲與超市，鴻海精密與藍天電腦發展3C賣場，這都是台商在中國大陸佈局轉型的新策略思維。

建言六：台商應積極掌握對中國大陸市場的熟悉優勢建構「新品牌」

早期中國大陸招商引資的策略採取的是：「以市場換就業」、「以市場換稅收」、「以市場換技術」3階段的演進，但是中國大陸政府目前正提出以廣大的13億人口支撐民族品牌的自主創新，台商企業應該根據此一思路，積極佈局自創品牌之路，畢竟，誰能夠掌握中國大陸13億人口的認知，該品牌就能夠躋身未來世界名牌之列，因此，確保產品品質、提升產品品級、重視員工品格、強化企業品德，則是創造自有品牌重要之條件，台商若能夠從「品質、品級、品格、品德」到「品牌」，這樣的發展思路邁進，則必能夠在中國大陸創造前所未有的豐收。頂新「康師傅」、巨大「Giant」、神通「Mio」、多普達「Dopod」、正新輪胎「Maxxis」都已經成為中國大陸的馳名商標及知名品牌，此典範都值得未來佈局中國大陸的台商為之借鑒。

建言七：重視大陸近期土地、海關、稅務、金融等政策變革風險

自2006年以來，大陸針對土地、進出口方式、關稅、所得稅及金融等政策，採取一系列緊縮及調整政策，大幅影響台商以大陸為生產工廠之策略，同時面對各項價格調升等經營成果變動，台商應有降低成本、開發新市場及升級轉型之因應策略。

二、2007《TEEMA調查報告》對台灣當局之建言

建言一：建請積極協助台商在中國大陸面臨之經貿糾紛問題與解決

2007年台商在中國大陸發生的經貿糾紛案件數占抽樣樣本比率比2006年增長，而在中國大陸佈局的台商所面對的經貿糾紛類型中，又以買賣糾紛、貿易糾紛、醫療保健糾紛、關務糾紛、商標糾紛為最多，隨著兩岸經貿互動的頻繁，經貿糾紛的類型更是層出不窮，為使台商在面對兩岸經貿糾紛的問題上，能夠有台灣政府相關單位出面協商解決，建議政府在目前陸委會「台商張老師」以及海基會「法律顧問諮詢服務中心」的設置之外，由政府延聘專業律師在台商面臨經貿糾紛之際，出面協助進行法律訴訟與仲裁，特別是當糾紛進入司法或仲裁程式

後，更需要專業律師或專責單位的協助。

建言二：建請加速兩岸三通以成就台商「立足台灣、佈局全球」的願景

「思維全球化、行動本土化」是當今企業全球化重要的觀念，台商企業在「立足台灣、分工兩岸、佈局全球」之際，最重要的考量就是時間、速度、效率，因此，高效的運籌系統、低廉的商務成本、便捷的溝通管道將是企業致勝的關鍵要素；多年來由於海峽兩岸的阻隔無法直接三通，造成台商企業經營成本的徒增，根據電電公會、工業總會等台灣相關機構的調查研究顯示，「開放兩岸三通」此一議題，一直都是中國大陸台商冀盼台灣政府盡速解決的首要問題。因為，兩岸若不能直接三通，除提高台商的經營成本之外，也會讓香港、日本、韓國及東南亞等國家，利用兩岸無法直通的障礙，乘機獲取商務速度的利益。因此，如何能將兩岸三通落實到執行層次，將有助於台商經略中國大陸，佈局全球市場。

建言三：建請積極建構台商回流機制並協助台商企業回流上市融資

根據2007《TEEMA調查報告》有效回卷2,565位台商之意見顯示：已經在中國大陸投資的台商願意回台灣再投資的比率，從2005年的2.70%，下降到2006年的1.97%，2007年更下滑至1.83%。此外，根據2006-2007《TEEMA調查報告》連續2年中國大陸的「投資環境力」與「投資風險度」都呈「雙漲現象」，雖然中國大陸投資風險在增加，但問起台商企業未來佈局的規劃時，63.74%的企業回答未來將「擴大對中國大陸的投資」，但問起台商未來計劃佈局的城市，有2.14%台商企業竟然選擇到越南等東南亞比較低廉勞動力的國家或地區投資，這顯示台商回台投資的意願並不高，這可能與政府沒有提出有效的回流招商機制有關，建議政府應以台商的需求為依歸，傾聽台商回流的心聲，充分理解台商回流的動機，針對台商的回流需求設計並引導台商有序回台的策略措施，並透過資本市場的開放，將台商在中國大陸的資本利得，有序引導回台，協助台商上市融資，使台商企業得到永續經營與發展，並落實台商企業深耕台灣、立足台灣的終極目標。

建言四：建請明確定位台商於兩岸經貿互動過程中的策略角色

依據大前研一(2006)的建言：「台灣應該發展成為亞太的金融投資中心，亞太的資訊中心」，由於台商過去的國際市場經驗，累積了許多企業界的網絡關係，加上台商企業國際化比中資企業的國際化早，因此，如何將台商定位在兩岸經貿互動的整合者、國際網絡的樞紐者、國際經貿價值的創造者，這是台灣政府應該給台商明確定位的方向與目標，不應該認為台商企業赴中國大陸投資即是不愛台灣的舉措，台灣政府給台商的傳統定位只會加速台商的出走與外移，若能夠給台商清楚的定位，將台商在中國大陸與國際市場佈局的綜效加以充分發揮，對台商企業征戰全球，成就台灣競爭力擴散的附加價值給予高度肯定的話，在傳統產業出走之後，台灣有序的引領產業升級，最後號召台商企業積極回流，讓台灣產業「從製造邁向服務」、「從傳統邁向現代」、「從低階邁向高值」，這樣賦予台商明確的定位，將有助於拉近台商熱愛台灣這塊土地之心，也能維繫台商關切台灣經濟發展之情。兩岸經貿和平互動的推動者終究是台商，因此，賦予台商明確的地位與角色，是推動兩岸經貿互動的不二法門。

建言五：建請積極建立兩岸穩定經貿交流機制加強台商佈局兩岸信心

由於中國大陸的經濟崛起與中國大陸市場的磁吸效應，投資中國大陸已是全球企業重點的戰略佈局，台商企業前仆後繼佈局中國大陸，雖有鎩羽而歸者，但大多數台商因中國大陸經濟的發展而持續成長，不僅規模擴大，亦整合兩岸資源，創造其企業前所未有的佳績；許多跨國企業的CEO亦曾指出：「中國大陸市場是全球跨國企業非贏不可的市場」，既然全球的CEO都有這樣的共識，所謂「順我者昌、逆我者亡」，趨勢既然已經指出朝中國大陸佈局，整合兩岸資源優勢、秉持策略分工、價值整合的思維，已經是兩岸密不可分的整合機制。政府就必須正視此一事實，重點要建立兩岸穩定的經貿交流機制，內容包括：積極與中國大陸政府簽訂「兩岸和平架構」，如此才能確立「兩岸經貿和平發展架構」，也才能確立兩岸穩定經貿交流機制，穩定台商在兩岸佈局的信心，確保台商在兩岸經營的佳績。

建言六：建請積極建構全球佈局大策略引導台商國際化與全球化

近年來由於台灣政府朝本土化的思維宣導，然而相對較為忽略了企業發展是需要「國際化」與「全球化」的，值此世界經濟舞台競爭日趨激烈之際，如何掌握企業國際化的競爭優勢，以嚴謹的學理基礎和理性的投資分析，建構台商企業佈局全球的「大策略」與「大藍圖」，讓台商企業有所遵循與發展，而非讓台商企業只憑一時直覺與經營者個人膽識，貿然進入國際市場，而沒有考慮到當地的投資風險與政治風險，過去政府提出的「加勒比海投資方案」、「南向政策」，最終的結果都顯示，這些政府規劃的台商全球佈局大策略，都只是基於外交、政治的考量，而非出於企業全球佈局的策略利益。因此，2007《TEEMA調查報告》希冀台灣政府能夠以企業經營績效為主導、掌握全球經濟發展的趨勢，有願景、有策略、有步驟的引領台商企業佈局全球，創造國際經營綜效(synergy)，如此既可以分散台商密集投資中國大陸的風險，亦可以引領台商進行有效的全球佈局。

三、2007《TEEMA調查報告》對大陸當局之建言

建言一：建請加強重視智慧財產權保護確保台商科技研發成果

在「投資環境力」的47個評估指標中，台商評價位居47項指標最末的是：「當地政府積極查處偽劣仿冒產品」，此外，「當地政府對台商智慧財產權的保護程度」位居47項指標的倒數第6名，從這兩項指標都顯示，中國大陸地方政府對於智慧財產權的保護力度不足，這對台商將高階科技成果移轉至中國大陸設廠的意願將會有所影響。因此，如何加強打擊盜版和仿冒的稽查行動，落實海關打擊仿冒品的進出口活動，持續對企業使用正版軟體進行檢查，並加強對公眾尊重智慧財產權的宣導工作，確實保障台商在中國大陸的科技研發成果，將有助於中國大陸整體科技實力的提升，畢竟，完善的智慧財產權保護環境，將會引導台商或外資企業將其高階技術往中國大陸轉移或生產，這對中國大陸「十一五規劃」所提出的「自主創新」與「自創品牌」的兩自戰略之落實，必有極為重大之推進作用。

建言二：建請加速法制環境建設保障台商投資權益

依據2007《TEEMA調查報告》顯示，在「投資環境力」7項評估構面中，2003-2007「法制環境」構面，除2006年排名在7項構面的第3名外，其餘4個年度都敬陪末座，這是值得大陸當局重視的問題，畢竟台商或外資企業為確保其投資利益，最關心的就是中國大陸法制環境的完善化、規範化與法治化。另外，從「投資環境力」的47項指標裡顯示，在「法制環境構面」的「當地各級官員操守清廉程度」該項指標名列47項指標的倒數第6名；另外「當地的政府與執法機構秉持公正的執法態度」該指標亦名列47項指標的倒數第10名，這些評估結果都顯示：如何健全法制環境是提升台商對當地投資環境滿意度的重要關鍵。

建言三：建請研擬台商從事「自主創新」與「自創品牌」的獎勵優惠措施

2007《TEEMA調查報告》的年度研究專題為「自創品牌」，而2006年的年度研究專題為「自主創新」，「兩自戰略」是「十一五規劃」的產業核心關鍵，而台商深知中國大陸廣大的市場是台商企業「自創品牌」的最佳練兵場，為了讓中華民族的企業品牌光耀寰宇，建議中國大陸政府應該對台商從事「自主創新」與「自創品牌」的過程給予租稅獎勵或租稅優惠等積極的鼓勵措施，激發台商企業從事「自主創新」與「自創品牌」的策略作為，如此必然能夠激勵台商聯合中國大陸馳名企業，共同打造屬於中華民族的世界級品牌。

建言四：建請積極重視招商及投資的「政策延續性」與「行政透明度」

政策一致，方能使企業投資持續且穩健；行政透明，則能讓企業依法行事。根據去年2006《TEEMA調查報告》的結論中曾提及，在「投資風險度」4項構面之32項指標中，「政府干預台商企業經營運作的風險」、「當地的地方稅賦政策變動頻繁的風險」、「當地的政府對台商的優惠政策無法兌現的風險」，這3項指標都是2006年比2005年投資風險上升幅度最高的前幾項指標。但是，今年2007《TEEMA調查報告》發現這幾項指標排名已有大幅提升，這顯示中國大陸地方政府極為重視《TEEMA調查報告》的建言，但若以2007《TEEMA調查報告》所

採用的47項「投資環境力」以及31項「投資風險度」的指標而言，政策的延續性與行政的透明度，都不是排名最前面的評估指標，因此2007《TEEMA調查報告》反映眾多台商的心聲，希望中國大陸政府能夠重視招商與投資的「政策延續性」與「行政透明度」。

建言五：建請積極宣導商業倫理的重要性構建和諧投資新境界

依2007《TEEMA調查報告》顯示，在「投資環境力」47項指標中，「當地社會風氣及民眾的價值觀程度」位居47項指標的倒數第2名，而「當地民眾的誠信與道德觀程度」則為倒數第3名，此外「當地民眾的生活素質及文化水準程度」則為倒數第5名。另據「投資風險度」31項評估指標顯示，「當地員工道德操守造成台商企業營運損失的風險」位居31項指標的最後一名，而「當地員工缺乏忠誠度造成人員流動率頻繁的風險」則位居倒數第3名，「當地企業信用不佳欠債追索不易的風險」則名列倒數第4名，從上述評價結果顯示：建立一個崇尚倫理、遵守道德、重視承諾、秉持商業道義的企業經營環境，應是中國大陸整體商業再次騰飛的重心所在，因此，如何落實「社會主義榮辱觀」，謹記「八榮八恥」的社會道德觀，將是完善中國大陸商業環境的首要工作之一。

建言六：建請加強金融「開放自由化」與加速金融「國際接軌化」

中國大陸自改革開放以來，金融市場的開放已取得顯著的成果，但是在金融體制與結構優化上，仍需要更自由化與現代化，畢竟金融與資本市場是企業發展的血脈，完善的金融制度以及與國際接軌的金融發展環境，將有利於企業的資金取得、利潤匯兌以及資本籌措。依據2007《TEEMA調查報告》研究結果顯示，「當地的資金匯兌與利潤匯出便利程度」與「當地金融體系完善的程度且貸款取得便利的程度」這2項與金融自由化有關的評估指標，2007年比2006年的評價都要來得高，上升的評分分別為0.14及0.12，顯見中國大陸政府已有改善金融自由化環境的決心。

第四篇

城市掃描——
TEEMA 2007城市重要資訊揭露

第**19**章 中國大陸88個主要城市綜合實力排名

城市名稱	① 蘇州工業區		綜合指標	2007 年	95.68 分	綜合排名	A01/01	極力推薦
				2006 年	95.77 分		A01/01	極力推薦
競爭力 (15%)	項目	基礎條件	財政條件	投資條件	經濟條件	就業條件		加權平均
	分數	49.53	74.95	92.83	83.90	73.17		75.77
	排名	28	15	4	8	8		9
環境力 (40%)	項目	自然環境	基礎建設	公共設施	社會環境	法制環境	經濟環境	經營環境	加權平均
	分數	4.45	4.40	4.41	4.40	4.34	4.38	4.37	4.38
	排名	1	1	2	2	1	1	1	1
風險度 (30%)	項目	社會風險	法制風險	經濟風險	經營風險		加權平均
	分數	1.67	1.64	1.95	1.82		1.80
	排名	1	1	6	3		3
推薦度 (15%)	2007 年	加權平均	4.76	2006 年	加權平均	4.84
		排名	1		排名	1

城市名稱	② 蘇州昆山		綜合指標	2007 年	95.20 分	綜合排名	A02/02	極力推薦
				2006 年	92.33 分		A03/03	極力推薦
競爭力 (15%)	項目	基礎條件	財政條件	投資條件	經濟條件	就業條件		加權平均
	分數	49.53	74.95	92.83	83.90	73.17		75.77
	排名	28	15	4	8	8		9
環境力 (40%)	項目	自然環境	基礎建設	公共設施	社會環境	法制環境	經濟環境	經營環境	加權平均
	分數	4.30	4.38	4.24	4.31	4.36	4.36	4.31	4.33
	排名	4	2	3	3	1	2	2	2
風險度 (30%)	項目	社會風險	法制風險	經濟風險	經營風險		加權平均
	分數	1.68	1.68	1.70	1.74		1.71
	排名	2	2	1	1		1
推薦度 (15%)	2007 年	加權平均	4.54	2006 年	加權平均	4.37
		排名	5		排名	7

城市名稱	③ 杭州蕭山		綜合指標	2007 年	93.23 分	綜合排名	A03/03	極力推薦
				2006 年	75.79 分		A18/18	極力推薦
競爭力 (15%)	項目	基礎條件	財政條件	投資條件	經濟條件	就業條件		加權平均
	分數	80.33	88.35	81.47	87.00	71.37		81.57
	排名	7	8	10	6	12		6
環境力 (40%)	項目	自然環境	基礎建設	公共設施	社會環境	法制環境	經濟環境	經營環境	加權平均
	分數	3.83	4.10	4.06	4.24	4.17	4.24	4.19	4.14
	排名	22	8	8	4	3	4	3	4
風險度 (30%)	項目	社會風險	法制風險	經濟風險	經營風險		加權平均
	分數	1.97	1.87	1.93	1.92		1.92
	排名	11	6	5	4		6
推薦度 (15%)	2007 年	加權平均	4.43	2006 年	加權平均	4.07
		排名	6		排名	11

《 ① 蘇州工業區、② 蘇州昆山、 ③ 杭州蕭山 》

4　無錫江陰

城市名稱	④ 無錫江陰	綜合指標	2007 年	88.91 分	綜合排名	A04/04	極力推薦
			2006 年	88.40 分		A05/05	極力推薦

競爭力 (15%)	項目	基礎條件	財政條件	投資條件	經濟條件	就業條件	加權平均
	分數	43.28	68.70	82.70	83.43	54.13	67.92
	排名	35	18	8	9	25	16

環境力 (40%)	項目	自然環境	基礎建設	公共設施	社會環境	法制環境	經濟環境	經營環境	加權平均
	分數	4.32	4.23	4.12	4.19	4.13	4.34	4.03	4.17
	排名	3	4	5	5	4	3	7	3

風險度 (30%)	項目	社會風險	法制風險	經濟風險	經營風險	加權平均
	分數	2.09	2.18	2.16	2.13	2.15
	排名	18	21	15	12	15

推薦度 (15%)	2007 年	加權平均	4.58	2006 年	加權平均	4.35
		排名	4		排名	8

5　天津濱海區

城市名稱	⑤ 天津濱海區	綜合指標	2007 年	87.02 分	綜合排名	A05/05	極力推薦
			2006 年	86.67 分		A07/07	極力推薦

競爭力 (15%)	項目	基礎條件	財政條件	投資條件	經濟條件	就業條件	加權平均
	分數	82.53	92.80	84.50	87.90	84.47	85.95
	排名	6	5	7	5	5	5

環境力 (40%)	項目	自然環境	基礎建設	公共設施	社會環境	法制環境	經濟環境	經營環境	加權平均
	分數	4.11	4.00	3.78	3.79	3.88	3.77	3.87	3.87
	排名	9	11	18	19	12	23	18	13

風險度 (30%)	項目	社會風險	法制風險	經濟風險	經營風險	加權平均
	分數	1.89	2.02	2.02	2.02	2.01
	排名	5	10	9	9	9

推薦度 (15%)	2007 年	加權平均	4.16	2006 年	加權平均	4.66
		排名	15		排名	4

6　寧波北侖

城市名稱	⑥ 寧波北侖	綜合指標	2007 年	86.11 分	綜合排名	A06/06	極力推薦
			2006 年	94.08 分		A02/02	極力推薦

競爭力 (15%)	項目	基礎條件	財政條件	投資條件	經濟條件	就業條件	加權平均
	分數	59.08	84.80	81.50	77.65	64.83	73.00
	排名	22	10	9	12	19	13

環境力 (40%)	項目	自然環境	基礎建設	公共設施	社會環境	法制環境	經濟環境	經營環境	加權平均
	分數	4.11	4.38	4.10	4.00	4.06	4.20	3.99	4.10
	排名	7	3	6	7	7	5	11	7

風險度 (30%)	項目	社會風險	法制風險	經濟風險	經營風險	加權平均
	分數	2.03	1.93	1.96	2.02	1.98
	排名	14	8	7	8	7

推薦度 (15%)	2007 年	加權平均	3.95	2006 年	加權平均	4.78
		排名	30		排名	2

7　蘇州新區

城市名稱	⑦ 蘇州新區	綜合指標	2007 年	85.64 分	綜合排名	A07/07	極力推薦
			2006 年	83.90 分		A11/11	極力推薦

競爭力 (15%)	項目	基礎條件	財政條件	投資條件	經濟條件	就業條件	加權平均
	分數	49.53	74.95	92.83	83.90	73.17	75.77
	排名	28	15	4	8	8	9

環境力 (40%)	項目	自然環境	基礎建設	公共設施	社會環境	法制環境	經濟環境	經營環境	加權平均
	分數	4.11	4.15	3.94	3.95	3.87	4.04	4.01	3.99
	排名	8	5	12	10	13	10	10	10

風險度 (30%)	項目	社會風險	法制風險	經濟風險	經營風險	加權平均
	分數	2.15	2.12	2.19	2.17	2.16
	排名	22	18	17	16	16

推薦度 (15%)	2007 年	加權平均	4.28	2006 年	加權平均	3.89
		排名	9		排名	17

《 ④ 無錫江陰、⑤ 天津濱海區、⑥ 寧波北侖、⑦ 蘇州新區 》

城市名稱	⑧ 上海閔行	綜合指標	2007 年	85.43 分	綜合排名	A08/08	極力推薦
			2006 年	83.77 分		A12/12	極力推薦

競爭力 (15%)	項目	基礎條件	財政條件	投資條件	經濟條件	就業條件	加權平均
	分數	88.83	100.00	98.80	97.75	94.60	95.77
	排名	3	1	1	1	2	1

環境力 (40%)	項目	自然環境	基礎建設	公共設施	社會環境	法制環境	經濟環境	經營環境	加權平均
	分數	3.79	4.08	4.03	3.80	3.83	3.88	3.80	3.87
	排名	27	10	9	18	15	14	19	14

風險度 (30%)	項目	社會風險	法制風險	經濟風險	經營風險	加權平均
	分數	2.14	2.08	2.19	2.28	2.19
	排名	20	14	17	21	19

推薦度 (15%)	2007 年	加權平均	4.25	2006 年	加權平均	3.89
		排名	11		排名	17

城市名稱	⑨ 成都	綜合指標	2007 年	84.52 分	綜合排名	A09/09	極力推薦
			2006 年	78.08 分		A16/16	極力推薦

競爭力 (15%)	項目	基礎條件	財政條件	投資條件	經濟條件	就業條件	加權平均
	分數	82.55	74.10	68.40	58.88	69.03	69.07
	排名	5	16	17	21	14	14

環境力 (40%)	項目	自然環境	基礎建設	公共設施	社會環境	法制環境	經濟環境	經營環境	加權平均
	分數	4.26	4.11	4.01	3.99	3.98	4.10	4.09	4.07
	排名	5	7	10	8	9	7	4	8

風險度 (30%)	項目	社會風險	法制風險	經濟風險	經營風險	加權平均
	分數	2.16	2.20	2.22	2.29	2.23
	排名	23	22	18	22	22

推薦度 (15%)	2007 年	加權平均	4.61	2006 年	加權平均	3.99
		排名	3		排名	13

城市名稱	⑩ 南京江寧	綜合指標	2007 年	83.69 分	綜合排名	A10/10	極力推薦
			2006 年	55.04 分		B16/36	值得推薦

競爭力 (15%)	項目	基礎條件	財政條件	投資條件	經濟條件	就業條件	加權平均
	分數	73.18	89.20	85.70	81.68	80.90	81.38
	排名	11	7	6	10	6	7

環境力 (40%)	項目	自然環境	基礎建設	公共設施	社會環境	法制環境	經濟環境	經營環境	加權平均
	分數	3.79	3.83	3.67	3.82	3.81	3.83	3.70	3.78
	排名	28	21	28	17	18	15	26	21

風險度 (30%)	項目	社會風險	法制風險	經濟風險	經營風險	加權平均
	分數	1.94	1.84	1.92	1.94	1.91
	排名	7	4	4	5	4

推薦度 (15%)	2007 年	加權平均	4.12	2006 年	加權平均	3.42
		排名	18		排名	46

城市名稱	⑪ 青島	綜合指標	2007 年	83.49 分	綜合排名	A11/11	極力推薦
			2006 年	72.73 分		B01/21	值得推薦

競爭力 (15%)	項目	基礎條件	財政條件	投資條件	經濟條件	就業條件	加權平均
	分數	73.18	76.70	80.90	69.15	72.00	73.63
	排名	12	14	12	15	10	12

環境力 (40%)	項目	自然環境	基礎建設	公共設施	社會環境	法制環境	經濟環境	經營環境	加權平均
	分數	4.10	3.91	3.76	3.71	3.83	3.76	3.73	3.82
	排名	10	15	20	23	17	24	22	17

風險度 (30%)	項目	社會風險	法制風險	經濟風險	經營風險	加權平均
	分數	1.96	1.99	1.98	2.01	1.99
	排名	9	9	8	7	8

推薦度 (15%)	2007 年	加權平均	4.15	2006 年	加權平均	3.74
		排名	17		排名	29

《 ⑧ 上海閔行、⑨ 成都、⑩ 南京江寧、⑪ 青島 》

城市名稱	12 南昌		綜合指標	2007 年	82.67 分	綜合排名	A12/12	極力推薦
				2006 年	77.95 分		A17/17	極力推薦
競爭力 (15%)	項目	基礎條件	財政條件	投資條件		經濟條件	就業條件	加權平均
	分數	43.73	41.05	36.27		34.78	48.17	40.17
	排名	34	35	38		41	31	35
環境力 (40%)	項目	自然環境	基礎建設	公共設施	社會環境	法制環境	經濟環境	經營環境	加權平均
	分數	4.34	4.08	4.09	3.95	4.01	4.04	4.02	4.06
	排名	2	9	7	9	8	9	9	9
風險度 (30%)	項目	社會風險		法制風險		經濟風險	經營風險		加權平均
	分數	1.9		1.85		1.75	2.1		1.91
	排名	6		5		2	11		4
推薦度 (15%)	2007 年		加權平均	4.02	2006 年		加權平均	3.93
			排名	22			排名	15

城市名稱	13 廊坊		綜合指標	2007 年	82.44 分	綜合排名	A13/13	極力推薦
				2006 年	65.16 分		B05/25	值得推薦
競爭力 (15%)	項目	基礎條件	財政條件	投資條件		經濟條件	就業條件	加權平均
	分數	15.15	0.85	17.80		10.65	7.70	11.41
	排名	53	56	50		53	55	53
環境力 (40%)	項目	自然環境	基礎建設	公共設施	社會環境	法制環境	經濟環境	經營環境	加權平均
	分數	3.92	3.99	4.27	4.50	4.13	4.06	4.05	4.12
	排名	14	12	2	1	4	8	6	5
風險度 (30%)	項目	社會風險		法制風險		經濟風險	經營風險		加權平均
	分數	1.88		1.74		1.78	1.81		1.79
	排名	4		3		3	2		2
推薦度 (15%)	2007 年		加權平均	4.21	2006 年		加權平均	3.82
			排名	13			排名	20

城市名稱	14 蘇州市區		綜合指標	2007 年	79.43 分	綜合排名	A14/14	極力推薦
				2006 年	88.36 分		A06/06	極力推薦
競爭力 (15%)	項目	基礎條件	財政條件	投資條件		經濟條件	就業條件	加權平均
	分數	49.53	74.95	92.83		83.90	73.17	75.77
	排名	28	15	4		8	8	9
環境力 (40%)	項目	自然環境	基礎建設	公共設施	社會環境	法制環境	經濟環境	經營環境	加權平均
	分數	3.84	3.88	3.77	3.86	3.69	3.80	3.74	3.77
	排名	20	18	19	14	25	19	21	22
風險度 (30%)	項目	社會風險		法制風險		經濟風險	經營風險		加權平均
	分數	2.09		1.91		2.13	2.16		2.08
	排名	17		7		12	14		12
推薦度 (15%)	2007 年		加權平均	4.03	2006 年		加權平均	4.53
			排名	21			排名	5

城市名稱	15 大連		綜合指標	2007 年	79.31 分	綜合排名	A15/15	極力推薦
				2006 年	75.75 分		A19/19	極力推薦
競爭力 (15%)	項目	基礎條件	財政條件	投資條件		經濟條件	就業條件	加權平均
	分數	71.38	81.20	76.17		77.20	71.97	75.18
	排名	14	12	14		13	11	11
環境力 (40%)	項目	自然環境	基礎建設	公共設施	社會環境	法制環境	經濟環境	經營環境	加權平均
	分數	3.61	3.75	3.72	3.85	3.95	3.93	3.95	3.86
	排名	38	26	24	15	10	12	12	15
風險度 (30%)	項目	社會風險		法制風險		經濟風險	經營風險		加權平均
	分數	2.49		2.35		2.28	2.40		2.36
	排名	42		29		24	28		26
推薦度 (15%)	2007 年		加權平均	4.28	2006 年		加權平均	3.81
			排名	9			排名	22

《 12 南昌、13 廊坊、14 蘇州市區、15 大連 》

城市名稱	16 杭州市區		綜合指標	2007 年	79.12 分	綜合排名	A16/16	極力推薦
				2006 年	91.14 分		A04/04	極力推薦
競爭力 (15%)	項目	基礎條件	財政條件	投資條件	經濟條件	就業條件		加權平均
	分數	80.33	88.35	81.47	87.00	71.37		81.57
	排名	7	8	10	6	12		6
環境力 (40%)	項目	自然環境	基礎建設	公共設施	社會環境	法制環境	經濟環境	經營環境	加權平均
	分數	3.88	3.86	3.73	3.64	3.52	3.74	3.72	3.69
	排名	17	20	23	29	34	26	24	25
風險度 (30%)	項目	社會風險	法制風險	經濟風險	經營風險		加權平均
	分數	2.07	2.18	2.25	2.20		2.20
	排名	16	20	22	18		21
推薦度 (15%)	2007 年	加權平均	4.69	2006 年	加權平均	4.49
		排名	2		排名	6

城市名稱	17 威海		綜合指標	2007 年	79.06 分	綜合排名	A17/17	極力推薦
				2006 年	64.5 分		B06/26	值得推薦
競爭力 (15%)	項目	基礎條件	財政條件	投資條件	經濟條件	就業條件		加權平均
	分數	27.63	19.60	46.97	45.50	33.30		37.19
	排名	47	46	30	30	44		39
環境力 (40%)	項目	自然環境	基礎建設	公共設施	社會環境	法制環境	經濟環境	經營環境	加權平均
	分數	4.00	3.94	4.00	3.92	3.88	3.90	3.91	3.92
	排名	13	14	11	11	11	13	15	11
風險度 (30%)	項目	社會風險	法制風險	經濟風險	經營風險		加權平均
	分數	1.96	2.06	2.11	1.99		2.04
	排名	10	13	10	6		10
推薦度 (15%)	2007 年	加權平均	4.01	2006 年	加權平均	3.73
		排名	23		排名	30

城市名稱	18 無錫宜興		綜合指標	2007 年	79.06 分	綜合排名	A18/18	極力推薦
				2006 年	60.22 分		B12/32	值得推薦
競爭力 (15%)	項目	基礎條件	財政條件	投資條件	經濟條件	就業條件		加權平均
	分數	43.28	68.70	82.70	83.43	54.13		67.92
	排名	35	18	8	9	25		16
環境力 (40%)	項目	自然環境	基礎建設	公共設施	社會環境	法制環境	經濟環境	經營環境	加權平均
	分數	4.24	4.12	4.18	4.08	4.10	4.14	4.06	4.12
	排名	6	6	4	6	6	4	5	6
風險度 (30%)	項目	社會風險	法制風險	經濟風險	經營風險		加權平均
	分數	2.56	2.51	2.45	2.45		2.47
	排名	49	39	34	31		35
推薦度 (15%)	2007 年	加權平均	4.23	2006 年	加權平均	3.65
		排名	12		排名	33

城市名稱	19 北京亦庄		綜合指標	2007 年	78.91 分	綜合排名	A19/19	極力推薦
				2006 年	84.57 分		A10/10	極力推薦
競爭力 (15%)	項目	基礎條件	財政條件	投資條件	經濟條件	就業條件		加權平均
	分數	92.83	98.20	94.03	90.13	95.80		93.39
	排名	1	2	2	4	1		3
環境力 (40%)	項目	自然環境	基礎建設	公共設施	社會環境	法制環境	經濟環境	經營環境	加權平均
	分數	3.56	3.44	3.62	3.64	3.79	3.61	3.68	3.65
	排名	44	54	32	30	21	34	28	29
風險度 (30%)	項目	社會風險	法制風險	經濟風險	經營風險		加權平均
	分數	2.06	2.12	2.23	2.18		2.17
	排名	15	17	20	17		17
推薦度 (15%)	2007 年	加權平均	4.32	2006 年	加權平均	3.88
		排名	8		排名	19

《 16 杭州市區、17 威海、18 無錫宜興、19 北京亦庄 》

城市名稱 ⑳ 揚州

綜合指標	2007 年	76.61 分	綜合排名	A20/20	極力推薦
	2006 年	85.04 分		A09/09	極力推薦

競爭力 (15%)	項目	基礎條件	財政條件	投資條件	經濟條件	就業條件	加權平均
	分數	28.08	26.75	33.90	29.85	33.90	30.81
	排名	45	42	41	43	42	45

環境力 (40%)	項目	自然環境	基礎建設	公共設施	社會環境	法制環境	經濟環境	經營環境	加權平均
	分數	4.05	3.88	3.84	3.72	3.85	3.97	3.91	3.89
	排名	11	17	16	22	14	11	14	12

風險度 (30%)	項目	社會風險	法制風險	經濟風險	經營風險	加權平均
	分數	1.94	2.12	2.12	2.03	2.07
	排名	8	16	11	10	11

推薦度 (15%)	2007 年	加權平均	4.00	2006 年	加權平均	4.70
		排名	26		排名	3

城市名稱 ㉑ 寧波市區

綜合指標	2007 年	75.68 分	綜合排名	A21/21	極力推薦
	2006 年	62.55 分		B08/28	值得推薦

競爭力 (15%)	項目	基礎條件	財政條件	投資條件	經濟條件	就業條件	加權平均
	分數	59.80	84.80	81.50	77.65	64.83	73.00
	排名	22	10	9	12	19	13

環境力 (40%)	項目	自然環境	基礎建設	公共設施	社會環境	法制環境	經濟環境	經營環境	加權平均
	分數	3.85	3.46	3.63	3.58	3.65	3.81	4.03	3.74
	排名	19	49	31	33	27	17	8	24

風險度 (30%)	項目	社會風險	法制風險	經濟風險	經營風險	加權平均
	分數	2.28	2.41	2.37	2.36	2.36
	排名	29	31	29	26	27

推薦度 (15%)	2007 年	加權平均	4.35	2006 年	加權平均	3.71
		排名	7		排名	34

城市名稱 ㉒ 廣州天河

綜合指標	2007 年	72.10 分	綜合排名	B01/22	值得推薦
	2006 年	75.10 分		A20/20	極力推薦

競爭力 (15%)	項目	基礎條件	財政條件	投資條件	經濟條件	就業條件	加權平均
	分數	89.68	95.50	93.40	95.05	94.60	93.60
	排名	2	3	3	3	3	2

環境力 (40%)	項目	自然環境	基礎建設	公共設施	社會環境	法制環境	經濟環境	經營環境	加權平均
	分數	3.78	3.75	3.94	3.49	3.56	3.62	3.66	3.66
	排名	30	25	13	38	32	33	29	28

風險度 (30%)	項目	社會風險	法制風險	經濟風險	經營風險	加權平均
	分數	2.26	2.43	2.58	2.76	2.57
	排名	25	33	41	58	41

推薦度 (15%)	2007 年	加權平均	4.08	2006 年	加權平均	3.74
		排名	19		排名	29

城市名稱 ㉓ 南京市區

綜合指標	2007 年	70.63 分	綜合排名	B02/23	值得推薦
	2006 年	85.88 分		A08/08	極力推薦

競爭力 (15%)	項目	基礎條件	財政條件	投資條件	經濟條件	就業條件	加權平均
	分數	73.18	89.20	85.70	81.68	80.90	81.38
	排名	11	7	6	10	6	7

環境力 (40%)	項目	自然環境	基礎建設	公共設施	社會環境	法制環境	經濟環境	經營環境	加權平均
	分數	3.78	3.87	3.81	3.86	3.75	3.83	3.78	3.80
	排名	29	19	17	13	22	16	20	19

風險度 (30%)	項目	社會風險	法制風險	經濟風險	經營風險	加權平均
	分數	2.64	2.59	2.61	2.51	2.57
	排名	54	50	43	36	42

推薦度 (15%)	2007 年	加權平均	4.01	2006 年	加權平均	4.12
		排名	23		排名	10

《 ⑳ 揚州、㉑ 寧波市區、㉒ 廣州天河、㉓ 南京市區 》

城市名稱	24 天津市區		綜合指標	2007 年	69.62 分	綜合排名	B03/24	值得推薦
				2006 年	62.50 分		B09/29	值得推薦

競爭力 (15%)	項目	基礎條件	財政條件	投資條件	經濟條件	就業條件	加權平均
	分數	82.53	92.80	84.50	87.90	84.47	85.95
	排名	6	5	7	5	5	5

環境力 (40%)	項目	自然環境	基礎建設	公共設施	社會環境	法制環境	經濟環境	經營環境	加權平均
	分數	3.82	3.90	3.47	3.70	3.65	3.67	3.64	3.68
	排名	23	16	45	27	26	30	31	27

風險度 (30%)	項目	社會風險	法制風險	經濟風險	經營風險	加權平均
	分數	2.19	2.44	2.44	2.50	2.44
	排名	24	35	33	34	32

推薦度 (15%)	2007 年	加權平均	3.90	2006 年	加權平均	3.60
		排名	36		排名	34

城市名稱	25 濟南		綜合指標	2007 年	69.36 分	綜合排名	B04/25	值得推薦
				2006 年	78.88 分		A15/15	極力推薦

競爭力 (15%)	項目	基礎條件	財政條件	投資條件	經濟條件	就業條件	加權平均
	分數	76.30	64.20	57.07	66.93	66.63	66.50
	排名	9	21	22	17	18	17

環境力 (40%)	項目	自然環境	基礎建設	公共設施	社會環境	法制環境	經濟環境	經營環境	加權平均
	分數	3.85	3.80	3.61	3.85	3.80	3.75	3.92	3.81
	排名	18	22	33	16	19	25	13	18

風險度 (30%)	項目	社會風險	法制風險	經濟風險	經營風險	加權平均
	分數	2.38	2.45	2.46	2.61	2.50
	排名	33	36	36	45	37

推薦度 (15%)	2007 年	加權平均	3.93	2006 年	加權平均	3.80
		排名	32		排名	24

城市名稱	26 寧波餘姚		綜合指標	2007 年	68.96 分	綜合排名	B05/26	值得推薦
				2006 年	52.96 分		B19/39	值得推薦

競爭力 (15%)	項目	基礎條件	財政條件	投資條件	經濟條件	就業條件	加權平均
	分數	59.80	84.80	81.50	77.65	64.83	73.00
	排名	22	10	9	12	19	13

環境力 (40%)	項目	自然環境	基礎建設	公共設施	社會環境	法制環境	經濟環境	經營環境	加權平均
	分數	3.84	3.74	3.75	3.78	3.49	3.51	3.42	3.59
	排名	21	29	21	20	36	42	46	34

風險度 (30%)	項目	社會風險	法制風險	經濟風險	經營風險	加權平均
	分數	2.11	2.09	2.23	2.26	2.19
	排名	19	15	19	20	19

推薦度 (15%)	2007 年	加權平均	3.91	2006 年	加權平均	3.88
		排名	33		排名	18

城市名稱	27 廈門島外		綜合指標	2007 年	68.84 分	綜合排名	B06/27	值得推薦
				2006 年	60.22 分		A13/13	極力推薦

競爭力 (15%)	項目	基礎條件	財政條件	投資條件	經濟條件	就業條件	加權平均
	分數	46.38	65.15	52.33	66.45	73.77	60.95
	排名	31	20	25	18	7	20

環境力 (40%)	項目	自然環境	基礎建設	公共設施	社會環境	法制環境	經濟環境	經營環境	加權平均
	分數	3.92	3.74	3.85	3.70	3.79	3.73	3.71	3.77
	排名	15	28	16	25	20	27	25	23

風險度 (30%)	項目	社會風險	法制風險	經濟風險	經營風險	加權平均
	分數	2.15	2.20	2.25	2.30	2.24
	排名	22	22	23	23	23

推薦度 (15%)	2007 年	加權平均	3.72	2006 年	加權平均	3.99
		排名	44		排名	14

《 24 天津市區、25 濟南、26 寧波餘姚、27 廈門島外 》

城市名稱	28 無錫市區		綜合指標	2007 年	68.82 分	綜合排名	B07/28	值得推薦
				2006 年	30.92 分		C07/55	勉予推薦
競爭力 (15%)	項目	基礎條件	財政條件	投資條件	經濟條件	就業條件		加權平均
	分數	43.28	68.70	82.70	83.43	54.13		67.92
	排名	35	18	8	9	25		16
環境力 (40%)	項目	自然環境	基礎建設	公共設施	社會環境	法制環境	經濟環境	經營環境	加權平均
	分數	3.91	3.59	3.50	3.70	3.43	3.56	3.65	3.59
	排名	16	39	42	26	41	38	30	31
風險度 (30%)	項目	社會風險	法制風險	經濟風險	經營風險	加權平均
	分數	1.99	2.15	2.29	2.15	2.18
	排名	13	19	25	13	18
推薦度 (15%)	2007 年	加權平均	3.88	2006 年	加權平均	3.05
		排名	37		排名	62

城市名稱	29 廈門島內		綜合指標	2007 年	67.72 分	綜合排名	B08/29	值得推薦
				2006 年	60.22 分		B12/32	值得推薦
競爭力 (15%)	項目	基礎條件	財政條件	投資條件	經濟條件	就業條件		加權平均
	分數	46.38	65.15	52.33	66.45	73.77		60.95
	排名	31	20	25	18	7		20
環境力 (40%)	項目	自然環境	基礎建設	公共設施	社會環境	法制環境	經濟環境	經營環境	加權平均
	分數	4.02	3.94	3.88	3.91	3.72	3.79	3.89	3.85
	排名	12	14	14	12	23	20	16	16
風險度 (30%)	項目	社會風險	法制風險	經濟風險	經營風險	加權平均
	分數	2.41	2.53	2.77	2.73	2.66
	排名	34	40	57	55	51
推薦度 (15%)	2007 年	加權平均	4.19	2006 年	加權平均	3.92
		排名	14		排名	32

城市名稱	30 徐州		綜合指標	2007 年	65.56 分	綜合排名	B09/30	值得推薦
				2006 年	30.36 分		C08/56	勉予推薦
競爭力 (15%)	項目	基礎條件	財政條件	投資條件	經濟條件	就業條件		加權平均
	分數	45.53	33.90	32.70	31.65	36.23		35.78
	排名	32	38	43	42	41		41
環境力 (40%)	項目	自然環境	基礎建設	公共設施	社會環境	法制環境	經濟環境	經營環境	加權平均
	分數	3.81	3.63	3.70	3.76	3.83	3.79	3.89	3.79
	排名	24	36	26	21	16	20	16	20
風險度 (30%)	項目	社會風險	法制風險	經濟風險	經營風險	加權平均
	分數	2.27	2.32	2.46	2.43	2.39
	排名	26	26	35	30	29
推薦度 (15%)	2007 年	加權平均	3.96	2006 年	加權平均	3.31
		排名	28		排名	49

城市名稱	31 煙台		綜合指標	2007 年	65.10 分	綜合排名	B10/31	值得推薦
				2006 年	61.30 分		B11/31	值得推薦
競爭力 (15%)	項目	基礎條件	財政條件	投資條件	經濟條件	就業條件		加權平均
	分數	58.45	41.95	70.17	55.75	43.40		55.32
	排名	24	34	16	24	37		25
環境力 (40%)	項目	自然環境	基礎建設	公共設施	社會環境	法制環境	經濟環境	經營環境	加權平均
	分數	3.60	3.70	3.70	3.55	3.40	3.71	3.56	3.57
	排名	39	31	25	35	42	29	35	35
風險度 (30%)	項目	社會風險	法制風險	經濟風險	經營風險	加權平均
	分數	1.99	2.02	2.13	2.17	2.10
	排名	12	11	13	15	13
推薦度 (15%)	2007 年	加權平均	3.69	2006 年	加權平均	3.75
		排名	47		排名	27

《 28 無錫市區、29 廈門島內、30 徐州、31 煙台 》

城市名稱	32 蘇州張家港		綜合指標	2007 年	61.34 分	綜合排名	B11/32	值得推薦
				2006 年	51.24 分		B24/44	值得推薦

競爭力 (15%)	項目	基礎條件	財政條件		投資條件	經濟條件		就業條件		加權平均
	分數	49.53	74.95		92.83	83.90		73.17		75.77
	排名	28	15		4	8		8		9
環境力 (40%)	項目	自然環境	基礎建設	公共設施	社會環境	法制環境	經濟環境	經營環境		加權平均
	分數	3.69	3.66	3.54	3.56	3.48	3.61	3.55		3.56
	排名	36	33	37	34	39	35	36		37
風險度 (30%)	項目	社會風險	法制風險		經濟風險		經營風險		加權平均	
	分數	2.48	2.43		2.42		2.52		2.45	
	排名	41	34		32		37		34	
推薦度 (15%)	2007 年		加權平均	3.88	2006 年		加權平均		3.34	
			排名	37			排名		51	

城市名稱	33 嘉興		綜合指標	2007 年	59.90 分	綜合排名	B12/33	值得推薦
				2006 年	61.75 分		B10/30	值得推薦

競爭力 (15%)	項目	基礎條件	財政條件		投資條件	經濟條件		就業條件		加權平均
	分數	30.75	17.80		57.67	36.55		42.23		38.88
	排名	43	47		21	39		38		36
環境力 (40%)	項目	自然環境	基礎建設	公共設施	社會環境	法制環境	經濟環境	經營環境		加權平均
	分數	3.57	3.61	3.60	3.68	3.70	3.78	3.70		3.68
	排名	43	38	34	28	24	22	27		26
風險度 (30%)	項目	社會風險	法制風險		經濟風險		經營風險		加權平均	
	分數	2.57	2.61		2.62		2.74		2.65	
	排名	51	53		45		56		49	
推薦度 (15%)	2007 年		加權平均	4.16	2006 年		加權平均		3.80	
			排名	15			排名		23	

城市名稱	34 桂林		綜合指標	2007 年	59.77 分	綜合排名	B13/34	值得推薦
				2006 年	26.17 分		C17/65	勉予推薦

競爭力 (15%)	項目	基礎條件	財政條件		投資條件	經濟條件		就業條件		加權平均
	分數	28.55	15.10		8.87	6.20		13.63		13.58
	排名	44	48		55	55		51		52
環境力 (40%)	項目	自然環境	基礎建設	公共設施	社會環境	法制環境	經濟環境	經營環境		加權平均
	分數	3.69	3.64	3.50	3.49	3.64	3.65	3.51		3.59
	排名	35	35	40	39	28	31	39		33
風險度 (30%)	項目	社會風險	法制風險		經濟風險		經營風險		加權平均	
	分數	1.86	2.04		2.15		2.21		2.13	
	排名	3	12		14		19		14	
推薦度 (15%)	2007 年		加權平均	3.61	2006 年		加權平均		2.90	
			排名	51			排名		68	

城市名稱	35 昆明		綜合指標	2007 年	59.39 分	綜合排名	B14/35	值得推薦
				2006 年	33.47 分		C05/53	勉予推薦

競爭力 (15%)	項目	基礎條件	財政條件		投資條件	經濟條件		就業條件		加權平均
	分數	69.63	56.20		32.10	42.38		63.63		51.40
	排名	16	25		44	34		20		28
環境力 (40%)	項目	自然環境	基礎建設	公共設施	社會環境	法制環境	經濟環境	經營環境		加權平均
	分數	3.77	3.55	3.64	3.37	3.62	3.59	3.54		3.59
	排名	31	42	30	45	29	36	38		32
風險度 (30%)	項目	社會風險	法制風險		經濟風險		經營風險		加權平均	
	分數	2.28	2.25		2.41		2.32		2.33	
	排名	28	25		30		25		25	
推薦度 (15%)	2007 年		加權平均	3.51	2006 年		加權平均		3.18	
			排名	57			排名		55	

《 32 蘇州張家港、33 嘉興、34 桂林、35 昆明 》

城市名稱	36 常州		綜合指標	2007 年	56.64 分	綜合排名	B15/36	值得推薦
				2006 年	64.07 分		B20/27	值得推薦

競爭力 (15%)	項目	基礎條件	財政條件	投資條件	經濟條件	就業條件	加權平均
	分數	39.68	54.40	49.93	62.93	45.77	51.39
	排名	37	27	26	20	32	29

環境力 (40%)	項目	自然環境	基礎建設	公共設施	社會環境	法制環境	經濟環境	經營環境	加權平均
	分數	3.60	3.50	3.44	3.50	3.49	3.59	3.41	3.50
	排名	40	44	48	37	37	37	48	41

風險度 (30%)	項目	社會風險	法制風險	經濟風險	經營風險	加權平均
	分數	2.42	2.48	2.31	2.42	2.40
	排名	35	37	26	29	30

推薦度 (15%)	2007 年	加權平均	3.60	2006 年	加權平均	3.75
		排名	54		排名	28

城市名稱	37 中山		綜合指標	2007 年	55.78 分	綜合排名	B16/37	值得推薦
				2006 年	50.58 分		B26/46	值得推薦

競爭力 (15%)	項目	基礎條件	財政條件	投資條件	經濟條件	就業條件	加權平均
	分數	25.40	43.70	44.63	58.45	52.93	46.50
	排名	48	33	34	22	27	33

環境力 (40%)	項目	自然環境	基礎建設	公共設施	社會環境	法制環境	經濟環境	經營環境	加權平均
	分數	3.14	3.49	3.66	3.21	3.53	3.81	3.72	3.55
	排名	75	45	29	57	33	18	23	38

風險度 (30%)	項目	社會風險	法制風險	經濟風險	經營風險	加權平均
	分數	2.51	2.41	2.41	2.47	2.44
	排名	46	32	31	32	33

推薦度 (15%)	2007 年	加權平均	3.67	2006 年	加權平均	3.56
		排名	48		排名	40

城市名稱	38 紹興		綜合指標	2007 年	55.48 分	綜合排名	B17/38	值得推薦
				2006 年	--分		--	--

競爭力 (15%)	項目	基礎條件	財政條件	投資條件	經濟條件	就業條件	加權平均
	分數	40.15	14.25	58.30	43.25	48.17	43.72
	排名	36	49	20	33	30	34

環境力 (40%)	項目	自然環境	基礎建設	公共設施	社會環境	法制環境	經濟環境	經營環境	加權平均
	分數	3.81	3.79	3.33	3.47	3.37	3.42	3.43	3.48
	排名	25	23	54	42	45	49	44	43

風險度 (30%)	項目	社會風險	法制風險	經濟風險	經營風險	加權平均
	分數	2.33	2.23	2.24	2.31	2.27
	排名	30	24	21	24	24

推薦度 (15%)	2007 年	加權平均	3.61	2006 年	加權平均	--
		排名	51		排名	--

城市名稱	39 莆田		綜合指標	2007 年	55.40 分	綜合排名	B18/39	值得推薦
				2006 年	--分		--	--

競爭力 (15%)	項目	基礎條件	財政條件	投資條件	經濟條件	就業條件	加權平均
	分數	10.65	6.20	9.47	9.35	13.67	10.18
	排名	55	54	53	54	50	54

環境力 (40%)	項目	自然環境	基礎建設	公共設施	社會環境	法制環境	經濟環境	經營環境	加權平均
	分數	3.71	3.71	3.51	3.48	3.49	3.54	3.46	3.54
	排名	33	30	39	40	38	39	40	39

風險度 (30%)	項目	社會風險	法制風險	經濟風險	經營風險	加權平均
	分數	2.50	2.32	2.36	2.39	2.38
	排名	45	27	28	27	28

推薦度 (15%)	2007 年	加權平均	4.00	2006 年	加權平均	--
		排名	26		排名	--

《 36 常州、37 中山、38 紹興、39 莆田 》

城市名稱	40 泉州		綜合指標	2007 年	54.72 分	綜合排名	B19/40	值得推薦
				2006 年	66.15 分		B04/24	值得推薦
競爭力 (15%)	項目	基礎條件	財政條件	投資條件		經濟條件	就業條件	加權平均
	分數	38.80	21.40	42.83		36.13	44.60	38.22
	排名	38	45	35		40	34	37
環境力 (40%)	項目	自然環境	基礎建設	公共設施	社會環境	法制環境	經濟環境	經營環境	加權平均
	分數	3.52	3.51	3.46	3.47	3.50	3.41	3.46	3.47
	排名	49	43	46	41	35	50	41	44
風險度 (30%)	項目	社會風險	法制風險	經濟風險	經營風險	加權平均
	分數	2.46	2.33	2.33	2.58	2.43
	排名	38	28	27	41	31
推薦度 (15%)	2007 年	加權平均	3.91	2006 年	加權平均	3.78
		排名	33		排名	25

城市名稱	41 寧波奉化		綜合指標	2007 年	54.13 分	綜合排名	B20/41	值得推薦
				2006 年	51.69 分		B22/42	值得推薦
競爭力 (15%)	項目	基礎條件	財政條件	投資條件		經濟條件	就業條件	加權平均
	分數	59.80	84.80	81.50		77.65	64.83	73.00
	排名	22	10	9		12	19	13
環境力 (40%)	項目	自然環境	基礎建設	公共設施	社會環境	法制環境	經濟環境	經營環境	加權平均
	分數	3.37	3.24	3.17	3.22	3.14	3.35	3.63	3.31
	排名	59	70	66	56	61	55	33	51
風險度 (30%)	項目	社會風險	法制風險	經濟風險	經營風險	加權平均
	分數	2.45	2.39	2.52	2.56	2.49
	排名	37	30	39	39	36
推薦度 (15%)	2007 年	加權平均	3.82	2006 年	加權平均	3.88
		排名	40		排名	18

城市名稱	42 蘇州太倉		綜合指標	2007 年	53.37 分	綜合排名	B21/42	值得推薦
				2006 年	51.27 分		B24/44	值得推薦
競爭力 (15%)	項目	基礎條件	財政條件	投資條件		經濟條件	就業條件	加權平均
	分數	49.53	74.95	92.83		83.90	73.17	75.77
	排名	28	15	4		8	8	9
環境力 (40%)	項目	自然環境	基礎建設	公共設施	社會環境	法制環境	經濟環境	經營環境	加權平均
	分數	3.55	3.47	3.19	3.47	3.40	3.50	3.45	3.43
	排名	46	48	63	43	43	43	42	45
風險度 (30%)	項目	社會風險	法制風險	經濟風險	經營風險	加權平均
	分數	2.27	2.56	2.86	2.49	2.60
	排名	27	45	63	33	44
推薦度 (15%)	2007 年	加權平均	3.72	2006 年	加權平均	3.54
		排名	44		排名	36

城市名稱	43 上海松江		綜合指標	2007 年	53.14 分	綜合排名	B22/43	值得推薦
				2006 年	50.01 分		B28/48	值得推薦
競爭力 (15%)	項目	基礎條件	財政條件	投資條件		經濟條件	就業條件	加權平均
	分數	88.83	100.00	98.80		97.75	94.60	95.77
	排名	3	1	1		1	2	1
環境力 (40%)	項目	自然環境	基礎建設	公共設施	社會環境	法制環境	經濟環境	經營環境	加權平均
	分數	3.24	3.46	3.44	3.24	3.24	3.44	3.35	3.34
	排名	66	50	49	54	52	48	52	50
風險度 (30%)	項目	社會風險	法制風險	經濟風險	經營風險	加權平均
	分數	2.66	2.54	2.77	2.66	2.66
	排名	56	43	58	50	50
推薦度 (15%)	2007 年	加權平均	3.81	2006 年	加權平均	3.44
		排名	41		排名	45

《 40 泉州、41 寧波奉化、42 蘇州太倉、43 上海松江 》

44 上海嘉定

城市名稱	44 上海嘉定		綜合指標	2007 年	52.54 分	綜合排名	B23/44	值得推薦
				2006 年	44.54 分		C01/49	勉予推薦
競爭力 (15%)	項目	基礎條件	財政條件	投資條件	經濟條件	就業條件		加權平均
	分數	88.83	100.00	98.80	97.75	94.60		95.77
	排名	3	1	1	1	2		1
環境力 (40%)	項目	自然環境	基礎建設	公共設施	社會環境	法制環境	經濟環境	經營環境	加權平均
	分數	3.31	3.65	3.74	3.34	3.27	3.64	3.63	3.49
	排名	63	34	22	46	49	32	32	42
風險度 (30%)	項目	社會風險	法制風險	經濟風險	經營風險	加權平均
	分數	2.89	2.95	2.95	2.89	2.93
	排名	73	73	67	64	66
推薦度 (15%)	2007 年	加權平均	3.94	2006 年	加權平均	3.22
		排名	31		排名	53

45 上海浦東

城市名稱	45 上海浦東		綜合指標	2007 年	52.32 分	綜合排名	B24/45	值得推薦
				2006 年	79.58 分		A14/14	極力推薦
競爭力 (15%)	項目	基礎條件	財政條件	投資條件	經濟條件	就業條件		加權平均
	分數	88.83	100.00	98.80	97.75	94.60		95.77
	排名	3	1	1	1	2		1
環境力 (40%)	項目	自然環境	基礎建設	公共設施	社會環境	法制環境	經濟環境	經營環境	加權平均
	分數	3.76	3.56	3.44	3.62	3.56	3.53	3.55	3.57
	排名	32	41	47	31	31	40	37	36
風險度 (30%)	項目	社會風險	法制風險	經濟風險	經營風險	加權平均
	分數	2.82	3.04	3.06	3.06	3.03
	排名	65	80	77	75	78
推薦度 (15%)	2007 年	加權平均	3.96	2006 年	加權平均	3.82
		排名	28		排名	21

46 重慶

城市名稱	46 重慶		綜合指標	2007 年	52.31 分	綜合排名	B25/46	值得推薦
				2006 年	40.18 分		C03/51	勉予推薦
競爭力 (15%)	項目	基礎條件	財政條件	投資條件	經濟條件	就業條件		加權平均
	分數	63.35	89.25	72.57	57.10	43.43		61.93
	排名	19	6	15	23	35		18
環境力 (40%)	項目	自然環境	基礎建設	公共設施	社會環境	法制環境	經濟環境	經營環境	加權平均
	分數	3.81	3.75	3.51	3.50	3.22	3.37	3.31	3.43
	排名	26	24	38	36	53	53	54	46
風險度 (30%)	項目	社會風險	法制風險	經濟風險	經營風險	加權平均
	分數	2.67	2.58	2.63	2.58	2.61
	排名	58	49	47	42	45
推薦度 (15%)	2007 年	加權平均	3.83	2006 年	加權平均	3.28
		排名	39		排名	50

47 上海市區

城市名稱	47 上海市區		綜合指標	2007 年	50.51 分	綜合排名	B26/47	值得推薦
				2006 年	51.75 分		B21/41	值得推薦
競爭力 (15%)	項目	基礎條件	財政條件	投資條件	經濟條件	就業條件		加權平均
	分數	88.83	100.00	98.80	97.75	94.60		95.77
	排名	3	1	1	1	2		1
環境力 (40%)	項目	自然環境	基礎建設	公共設施	社會環境	法制環境	經濟環境	經營環境	加權平均
	分數	3.47	3.35	3.33	3.34	3.25	3.50	3.36	3.36
	排名	52	57	55	47	50	44	51	48
風險度 (30%)	項目	社會風險	法制風險	經濟風險	經營風險	加權平均
	分數	2.46	2.80	2.73	2.63	2.69
	排名	39	65	54	47	55
推薦度 (15%)	2007 年	加權平均	3.61	2006 年	加權平均	3.46
		排名	51		排名	43

城市名稱	48 蘇州常熟		綜合指標	2007 年	50.38 分	綜合排名	B27/48	值得推薦
				2006 年	72.37 分		B02/22	值得推薦
競爭力 (15%)	項目	基礎條件	財政條件	投資條件		經濟條件	就業條件	加權平均
	分數	49.53	74.95	92.83		83.90	73.17	75.77
	排名	28	15	4		8	8	9
環境力 (40%)	項目	自然環境	基礎建設	公共設施	社會環境	法制環境	經濟環境	經營環境	加權平均
	分數	3.49	3.63	3.50	3.24	3.13	3.48	3.33	3.36
	排名	51	37	41	53	63	45	53	49
風險度 (30%)	項目	社會風險	法制風險	經濟風險	經營風險	加權平均
	分數	2.37	2.60	2.58	2.55	2.55
	排名	32	52	42	38	40
推薦度 (15%)	2007 年	加權平均	3.38	2006 年	加權平均	3.76
		排名	63		排名	26

城市名稱	49 長沙		綜合指標	2007 年	47.30 分	綜合排名	C01/49	勉予推薦
				2006 年	27.05 分		C13/61	勉予推薦
競爭力 (15%)	項目	基礎條件	財政條件	投資條件		經濟條件	就業條件	加權平均
	分數	70.93	58.00	55.90		39.70	54.10	53.90
	排名	15	24	23		35	26	27
環境力 (40%)	項目	自然環境	基礎建設	公共設施	社會環境	法制環境	經濟環境	經營環境	加權平均
	分數	3.60	3.75	3.49	3.14	2.97	3.20	3.27	3.28
	排名	41	27	44	61	74	66	58	57
風險度 (30%)	項目	社會風險	法制風險	經濟風險	經營風險	加權平均
	分數	2.35	2.54	2.50	2.57	2.52
	排名	31	41	38	40	38
推薦度 (15%)	2007 年	加權平均	3.78	2006 年	加權平均	2.97
		排名	42		排名	64

城市名稱	50 漳州		綜合指標	2007 年	46.67 分	綜合排名	C02/50	勉予推薦
				2006 年	27.81 分		C10/58	勉予推薦
競爭力 (15%)	項目	基礎條件	財政條件	投資條件		經濟條件	就業條件	加權平均
	分數	20.50	6.20	23.20		12.93	11.83	15.60
	排名	50	53	48		52	53	51
環境力 (40%)	項目	自然環境	基礎建設	公共設施	社會環境	法制環境	經濟環境	經營環境	加權平均
	分數	3.65	3.68	3.59	3.71	3.61	3.73	3.62	3.65
	排名	37	32	35	24	30	28	34	30
風險度 (30%)	項目	社會風險	法制風險	經濟風險	經營風險	加權平均
	分數	2.87	2.81	2.95	3.04	2.94
	排名	71	66	66	73	71
推薦度 (15%)	2007 年	加權平均	4.01	2006 年	加權平均	2.44
		排名	23		排名	80

城市名稱	51 蘇州吳江		綜合指標	2007 年	46.13 分	綜合排名	C03/51	勉予推薦
				2006 年	28.36 分		C09/57	勉予推薦
競爭力 (15%)	項目	基礎條件	財政條件	投資條件		經濟條件	就業條件	加權平均
	分數	49.53	74.95	92.83		83.90	73.17	75.77
	排名	28	15	4		8	8	9
環境力 (40%)	項目	自然環境	基礎建設	公共設施	社會環境	法制環境	經濟環境	經營環境	加權平均
	分數	3.40	3.58	3.50	3.19	3.14	3.31	3.31	3.31
	排名	57	40	43	59	62	59	56	52
風險度 (30%)	項目	社會風險	法制風險	經濟風險	經營風險	加權平均
	分數	2.49	2.74	2.68	2.76	2.70
	排名	44	61	50	59	56
推薦度 (15%)	2007 年	加權平均	3.70	2006 年	加權平均	3.31
		排名	46		排名	52

《 48 蘇州常熟、49 長沙、50 漳州、51 蘇州吳江 》

自創品牌贏商機—2007年中國大陸地區投資環境與風險調查

52 佛山

城市名稱	52 佛山		綜合指標	2007 年	45.66 分	綜合排名	C04/52	勉予推薦
				2006 年	--分		--	--
競爭力 (15%)	項目	基礎條件	財政條件	投資條件	經濟條件	就業條件		加權平均
	分數	57.55	76.75	58.90	84.78	57.70		67.94
	排名	25	13	19	7	24		15
環境力 (40%)	項目	自然環境	基礎建設	公共設施	社會環境	法制環境	經濟環境	經營環境	加權平均
	分數	3.54	3.45	3.70	3.58	3.47	3.52	3.44	3.51
	排名	47	52	27	32	40	41	43	40
風險度 (30%)	項目	社會風險	法制風險	經濟風險	經營風險		加權平均
	分數	3.17	3.15	3.11	3.16		3.14
	排名	86	84	80	81		83
推薦度 (15%)	2007 年	加權平均	4.04	2006 年	加權平均	--
		排名	20		排名	--

53 珠海

城市名稱	53 珠海		綜合指標	2007 年	43.12 分	綜合排名	C05/53	勉予推薦
				2006 年	55.05 分		B15/35	值得推薦
競爭力 (15%)	項目	基礎條件	財政條件	投資條件	經濟條件	就業條件		加權平均
	分數	27.63	46.35	32.70	55.75	67.23		46.87
	排名	46	30	42	25	16		32
環境力 (40%)	項目	自然環境	基礎建設	公共設施	社會環境	法制環境	經濟環境	經營環境	加權平均
	分數	3.30	3.23	3.34	3.26	3.28	3.37	3.25	3.28
	排名	64	73	53	51	48	52	59	58
風險度 (30%)	項目	社會風險	法制風險	經濟風險	經營風險		加權平均
	分數	2.49	2.58	2.68	2.69		2.63
	排名	43	47	49	53		48
推薦度 (15%)	2007 年	加權平均	3.64	2006 年	加權平均	3.49
		排名	49		排名	40

54 北京市區

城市名稱	54 北京市區		綜合指標	2007 年	41.44 分	綜合排名	C06/54	勉予推薦
				2006 年	53.01 分		B18/38	值得推薦
競爭力 (15%)	項目	基礎條件	財政條件	投資條件	經濟條件	就業條件		加權平均
	分數	92.83	98.20	94.03	90.13	95.80		93.39
	排名	1	2	2	4	1		3
環境力 (40%)	項目	自然環境	基礎建設	公共設施	社會環境	法制環境	經濟環境	經營環境	加權平均
	分數	3.21	3.39	3.55	3.25	3.10	3.35	3.23	3.27
	排名	69	55	36	52	64	56	62	59
風險度 (30%)	項目	社會風險	法制風險	經濟風險	經營風險		加權平均
	分數	2.46	2.54	3.12	2.58		2.72
	排名	40	42	81	43		57
推薦度 (15%)	2007 年	加權平均	3.30	2006 年	加權平均	3.51
		排名	68		排名	39

55 石家庄

城市名稱	55 石家庄		綜合指標	2007 年	39.83 分	綜合排名	C07/55	勉予推薦
				2006 年	27.81 分		C11/59	勉予推薦
競爭力 (15%)	項目	基礎條件	財政條件	投資條件	經濟條件	就業條件		加權平均
	分數	60.65	48.20	46.40	49.53	43.43		49.77
	排名	20	29	31	28	36		30
環境力 (40%)	項目	自然環境	基礎建設	公共設施	社會環境	法制環境	經濟環境	經營環境	加權平均
	分數	3.71	3.32	3.22	3.04	3.22	3.11	3.41	3.28
	排名	34	59	59	67	55	71	49	54
風險度 (30%)	項目	社會風險	法制風險	經濟風險	經營風險		加權平均
	分數	2.54	2.51	2.63	2.69		2.61
	排名	48	38	46	52		46
推薦度 (15%)	2007 年	加權平均	3.27	2006 年	加權平均	3.00
		排名	72		排名	63

《 52 佛山、 53 珠海、 54 北京市區、 55 石家庄 》

城市名稱	56 江門		綜合指標	2007 年	38.76 分	綜合排名	C08/56	勉予推薦
				2006 年	44.54 分		C01/49	勉予推薦

競爭力 (15%)	項目	基礎條件	財政條件	投資條件	經濟條件	就業條件	加權平均
	分數	22.28	23.15	27.33	38.83	24.97	28.88
	排名	49	44	45	37	47	46

環境力 (40%)	項目	自然環境	基礎建設	公共設施	社會環境	法制環境	經濟環境	經營環境	加權平均
	分數	3.52	3.37	3.29	3.29	3.04	3.32	3.38	3.28
	排名	50	56	57	49	68	58	50	55

風險度 (30%)	項目	社會風險	法制風險	經濟風險	經營風險	加權平均
	分數	2.64	2.58	2.62	2.63	2.62
	排名	55	48	44	46	47

推薦度 (15%)	2007 年	加權平均	3.63	2006 年	加權平均	3.35
		排名	50		排名	47

城市名稱	57 武漢漢口		綜合指標	2007 年	38.44 分	綜合排名	C09/57	勉予推薦
				2006 年	50.36 分		B27/47	值得推薦

競爭力 (15%)	項目	基礎條件	財政條件	投資條件	經濟條件	就業條件	加權平均
	分數	87.48	81.20	77.93	74.50	72.57	78.07
	排名	4	11	13	14	9	8

環境力 (40%)	項目	自然環境	基礎建設	公共設施	社會環境	法制環境	經濟環境	經營環境	加權平均
	分數	3.42	3.23	3.09	3.14	3.31	3.35	3.31	3.28
	排名	55	72	71	62	46	54	55	56

風險度 (30%)	項目	社會風險	法制風險	經濟風險	經營風險	加權平均
	分數	2.94	2.78	2.70	2.68	2.74
	排名	77	64	51	51	58

推薦度 (15%)	2007 年	加權平均	3.21	2006 年	加權平均	3.48
		排名	76		排名	42

城市名稱	58 武漢武昌		綜合指標	2007 年	33.44 分	綜合排名	C10/58	勉予推薦
				2006 年	52.90 分		B20/40	值得推薦

競爭力 (15%)	項目	基礎條件	財政條件	投資條件	經濟條件	就業條件	加權平均
	分數	87.48	81.20	77.93	74.50	72.57	78.07
	排名	4	11	13	14	9	8

環境力 (40%)	項目	自然環境	基礎建設	公共設施	社會環境	法制環境	經濟環境	經營環境	加權平均
	分數	3.42	3.25	3.11	2.91	2.95	3.02	3.16	3.09
	排名	56	69	69	77	75	76	67	74

風險度 (30%)	項目	社會風險	法制風險	經濟風險	經營風險	加權平均
	分數	2.86	2.66	2.71	2.66	2.69
	排名	70	56	52	49	54

推薦度 (15%)	2007 年	加權平均	3.33	2006 年	加權平均	3.60
		排名	65		排名	37

城市名稱	59 武漢漢陽		綜合指標	2007 年	32.87 分	綜合排名	C11/59	勉予推薦
				2006 年	26.90 分		C14/62	勉予推薦

競爭力 (15%)	項目	基礎條件	財政條件	投資條件	經濟條件	就業條件	加權平均
	分數	87.48	81.20	77.93	74.50	72.57	78.07
	排名	4	11	13	14	9	8

環境力 (40%)	項目	自然環境	基礎建設	公共設施	社會環境	法制環境	經濟環境	經營環境	加權平均
	分數	3.39	3.34	3.36	3.12	3.17	3.24	3.22	3.24
	排名	58	58	51	63	57	63	64	61

風險度 (30%)	項目	社會風險	法制風險	經濟風險	經營風險	加權平均
	分數	2.62	2.76	3.00	3.08	2.93
	排名	52	63	72	76	67

推薦度 (15%)	2007 年	加權平均	3.10	2006 年	加權平均	3.09
		排名	81		排名	61

《 56 江門、57 武漢漢口、58 武漢武昌、59 武漢漢陽 》

城市名稱	60 東莞虎門		綜合指標	2007 年	32.47 分	綜合排名	C12/60	勉予推薦
				2006 年	25.44 分		C19/67	勉予推薦
競爭力 (15%)	項目	基礎條件	財政條件	投資條件	經濟條件		就業條件	加權平均
	分數	35.68	67.80	52.90	79.43		45.20	57.36
	排名	40	19	24	11		33	23
環境力 (40%)	項目	自然環境	基礎建設	公共設施	社會環境	法制環境	經濟環境	經營環境	加權平均
	分數	3.34	3.49	3.20	2.95	3.15	3.29	3.23	3.22
	排名	61	45	62	74	59	60	63	63
風險度 (30%)	項目	社會風險	法制風險	經濟風險	經營風險	加權平均
	分數	2.99	2.89	3.02	3.04	2.99
	排名	79	71	75	74	75
推薦度 (15%)	2007 年	加權平均	3.78	2006 年	加權平均	3.14
		排名	42		排名	58

城市名稱	61 福州馬尾		綜合指標	2007 年	32.33 分	綜合排名	C13/61	勉予推薦
				2006 年	36.35 分		C04/52	勉予推薦
競爭力 (15%)	項目	基礎條件	財政條件	投資條件	經濟條件		就業條件	加權平均
	分數	58.45	50.58	66.03	53.95		58.90	57.95
	排名	23	28	18	26		22	22
環境力 (40%)	項目	自然環境	基礎建設	公共設施	社會環境	法制環境	經濟環境	經營環境	加權平均
	分數	3.53	3.23	2.93	3.09	3.22	3.27	3.11	3.20
	排名	48	71	83	65	54	62	70	65
風險度 (30%)	項目	社會風險	法制風險	經濟風險	經營風險	加權平均
	分數	2.83	2.70	2.80	2.82	2.79
	排名	66	58	61	62	62
推薦度 (15%)	2007 年	加權平均	3.44	2006 年	加權平均	3.26
		排名	62		排名	51

城市名稱	62 長春		綜合指標	2007 年	30.82 分	綜合排名	C14/62	勉予推薦
				2006 年	--分		--	--
競爭力 (15%)	項目	基礎條件	財政條件	投資條件	經濟條件		就業條件	加權平均
	分數	72.28	55.35	48.20	63.35		62.47	61.13
	排名	13	26	27	19		21	19
環境力 (40%)	項目	自然環境	基礎建設	公共設施	社會環境	法制環境	經濟環境	經營環境	加權平均
	分數	3.09	3.18	3.04	3.02	2.94	3.02	3.05	3.03
	排名	77	74	69	74	76	77	74	76
風險度 (30%)	項目	社會風險	法制風險	經濟風險	經營風險	加權平均
	分數	2.51	2.63	2.66	2.74	2.67
	排名	47	54	48	57	52
推薦度 (15%)	2007 年	加權平均	3.32	2006 年	加權平均	--
		排名	66		排名	--

城市名稱	63 溫州		綜合指標	2007 年	30.78 分	綜合排名	C15/63	勉予推薦
				2006 年	--分		--	--
競爭力 (15%)	項目	基礎條件	財政條件	投資條件	經濟條件		就業條件	加權平均
	分數	50.88	43.70	47.00	49.05		49.37	49.53
	排名	27	32	29	29		29	31
環境力 (40%)	項目	自然環境	基礎建設	公共設施	社會環境	法制環境	經濟環境	經營環境	加權平均
	分數	3.46	3.30	3.29	3.27	3.25	3.18	3.18	3.26
	排名	53	64	58	50	51	67	66	60
風險度 (30%)	項目	社會風險	法制風險	經濟風險	經營風險	加權平均
	分數	2.83	2.96	3.01	2.89	2.94
	排名	67	74	73	65	68
推薦度 (15%)	2007 年	加權平均	3.50	2006 年	加權平均	--
		排名	59		排名	--

《 60 東莞虎門、61 福州馬尾、62 長春、63 溫州 》

城市名稱	64 福州市區	綜合指標	2007 年	30.77 分	綜合排名	C16/64	勉予推薦
			2006 年	31.37 分		C06/54	勉予推薦

競爭力 (15%)	項目	基礎條件	財政條件	投資條件	經濟條件	就業條件	加權平均
	分數	58.45	50.85	66.03	53.95	58.90	57.95
	排名	23	28	18	26	22	22

環境力 (40%)	項目	自然環境	基礎建設	公共設施	社會環境	法制環境	經濟環境	經營環境	加權平均
	分數	3.43	3.45	3.19	3.46	3.29	3.38	3.05	3.29
	排名	54	53	64	44	47	51	73	53

風險度 (30%)	項目	社會風險	法制風險	經濟風險	經營風險	加權平均
	分數	2.71	3.23	3.24	3.26	3.19
	排名	60	85	85	84	84

推薦度 (15%)	2007 年	加權平均	3.49	2006 年	加權平均	3.21
		排名	61		排名	54

城市名稱	65 深圳寶安	綜合指標	2007 年	29.68 分	綜合排名	C17/65	勉予推薦
			2006 年	25.81 分		C18/66	勉予推薦

競爭力 (15%)	項目	基礎條件	財政條件	投資條件	經濟條件	就業條件	加權平均
	分數	53.55	95.50	92.23	96.85	94.03	86.57
	排名	26	4	5	2	4	4

環境力 (40%)	項目	自然環境	基礎建設	公共設施	社會環境	法制環境	經濟環境	經營環境	加權平均
	分數	3.09	3.26	3.21	2.98	3.09	3.29	3.25	3.17
	排名	76	68	61	72	65	61	60	67

風險度 (30%)	項目	社會風險	法制風險	經濟風險	經營風險	加權平均
	分數	2.83	3.03	2.99	2.95	2.97
	排名	68	79	71	67	73

推薦度 (15%)	2007 年	加權平均	3.17	2006 年	加權平均	2.93
		排名	77		排名	67

城市名稱	66 鎮江	綜合指標	2007 年	29.54 分	綜合排名	C18/66	勉予推薦
			2006 年	--分		--	--

競爭力 (15%)	項目	基礎條件	財政條件	投資條件	經濟條件	就業條件	加權平均
	分數	34.33	24.95	35.07	38.33	41.03	36.08
	排名	41	43	40	38	39	40

環境力 (40%)	項目	自然環境	基礎建設	公共設施	社會環境	法制環境	經濟環境	經營環境	加權平均
	分數	3.56	3.48	3.36	3.31	3.40	3.44	3.42	3.42
	排名	45	47	50	48	44	47	47	47

風險度 (30%)	項目	社會風險	法制風險	經濟風險	經營風險	加權平均
	分數	3.16	3.42	3.56	3.70	3.53
	排名	85	87	87	88	87

推薦度 (15%)	2007 年	加權平均	3.50	2006 年	加權平均	--
		排名	59		排名	--

城市名稱	67 泰州	綜合指標	2007 年	29.39 分	綜合排名	C19/67	勉予推薦
			2006 年	51.43 分		B23/43	值得推薦

競爭力 (15%)	項目	基礎條件	財政條件	投資條件	經濟條件	就業條件	加權平均
	分數	31.65	11.60	24.97	16.90	13.07	20.17
	排名	42	51	46	49	52	50

環境力 (40%)	項目	自然環境	基礎建設	公共設施	社會環境	法制環境	經濟環境	經營環境	加權平均
	分數	3.23	3.31	3.03	3.23	3.21	3.46	3.13	3.23
	排名	68	61	75	55	56	46	69	62

風險度 (30%)	項目	社會風險	法制風險	經濟風險	經營風險	加權平均
	分數	2.74	2.72	2.88	2.78	2.79
	排名	63	59	65	61	63

推薦度 (15%)	2007 年	加權平均	3.53	2006 年	加權平均	3.44
		排名	56		排名	44

《 64 福州市區、65 深圳寶安、66 鎮江、67 泰州 》

城市名稱	68 廣州市區		綜合指標	2007 年	29.34 分	綜合排名	C20/68	勉予推薦
				2006 年	53.55 分		B17/37	值得推薦
競爭力 (15%)	項目	基礎條件	財政條件	投資條件	經濟條件	就業條件		加權平均
	分數	89.68	95.50	93.40	95.05	94.60		93.60
	排名	2	3	3	3	3		2
環境力 (40%)	項目	自然環境	基礎建設	公共設施	社會環境	法制環境	經濟環境	經營環境	加權平均
	分數	3.24	3.46	3.12	2.89	2.85	3.14	3.20	3.10
	排名	67	51	67	78	80	70	65	73
風險度 (30%)	項目	社會風險	法制風險	經濟風險	經營風險		加權平均
	分數	2.84	2.83	2.81	3.17		2.94
	排名	69	68	62	82		70
推薦度 (15%)	2007 年	加權平均	3.17	2006 年	加權平均	3.58
		排名	77		排名	35

城市名稱	69 深圳市區		綜合指標	2007 年	28.76 分	綜合排名	C21/69	勉予推薦
				2006 年	25.17 分		C21/69	勉予推薦
競爭力 (15%)	項目	基礎條件	財政條件	投資條件	經濟條件	就業條件		加權平均
	分數	53.55	95.50	92.23	96.85	94.03		86.57
	排名	26	4	5	2	4		4
環境力 (40%)	項目	自然環境	基礎建設	公共設施	社會環境	法制環境	經濟環境	經營環境	加權平均
	分數	3.16	3.27	3.31	2.97	3.00	3.21	3.25	3.15
	排名	73	67	56	73	70	65	61	69
風險度 (30%)	項目	社會風險	法制風險	經濟風險	經營風險		加權平均
	分數	2.97	2.94	2.98	3.10		3.01
	排名	78	72	70	78		77
推薦度 (15%)	2007 年	加權平均	3.30	2006 年	加權平均	2.85
		排名	68		排名	70

城市名稱	70 合肥		綜合指標	2007 年	27.24 分	綜合排名	C22/70	勉予推薦
				2006 年	27.06 分		C12/60	勉予推薦
競爭力 (15%)	項目	基礎條件	財政條件	投資條件	經濟條件	就業條件		加權平均
	分數	47.25	45.50	40.47	26.30	37.47		37.48
	排名	30	31	36	40	40		38
環境力 (40%)	項目	自然環境	基礎建設	公共設施	社會環境	法制環境	經濟環境	經營環境	加權平均
	分數	3.33	3.10	3.11	3.12	3.08	3.15	3.00	3.11
	排名	62	76	70	64	66	69	78	72
風險度 (30%)	項目	社會風險	法制風險	經濟風險	經營風險		加權平均
	分數	2.68	2.66	2.72	2.65		2.68
	排名	59	55	53	48		53
推薦度 (15%)	2007 年	加權平均	3.22	2006 年	加權平均	2.87
		排名	75		排名	69

城市名稱	71 南通		綜合指標	2007 年	26.76 分	綜合排名	C23/71	勉予推薦
				2006 年	58.26 分		B19/37	值得推薦
競爭力 (15%)	項目	基礎條件	財政條件	投資條件	經濟條件	就業條件		加權平均
	分數	44.15	30.30	45.20	26.75	33.87		35.70
	排名	33	40	33	45	43		42
環境力 (40%)	項目	自然環境	基礎建設	公共設施	社會環境	法制環境	經濟環境	經營環境	加權平均
	分數	3.27	3.30	3.19	3.16	2.98	3.11	3.02	3.11
	排名	65	65	60	60	72	73	76	71
風險度 (30%)	項目	社會風險	法制風險	經濟風險	經營風險		加權平均
	分數	2.74	2.74	2.77	2.76		2.76
	排名	62	62	59	60		61
推薦度 (15%)	2007 年	加權平均	3.38	2006 年	加權平均	3.62
		排名	64		排名	36

自創品牌贏商機—2007年中國大陸地區投資環境與風險調查

城市名稱	72 鄭州		綜合指標	2007 年	26.01 分	綜合排名	C24/72	勉予推薦
				2006 年	--分		--	--

競爭力 (15%)	項目	基礎條件	財政條件	投資條件	經濟條件	就業條件	加權平均
	分數	68.25	62.45	48.17	44.60	58.30	54.57
	排名	18	23	28	31	23	26

環境力 (40%)	項目	自然環境	基礎建設	公共設施	社會環境	法制環境	經濟環境	經營環境	加權平均
	分數	2.81	3.06	2.96	2.71	2.74	2.97	2.87	2.86
	排名	86	78	80	84	85	79	82	83

風險度 (30%)	項目	社會風險	法制風險	經濟風險	經營風險	加權平均
	分數	2.67	2.59	2.56	2.59	2.59
	排名	57	51	40	44	43

推薦度 (15%)	2007 年	加權平均	2.97	2006 年	加權平均	--
		排名	85		排名	--

城市名稱	73 河源		綜合指標	2007 年	25.41 分	綜合排名	C25/73	勉予推薦
				2006 年	--分		--	--

競爭力 (15%)	項目	基礎條件	財政條件	投資條件	經濟條件	就業條件	加權平均
	分數	1.33	0.85	5.30	0.00	8.90	3.19
	排名	57	57	56	57	54	57

環境力 (40%)	項目	自然環境	基礎建設	公共設施	社會環境	法制環境	經濟環境	經營環境	加權平均
	分數	3.58	3.30	3.22	3.20	3.16	3.11	3.11	3.21
	排名	42	63	60	58	58	72	71	64

風險度 (30%)	項目	社會風險	法制風險	經濟風險	經營風險	加權平均
	分數	2.42	2.55	2.74	2.96	2.74
	排名	36	44	55	68	59

推薦度 (15%)	2007 年	加權平均	3.31	2006 年	加權平均	--
		排名	67		排名	--

城市名稱	74 汕頭		綜合指標	2007 年	25.09 分	綜合排名	C26/74	勉予推薦
				2006 年	68.81 分		B03/23	值得推薦

競爭力 (15%)	項目	基礎條件	財政條件	投資條件	經濟條件	就業條件	加權平均
	分數	16.48	37.45	11.27	26.75	20.77	21.47
	排名	52	37	52	46	49	49

環境力 (40%)	項目	自然環境	基礎建設	公共設施	社會環境	法制環境	經濟環境	經營環境	加權平均
	分數	2.94	2.94	2.95	2.88	2.92	2.90	3.04	2.94
	排名	83	81	81	80	77	83	75	79

風險度 (30%)	項目	社會風險	法制風險	經濟風險	經營風險	加權平均
	分數	2.64	2.57	2.47	2.51	2.53
	排名	53	46	37	35	39

推薦度 (15%)	2007 年	加權平均	3.04	2006 年	加權平均	4.06
		排名	83		排名	12

城市名稱	75 東莞厚街		綜合指標	2007 年	24.68 分	綜合排名	D01/75	勉予推薦
				2006 年	10.71 分		D07/77	暫不推薦

競爭力 (15%)	項目	基礎條件	財政條件	投資條件	經濟條件	就業條件	加權平均
	分數	35.68	67.80	52.90	79.43	45.20	57.36
	排名	40	19	24	11	33	23

環境力 (40%)	項目	自然環境	基礎建設	公共設施	社會環境	法制環境	經濟環境	經營環境	加權平均
	分數	3.01	3.28	3.05	2.70	2.77	3.09	2.99	2.96
	排名	79	66	73	85	83	74	79	78

風險度 (30%)	項目	社會風險	法制風險	經濟風險	經營風險	加權平均
	分數	3.04	2.97	3.04	3.27	3.10
	排名	80	75	76	85	82

推薦度 (15%)	2007 年	加權平均	3.91	2006 年	加權平均	2.75
		排名	33		排名	76

《 72 鄭州、73 河源、74 汕頭、75 東莞厚街 》

城市名稱	76 東莞石碣		綜合指標	2007 年	24.58 分	綜合排名	D02/76	暫不推薦
				2006 年	16.33 分		D02/72	暫不推薦
競爭力 (15%)	項目	基礎條件	財政條件		投資條件	經濟條件	就業條件	加權平均
	分數	35.68	67.80		52.90	79.43	45.20	57.36
	排名	40	19		24	11	33	23
環境力 (40%)	項目	自然環境	基礎建設	公共設施	社會環境	法制環境	經濟環境	經營環境	加權平均
	分數	3.17	3.32	3.11	2.86	3.08	3.24	3.15	3.13
	排名	72	60	68	81	67	64	68	70
風險度 (30%)	項目	社會風險	法制風險		經濟風險		經營風險		加權平均
	分數	3.13	3.02		3.12		3.09		3.09
	排名	81	78		83		77		81
推薦度 (15%)	2007 年		加權平均	3.51	2006 年		加權平均	2.81
			排名	57			排名	73

城市名稱	77 瀋陽		綜合指標	2007 年	24.24 分	綜合排名	D03/77	暫不推薦
				2006 年	26.29 分		C15/63	勉予推薦
競爭力 (15%)	項目	基礎條件	財政條件		投資條件	經濟條件	就業條件	加權平均
	分數	79.43	85.70		80.90	68.73	70.77	75.41
	排名	8	9		11	16	13	10
環境力 (40%)	項目	自然環境	基礎建設	公共設施	社會環境	法制環境	經濟環境	經營環境	加權平均
	分數	2.98	2.84	2.86	2.93	3.00	3.04	2.82	2.93
	排名	81	84	86	76	71	75	85	80
風險度 (30%)	項目	社會風險	法制風險		經濟風險		經營風險		加權平均
	分數	2.56	2.70		2.74		3.19		2.87
	排名	50	57		56		83		65
推薦度 (15%)	2007 年		加權平均	3.11	2006 年		加權平均	2.96
			排名	80			排名	66

城市名稱	78 宜昌		綜合指標	2007 年	22.29 分	綜合排名	D04/78	暫不推薦
				2006 年	--分		--	--
競爭力 (15%)	項目	基礎條件	財政條件		投資條件	經濟條件	就業條件	加權平均
	分數	38.35	8.90		23.77	17.38	22.00	22.93
	排名	39	52		47	48	48	48
環境力 (40%)	項目	自然環境	基礎建設	公共設施	社會環境	法制環境	經濟環境	經營環境	加權平均
	分數	3.20	3.07	2.99	2.82	3.15	3.34	3.43	3.18
	排名	70	77	77	82	60	57	45	66
風險度 (30%)	項目	社會風險	法制風險		經濟風險		經營風險		加權平均
	分數	3.15	3.05		3.11		3.01		3.07
	排名	84	82		79		72		79
推薦度 (15%)	2007 年		加權平均	3.58	2006 年		加權平均	--
			排名	55			排名	--

城市名稱	79 東莞市區		綜合指標	2007 年	20.69 分	綜合排名	D05/79	暫不推薦
				2006 年	12.29 分		D05/75	暫不推薦
競爭力 (15%)	項目	基礎條件	財政條件		投資條件	經濟條件	就業條件	加權平均
	分數	35.68	67.80		52.90	79.43	45.20	57.36
	排名	40	19		24	11	33	23
環境力 (40%)	項目	自然環境	基礎建設	公共設施	社會環境	法制環境	經濟環境	經營環境	加權平均
	分數	3.19	3.31	3.35	2.99	2.98	3.16	3.29	3.16
	排名	71	62	52	71	73	68	57	68
風險度 (30%)	項目	社會風險	法制風險		經濟風險		經營風險		加權平均
	分數	3.60	3.56		3.61		3.65		3.61
	排名	88	88		88		87		88
推薦度 (15%)	2007 年		加權平均	3.28	2006 年		加權平均	2.80
			排名	71			排名	74

《 76 東莞石碣、77 瀋陽、78 宜昌、79 東莞市區 》

城市名稱	80 深圳龍崗	綜合指標	2007 年	20.40 分	綜合排名	D06/80	暫不推薦
			2006 年	26.23 分		C16/64	勉予推薦

競爭力 (15%)	項目	基礎條件	財政條件	投資條件	經濟條件	就業條件	加權平均
	分數	53.55	95.50	92.23	96.85	94.03	86.57
	排名	26	4	5	2	4	4

環境力 (40%)	項目	自然環境	基礎建設	公共設施	社會環境	法制環境	經濟環境	經營環境	加權平均
	分數	2.78	2.61	2.94	2.93	2.86	2.96	2.86	2.86
	排名	88	87	82	75	79	80	84	84

風險度 (30%)	項目	社會風險	法制風險	經濟風險	經營風險	加權平均
	分數	2.87	2.99	3.12	3.13	3.07
	排名	72	76	82	80	80

推薦度 (15%)	2007 年	加權平均	3.23	2006 年	加權平均	3.10
		排名	74		排名	59

城市名稱	81 岳陽	綜合指標	2007 年	19.65 分	綜合排名	D07/81	暫不推薦
			2006 年	--分		--	--

競爭力 (15%)	項目	基礎條件	財政條件	投資條件	經濟條件	就業條件	加權平均
	分數	3.55	14.25	8.90	15.58	6.50	9.89
	排名	56	50	54	50	56	55

環境力 (40%)	項目	自然環境	基礎建設	公共設施	社會環境	法制環境	經濟環境	經營環境	加權平均
	分數	3.35	2.84	3.01	3.07	3.02	2.99	3.06	3.04
	排名	60	83	76	66	69	78	72	75

風險度 (30%)	項目	社會風險	法制風險	經濟風險	經營風險	加權平均
	分數	2.74	2.73	2.78	2.72	2.74
	排名	61	60	60	54	60

推薦度 (15%)	2007 年	加權平均	3.24	2006 年	加權平均	--
		排名	73		排名	--

城市名稱	82 哈爾濱	綜合指標	2007 年	19.35 分	綜合排名	D08/82	暫不推薦
			2006 年	25.38 分		C20/68	勉予推薦

競爭力 (15%)	項目	基礎條件	財政條件	投資條件	經濟條件	就業條件	加權平均
	分數	69.58	71.40	45.77	50.85	67.23	58.91
	排名	17	17	32	27	17	21

環境力 (40%)	項目	自然環境	基礎建設	公共設施	社會環境	法制環境	經濟環境	經營環境	加權平均
	分數	3.16	3.04	3.07	2.89	2.90	2.91	2.96	2.97
	排名	74	79	72	79	78	82	81	77

風險度 (30%)	項目	社會風險	法制風險	經濟風險	經營風險	加權平均
	分數	3.14	2.88	3.02	2.99	2.99
	排名	83	70	74	71	76

推薦度 (15%)	2007 年	加權平均	3.02	2006 年	加權平均	3.10
		排名	84		排名	60

城市名稱	83 南寧	綜合指標	2007 年	18.84 分	綜合排名	D09/83	暫不推薦
			2006 年	--分		--	--

競爭力 (15%)	項目	基礎條件	財政條件	投資條件	經濟條件	就業條件	加權平均
	分數	49.48	39.20	18.40	15.13	33.27	28.69
	排名	29	36	49	51	45	47

環境力 (40%)	項目	自然環境	基礎建設	公共設施	社會環境	法制環境	經濟環境	經營環境	加權平均
	分數	3.00	2.94	2.98	3.03	2.82	2.76	3.02	2.92
	排名	80	80	78	68	81	86	77	81

風險度 (30%)	項目	社會風險	法制風險	經濟風險	經營風險	加權平均
	分數	2.80	2.88	2.86	2.83	2.85
	排名	64	69	64	63	64

推薦度 (15%)	2007 年	加權平均	3.29	2006 年	加權平均	--
		排名	70		排名	--

《 80 深圳龍崗、81 岳陽、82 哈爾濱、83 南寧 》

84 西安

城市名稱	84 西安	綜合指標	2007 年	17.23 分	綜合排名	D10/84	暫不推薦
			2006 年	25.17 分		C21/69	勉予推薦

競爭力 (15%)	項目	基礎條件	財政條件	投資條件	經濟條件	就業條件	加權平均
	分數	75.88	62.50	35.07	44.60	67.83	55.39
	排名	10	22	39	32	15	24

環境力 (40%)	項目	自然環境	基礎建設	公共設施	社會環境	法制環境	經濟環境	經營環境	加權平均
	分數	2.93	2.78	2.98	2.62	2.60	2.86	2.87	2.78
	排名	84	85	79	87	87	84	83	85

風險度 (30%)	項目	社會風險	法制風險	經濟風險	經營風險	加權平均
	分數	2.92	3.01	2.95	2.90	2.94
	排名	75	77	68	66	69

推薦度 (15%)	2007 年	加權平均	3.07	2006 年	加權平均	2.85
		排名	82		排名	70

85 東莞長安

城市名稱	85 東莞長安	綜合指標	2007 年	17.14 分	綜合排名	D11/85	暫不推薦
			2006 年	12.24 分		D06/76	暫不推薦

競爭力 (15%)	項目	基礎條件	財政條件	投資條件	經濟條件	就業條件	加權平均
	分數	35.68	67.80	52.90	79.43	45.20	57.36
	排名	40	19	24	11	33	23

環境力 (40%)	項目	自然環境	基礎建設	公共設施	社會環境	法制環境	經濟環境	經營環境	加權平均
	分數	2.97	3.13	2.91	2.73	2.80	2.94	2.96	2.91
	排名	82	75	84	83	82	81	80	82

風險度 (30%)	項目	社會風險	法制風險	經濟風險	經營風險	加權平均
	分數	2.93	3.08	2.96	2.97	2.99
	排名	76	83	69	69	74

推薦度 (15%)	2007 年	加權平均	3.17	2006 年	加權平均	2.59
		排名	77		排名	78

86 惠州

城市名稱	86 惠州	綜合指標	2007 年	11.89 分	綜合排名	D12/86	暫不推薦
			2006 年	12.41 分		D04/74	暫不推薦

競爭力 (15%)	項目	基礎條件	財政條件	投資條件	經濟條件	就業條件	加權平均
	分數	16.50	27.65	36.87	39.70	51.73	35.70
	排名	51	41	37	36	28	43

環境力 (40%)	項目	自然環境	基礎建設	公共設施	社會環境	法制環境	經濟環境	經營環境	加權平均
	分數	3.05	2.86	2.76	3.02	2.59	2.82	2.71	2.78
	排名	78	82	87	70	88	85	87	86

風險度 (30%)	項目	社會風險	法制風險	經濟風險	經營風險	加權平均
	分數	2.91	2.82	3.11	2.98	2.97
	排名	74	67	78	70	72

推薦度 (15%)	2007 年	加權平均	2.64	2006 年	加權平均	2.84
		排名	87		排名	71

87 蘭州

城市名稱	87 蘭州	綜合指標	2007 年	5.50 分	綜合排名	D13/87	暫不推薦
			2006 年	-- 分		--	--

競爭力 (15%)	項目	基礎條件	財政條件	投資條件	經濟條件	就業條件	加權平均
	分數	60.23	32.10	13.07	29.43	27.97	32.29
	排名	21	39	51	44	46	44

環境力 (40%)	項目	自然環境	基礎建設	公共設施	社會環境	法制環境	經濟環境	經營環境	加權平均
	分數	2.80	2.56	2.88	2.68	2.72	2.74	2.67	2.72
	排名	87	88	85	86	86	87	88	88

風險度 (30%)	項目	社會風險	法制風險	經濟風險	經營風險	加權平均
	分數	3.13	3.04	3.25	3.29	3.20
	排名	82	81	86	86	86

推薦度 (15%)	2007 年	加權平均	2.64	2006 年	加權平均	--
		排名	87		排名	--

《 84 西安、 85 東莞長安、 86 惠州、 87 蘭州 》

城市名稱	⑧ 北海		綜合指標	2007 年	2.67 分	綜合排名	D14/88	暫不推薦
				2006 年	--分		--	--

競爭力 (15%)	項目	基礎條件	財政條件	投資條件	經濟條件	就業條件	加權平均
	分數	13.80	3.50	1.73	4.40	5.33	5.84
	排名	54	55	57	56	57	56

環境力 (40%)	項目	自然環境	基礎建設	公共設施	社會環境	法制環境	經濟環境	經營環境	加權平均
	分數	2.91	2.76	2.68	2.60	2.76	2.68	2.73	2.73
	排名	85	86	88	88	84	88	86	87

風險度 (30%)	項目	社會風險	法制風險	經濟風險	經營風險	加權平均
	分數	3.36	3.24	3.22	3.12	3.20
	排名	87	86	84	79	85

推薦度 (15%)	2007 年	加權平均	2.87	2006 年	加權平均	--
		排名	86		排名	--

《 ⑧ 北海 》

TEEMA 2007調查報告參考文獻

1. 人民出版社(2006)，中共中央國務院關於實施科技規劃綱要增強自主創新能力的決定，北京：人民出版社。
2. 上海證大研究所編(2005)，文明的和解──中國和平崛起以後的世界，北京：人民出版社。
3. 中央日報財經組(2002)，佈局大陸：台商淘金術，中央日報社企劃中心出版組。
4. 中國社會科學院經濟研究院(2006)，「十五」計劃回顧與「十一五」規劃展望，北京；中國市場出版社。
5. 中國科技發展戰略研究小組(2005)，中國區域創新能力報告，北京：知識產權出版社。
6. 中國產業地圖編委會(2005)，長江三角洲產業地圖，復旦大學出版社。
7. 文現深(2006)，福建「海峽西岸經濟區」─「用經濟臍帶牽引台灣」，天下雜誌出版。
8. 毛蘊詩(2005)，跨國公司在華投資策略，中國財政經濟出版社。
9. 毛蘊詩、李敏、袁靜(2005)，跨國公司在華經營策略，中國財政經濟出版社。
10. 毛蘊詩、蔣敦福、曾國軍(2005)，跨國公司在華撤資：行為、過程、動因與案例，中國財政經濟出版社。
11. 史清琪等主編(2000)，中國產業技術創新能力研究，北京：中國輕工業出版社。
12. 台灣區電機電子工業同業公會(2002)，2002年中國大陸地區投資環境與風險調查，商周編輯顧問股份有限公司。
13. 台灣區電機電子工業同業公會(2003)，當商機遇上風險：2003年中國大陸地區投資環境與風險調查，商周編輯顧問股份有限公司。
14. 台灣區電機電子工業同業公會(2004)，兩力兩度見商機：2004年中國大陸地區投資環境與風險調查，商周編輯顧問股份有限公司。
15. 台灣區電機電子工業同業公會(2005)，內銷內貿領商機：2005年中國大陸地區投資環境與風險調查，商周編輯顧問股份有限公司。
16. 台灣區電機電子工業同業公會(2006)，自主創新興商機：2006年中國大陸地區投資環境與風險調查，商周編輯顧問股份有限公司。
17. 朱炎(2006)，台商在中國：中國旅日經濟學者的觀察報告，蕭志強譯，台北市：財訊出版社。
18. 何德旭編(2007)，中國服務業發展報告No.5：中國服務業體制改革與創新，北京：社會科學文獻出版社
19. 李芳齡譯(2007)，中國與印度顛覆全球經濟的關鍵，P. Engardio (Chindia：How China and India are Revolutionizing Global Business)，美商麥格羅‧希爾國際出版公司台灣分公司。
20. 周振華、陳向明、黃建富主編(2004)，世界城市──國際經驗與上海發展，上海社會科學院出版社。

21. 尚紅(2005)，共贏：長三角16城市市長訪談錄，世紀出版集團上海書店出版社。

22. 金玉梅整理(2006)，中國策略之外台商需要全球策略，天下雜誌出版。

23. 姜杰、張喜民、王在勇(2003)，城市競爭力，山東人民出版社。

24. 洪惠芳譯(2006)，中國CEO：20位外商執行長談中國市場，J. A.Fernandez and L. A. Uuderwood；Voices of Experience from 20 International Business Leaders，財訊出版社股份有限公司。

25. 洪銀興等(2003)，長江三角洲地區經濟發展的模式和機制，清華大學出版社。

26. 范柏乃(2003)，城市技術創新透視：區域技術創新研究的一個新視角，機械工業出版社。

27. 苗潤生(2006)，中國地區綜合經濟實力評價方法研究，北京：中國人民大學出版社。

28. 倪鵬飛(2007)，中國城市競爭力報告No.5品牌：城市最美的風景，北京：社會科學文獻出版社。

29. 倪鵬飛主編(2003)，中國城市競爭力報告No.1，社會科學文獻出版社。

30. 倪鵬飛主編(2004)，中國城市競爭力報告No.2，社會科學文獻出版社。

31. 倪鵬飛主編(2005)，中國城市競爭力報告No.3，社會科學文獻出版社。

32. 倪鵬飛主編(2006)，中國城市競爭力報告No.4，社會科學文獻出版社。

33. 馬丁沃夫(2006)，中國處於十字路口──「獨裁政體VS.市場經濟」，商業周刊出版。

34. 高希均、林祖嘉、莊素玉、成章瑜、江逸之合著(2002)，練兵與翻牌-台商新戰實錄，台北市：天下遠見出版股份有限公司。

35. 高希均(2007)，我們的V型選擇：另一個台灣是可能的，台北市：天下遠見出版股份有限公司。

36. 國家統計局城市社會經濟調查總隊、中國統計學會程式統計委員會(2002)，2001中國城市發展報告，中國統計出版社。

37. 張幼文、黃仁偉(2005)，2005中國國際地位報告，人民出版社。

38. 莫邦富(2002)，中國：世界工廠 世紀市場，吳輝譯，經要文化出版有限公司。

39. 莫建備(2005)，大整合‧大突破──長江三角洲區域協調發展研究，上海人民出版社。

40. 許勝雄(2007)，願景領航，使命相隨，輝煌與創新：台灣區電機電子工業同業公會60周年紀念特刊。

41. 連玉明主編(2004)，2004中國城市報告，中國時代經濟出版社。

42. 連玉明主編(2006)，中國政府創新案例，中國時代經濟出版社。

43. 郭練生、胡樹華(2004)，中部區域創新發展戰略研究報告，北京：經濟管理出版社。

44. 陳廣漢、鄭宇碩，周運源(2002)，區域經濟整合：模式、策略與可持續發展，中山大學出版社。

45. 陳德昇(2005)，兩岸危機管理：SARS經驗、教訓與比較，晶典文化事業出版社。

46. 陳德昇(2006)，東莞與昆山台商治理策略、績效與轉型挑戰之比較，台商大陸投資：東莞與昆山經驗學術研討會，11月25-26日，政治大學國際關係研究中心。

47. 陳德昇(2007)，中國區域經濟發展：政治意涵、偏好與整合挑戰，中國區域經濟發展與台商投資：變遷、趨勢與挑戰學術研討會，5月26-27日，政治大學國際關係研究中心。

48. 陳德昇主編(2005)，經濟全球化與台商大陸投資：策略、佈局與比較，晶典文化事業出版社。

49. 景體華主編(2005)，2004~2005年：中國區域經濟發展報告，北京：社會科學文獻出版社。

50. 萬斌主編(2005)，2005年：中國長三角區域發展報告，北京：社會科學文獻出版社。

51. 經濟合作與發展組織(2005)，創新集群：國家創新體系的推動力，科學技術文獻出版社。

52. 顧朝林(2001)，經濟全球化與中國城市發展：跨世紀中國城市發展戰略研究，台灣商務印書館。

自創品牌贏商機：中國大陸地區投資環境與風險調查.

2007年／台灣區電機電子工業同業公會. - -初版. --臺

北市：商周編輯顧問, 2007.08

　　面：　　　公分.

ISBN：978-986-7877-19-2（平裝）

1. 投資環境　2. 投資分析　3. 品牌行銷　4. 中國

563.52　　　　　　　　　　　　　　96015370

自創品牌贏商機
——2007年中國大陸地區投資環境與風險調查

發 行 人	金惟純
社　　長	俞國定
總 編 輯	孫碧卿
作　　者	台灣區電機電子工業同業公會
理 事 長	焦佑鈞
總 幹 事	陳文義
副總幹事	羅懷家
地　　址	台北市內湖區民權東路六段109號6樓
電　　話	(02) 8792-6666
傳　　真	(02) 8792-6137
文字編輯	蔡令權・孫景莉・董元雄・田美雲・陳秀梅・吳美諭・姚柏舟・楊菀菁・林淑媛
美術編輯	王雅奇
出　　版	商周編輯顧問股份有限公司
地　　址	台北市中山區民生東路二段141號7樓
電　　話	(02) 2505-6789
傳　　真	(02) 2507-6773
劃　　撥	18963067
	商周編輯顧問股份有限公司
總 經 銷	農學股份有限公司
印　　刷	鴻柏印刷事業股份有限公司

出版日期2007年8月初版1刷
定價600元

※ 版權所有，翻印必究
　　本書如有缺頁、破損、倒裝，請寄回更換